옮긴이의 말

지금까지 일본역사상의 주 무대의 대부분을 남성이 주도하고, 여성은 단지 그 이면을 장식해온 것으로 인식되었다. 이러한 이유로 일찍부터 여성사 연구의 필요성 제기에도 불구하고, 항상 역사학 연구의 일부로써 간주되어 왔다. 그러나 일본 역사상에서 일본여성들이 분담해온 수많은 역할과 사회발전에 기여한 공로를 소홀히 해서는 안 된다.

돌이켜보면 일본역사상 여성들의 역할과 공로를 인식하고 여성사 연구를 궤도에 올려놓은 선구적 연구로 1936년 8월 『역사교육』여성사 특집호의 기타야마시게오(北山茂生)의 연구와 제2차 세계대전 후의 다카무레이츠에(高群逸枝)[1]의 『일본여성사』와 이노우에기요시(井上淸)의 『일본여성사(三一書房, 1955년)』연구를 들 수 있다.

그 후, 여성평등 지향운동의 활성화와 가족제도 내의 부부·친자·경제권·직장 등과 관련한 여성사나 가족사 연구에 몰두하는 여성연구자가 증가하면서 남성연구자의 수도 점점 늘어나게 되었다. 이로인해, 종래 역사학에서 경시되어 왔던 여성사나 가족사의 연구가 활발하게 진행됨과 동시에 질적 향상도 가져왔다.

---

1) (1894~1964)다이쇼(大正)에서 쇼와(昭和)시대의 여성사 연구가. 시인.

이 중에서도 본 역서는 여성사관련 서적 중에서 일반 독자들에게 가장 널리 읽혀진 이노우에키요시(井上淸)의 『일본여성사』를 번역한 것이다.

이 책은 일본의 원시사회에서 현대사회에 이르기까지 여성들의 실생활 속의 사회·역사상에서 보이는 가족제도·민속·연애 중의 희로애락(喜怒哀楽)과 남성중심 사회를 탈피하기 위한 여성들의 활동상황을 잘 표현하고 있다.

구체적으로는 여성해방이 하나의 역사적 필연이라는 전제 아래, 여성해방을 위한 투쟁이 반드시 승리한다는 것과 승리의 조건이 역사적으로 만들어져 있다는 것을 역설하고 있다. 나아가, 인류는 지구상의 어느 종족이라도 처음에는 남녀로 인한 어떠한 사회상의 차별도 없었다는 점과 남성주도로 생각하기 쉬운 농업도 처음에는 여성에 의해 발명되었다는 점을 강조하며 여성의 남성예속으로부터의 해방을 위한 투쟁의 역사를 회고하고 있다.

여성의 오랜 역사체험은 어머니로부터 딸들에게 전수되는 동안에 먹을 수 있는 것과 없는 것으로 구별되었고, 드디어 원시 여성들은 양지바른 토지를 일구고, 거기에 씨를 뿌리고 물주는 것을 배웠다. 정주성(定住性)이 늘수록 농업도 진전되어 농업과 정주는 상호 발전을 거듭하는 동안에 문자 생성과 철기가 생산되어 마침내 문명이 탄생하게 되었다. 즉 여성은 문명의 어머니였던 것을 강조하고 있다.

이로 인해 남성은 수렵을 버리고 농업에 전념하게 되면서 농업은 급속히 발전하였다. 그리고 목축이나 농업을 위해서 토지는 지금과는 비교가 안 될 정도로 주요한 재산이 되었다.

이들 재산은 처음에는 씨족의 공유였다. 그러나 여러 사정이 얽히면서 이 씨족공산제는 무너지게 되면서 바야흐로 부(富)의 증대는 가장 먼저, 씨족과 씨족간의 부의 불평등을 가져왔고, 정복된 씨족원을 여러 형태를 통하여 자신의 노예로 만들기 시작했다.

두 번째로, 이와 더불어 씨족내부에서의 불평등도 발전하였다. 가족군의 내부에서는 여전히 공산제가 행하여지고 있었으나 가족마다의 사유재산(이 사유재산 중에는 노예도 포함되어 있다)이 생겨난 것은, 오랜 씨족공동체에 있어서는 치명적이었다. 그 결과 가족과 가족 사이에 부나 힘의 차이가 생기게 되었다.

세 번째로, 가장이 가족 중에서 특별한 지위권력을 갖게 된 사실이다. 그것은 가족재산이 공유라 하더라도, 그 지배권은 가장이 독점하게 되어 있었기 때문이다. 가장은 이미 어머니가 아닌 아버지였다. 이 같은 사실은, 농업이나 목축에 있어서나, 노예쟁탈 전쟁에 있어서 남자가 모든 것을 힘으로 지배하였기 때문이다. 여기서 가족의 재산은 남자 가장의 사유재산으로 인식되어진 것이다.

가부장가족이 나타난 것은, 전 여성의 세계사적인 패배였다고 할 수 있다. 이로부터 부계가 시작되었고, 그것은 단순한 부계상속이 아니라 부권의 지배였다. 왜냐하면 가족원은 아버지의 재산에 따른 생활 형태를 취하게 되었으므로 아버지는 가족원의 생명까지도 지배하게 되었던 것이다. 또 부권은 동시에 처의 일부(一夫)에 대한 엄한 정조를 요구하였다. 즉 엄격한 일부일처제의 시작이었다.

이러한 과정은 또한 정치상에도 노예주들의 전제국가가 만들어져 가는 과정이기도 하였다. 씨족 중의 불평등이 진행되자 거기에 족장과 같은 권력자가 생겨났고, 이것이 더욱 발전하여 지배자가 되었다.

그 어느 쪽이든 생산력이 증대되고, 사람이 사람을 노예로 취하여 착취함으로써 인간의 본질적 평등은 깨어졌다. 그것이 한층 진전되어 결국에는 자유인으로서의 노동이 아닌, 노예로서의 노동이 사회적 생산방식의 토대가 되기에 이르는 것은 역사운동의 근본 동력이었던 것이다.

이상은 이노우에키요시(井上淸)가 주장한 모계씨족제로부터 부권에 이르는 과정을 약술한 것으로 본서를 통해 일본여성사에 있어서도 근본은 세계여성사의 흐름과 크게 다르지 않다는 것을 알 수 있다.

역자는 일본여성사에 대한 한국어 번역본이 나와 있지 않은 것에 늘 아쉬운 마음을 가지고 있었는데, 본서의 출간으로, 한일여성사의 비교·고찰의 계기 마련과 이 분야에 관심을 가지고 연구·노력하는 학자들에게 조금이나마 도움이 되었으면 한다. 모쪼록 번역상의 미비가 있다면 독자여러분의 질책으로 보완해 가고자 한다.

마지막으로 본서의 출판을 흔쾌히 허락하여 주시고 협조와 수고를 아끼지 않으신, 어문학사 임직원여러분께 이 자리를 빌려 깊은 감사의 뜻을 전한다.

2004년 11월
옮긴이

목　차

머리말
개판에 즈음하여

머리말

여성도 인간이다. 이 간단명료한 사실을 많은 일본인들은 지금까지 잘 인식하지 못하고 있었던 것 같다. 지금까지 일본인들은 스스로를 마치 지배자의 지배대상으로서만 생각하고 있었던 것처럼, "역시 여자는 여자다." "여자는 내부를 다스리는 사람이다." 바꾸어 말하면 여자는 남자의 부속물쯤으로 생각되어 그와 같이 다루어져 왔다.

그리고 지금까지 거의 대부분의 일본인의 역사는 일본인의 9할 이상을 차지하는 일본남녀의 역사가 아닌, 백성을 지배하는 소수 남성들의 역사였다고 볼 수 있다. 따라서 여성들은 더욱더 무시되어지는 것이 일반적이었다.

오늘 날까지, 여성사를 독립적으로 다루면서 '여성사'로 명명되어진 경우는 가끔 있긴 하였다. 그러나 그것은 양적으로도 극히 일부적인 것에 지나지 않았지만, 질적으로는 더욱 빈약한 것이었다. 대개의 경우가 황족이나 귀족, 아니면 유명한 무사계급의 부인전기 답지 않은 전기라든가, 또는 남성본위로 바라 본 부도(婦道)를 강조하는 연애이야기가 고작이었다.

민속학자들은 지금도 결혼이나 매춘의 역사를 통하여 일반여성들의 생활상의 일면을 명확히 하여 왔다고는 하나, 그것은 더구나 일반여성의 역사가로서가 아닌, 무엇인가 재미있는 풍습거리의 기술에 지나지 않았다.

또한 법제 사가들은 사법(私法)의 일부로서 가족제도의 역사를 기록하면서 거기에 일반민중의 가족제도나 여성의 지위에 대해서 언급하고 있다. 각 시대의 법을 생산해 낸 사회생활에 대해서는 대부분 고려하지 않은 채, 또 법의 근본에 있는 실생활은 다루지 않고, 단지 여러 가지 법이나 습관을 해설로 둘러대는 것일 뿐이었다.

일반민중의 반(半)을 차지하는 여성에 대하여 역사의 중요한 문제로써 인식을 새로이 하며 나름의 궤도에 올려놓았다고 할 수 있는 것은, 1936년 8월 잡지 「역사교육」의 여성사 특집호에 기타야마시게오(北山茂生)를 비롯한 여러 분들이 각각의 시대민중여성사에 대하여 기술 한 것이 일본 최초는 아니겠지만, 정리되어졌다는 의미에서 처음이 아닐까 한다. 그 동안 필자 스스로도 선배나 동료의 뒤를 이어 「근세농민사회의 여성」을 저술한 바 있다. 이후 필자는 이전부터 지도를 받아왔던 우니고로(羽仁五郎) 선생님이나 우인들의 격려 속에서 일본인들에 대한 역사공부를 계속하여 전국 고등학교장 협회 편에 「일본여성문화사」·「메이지유신과 여성생활」 등을 기술한 바 있다.

이제 일본에서도 일반민중이야말로 일본의 주인이라는 의식이 분명해지고 있다. 따라서 민중의 역사가 역사의 가장 중심이라는 의식 또한 일반적으로 인정받기에 이르렀다. 그럼에도 불구하고 여성은 아직도 자주 독립된 인간으로서 현실적 해방을 달성하지 못하고 있다.

그것은 무엇 때문일까? 어떻게 하면 여성해방은 실질적으로 실현될 수 있을 것인가? 필자는 빈궁한 생활가운데서 살다 가신 어머니를 생각하며 여성의 역사와 현실에 대하여 다시 한 번 생각해 보게 되었다. 그 결과물이 바로 이 책이다.

이 책은 원시에서 현대까지 일본여성들의 사회역사 전체와의 연관을 기반으로 연구한 것이다. 가족제도·민속·연애, 유명인사로서 부인이나 그 역사만이 아닌, 그러한 모든 것을 포함하는 일본여성들의 실생활, 그 괴로움과 기쁨, 학대받는 모습과 해방을 위한 몸부림, 그러한 것들을 명확히 하고자 하였다.

또 필자는 이 책이 일반여성들의 역사임과 동시에 역사가 민중의 것이 되도록 아낌없이 고군분투하였다. 본서의 내용은 지금까지 거의 다루지 않았던 문제인 만큼, 필자의 이 저술도 충분한 것이라고는 할 수 없겠으나, 일반국민의 진실 된 해방을 위해 힘쓰는 사람들에게 참고가 되었으면 하는 바람이다.

이 책의 집필을 권유하시고 많은 도움을 아끼지 않으신 산이치쇼보(三一書房)의 다바다케(田畑)씨와 다케무라(竹村)씨에게 깊은 감사의 뜻을 전하는 바이다.

이노우에키요시(井上淸)

개판에 즈음하여

1948년 초판을 낸 이 책은 다행스럽게도 많은 독자들로부터 사랑을 받고 몇 번이나 중판되었다. 그리고 그 지형(紙型)이 닳아 쓸 수 없게 되어 이번에는 판을 완전히 고치기로 하였다.

이번 기회에 군데군데 개정을 더하였다. 旧판에서 틀린 부분을 수정하고 문장이 애매한 부분이나 부정확한 부분을 없애기 위해 힘썼다. 하지만 소위 형식적인 것에 머물러 내용상으로는 거의 그대로라 할 것이다. 따라서 旧판을 가진 독자와 이 新판을 구입한 독자가 함께 연구회를 가진다고 해도 별다른 지장은 초래하지 않을 것이다.

초판이 나오고 현재에 이르는 4년 반 동안, 일본여성의 역사에는 수많은 페이지가 눈부시게 장식되었다. 지금까지 일본의 평화진영을 지키는 가장 단단한 역할을 한 것은 여성이다. 헌법을 개악(改惡)하여 공공연히 재군비·징병제 부활을 꾀하는 지배자의 음모를 무엇보다도 강고히 억누른 것은 여성들이다.

또한 이 4년 반의 역사는 미국점령군에 의한 '여성해방'이 얼마나 아무렇게나 얼버무려졌던가를 확실히 보여준다. 이제 여성해방은 여자와 남자를 묻지 않고 전 민족의 외국지배로부터의 해방, 조국독립을 위한 투쟁의 일부분으로서 많이 발전할 수 있다는 사실은 성실한 모든 여성들에게 한 점의 의심 없이 명확하다 할 것이다.

이런 모든 상황을 고려한다면 「일본여성사」는 전쟁 후의 기록도 충분히 다루어져야 한다는 점에서는 본인도 통감하고 있는 바이다. 그러나 본서는 이미 일정한 사회적 평가를 받은 상태이므로 내용상의 중대한 변경은 바람직하지 않은 것으로 판단된다. 게다가 전쟁 후의 일을 첨가하면 페이지 수가 부쩍 늘어나 가격이 비싸지므로, 전쟁후의 기록은 「속 일본여성사」로 따로 기술하는 작업을 준비하고 있는 상태다. 이 점 양해해 주기 바란다.

이노우에키요시(井上淸)

서 장

1. 여성사의 의미
　-국가천황제와 가정천황제-

"어떤 노인이 딸에게 '이제 너도 나이가 적령기에 접어들었으니
『온나다이가쿠(女大学)』나 『온나이마가와(女今川)』를 읽고 여자
의 도리를 배우고 지키는 것이 좋을 것이다'라고 하자 그 딸이 대답
하기를, '『온나다이가쿠』란 누가 만든 것입니까?' '『온나다이가
쿠』는 가이바라아츠노부(貝原篤信) 선생이라는 명성이 높으신 분께
서 지으신 책이지'라고 하자, 딸은 조금 비웃듯이, '그 가이바라(貝
原) 선생도 역시 남자이지 않습니까. 남자가 만든 책이라면 어차피
남자 쪽에는 좋고 여자 쪽에는 좋지 않게 만들어져 있는 것이 분명
합니다. 읽고 지킨다는 것은 불가능합니다. 남자와 여자가 서로 의논
하여 만들어진 책이 있으면 그것은 반드시 읽겠습니다.'라는 대답에
아버지도 머리를 긁적이며, '과연 그러하다.'고 하면서 말을 접었다는
이야기는 이제 옛날이야기가 되어 버렸다."

이것은 일본민중이 근대민주혁명의 첫걸음을 내딛은 메이지 초기,
1875년 '그림이 들어간 히라가나 신문'에 실린 이야기로, 오늘 날의
젊은 여성은 다행스럽게도 『온나다이가쿠』의 이름조차 모를 것이다.
『온나다이가쿠』는 메이지 유신기나 봉건시대 여성들에게 성전처럼

가르쳐 왔던 것으로 그 근본사상이 여자는 남자의 하인·노예라는 점에 있다.

"부인은 따로 주인이 없으므로 남편을 주인처럼 여기고 존경하고 섬겨야 한다. 또한 깔보거나 업신여겨서도 안 된다. 종합적으로 말하면, 부인의 도는 남편을 따르는 데 있다. 남편이 혹시 화를 낼 때도 두려워하고 그에 따라야 할 것이다. 여자는 남편을 하늘로 알고 섬기며, 남편을 거역할 때에는 하늘의 벌을 받을 것이다."

70여 년 전, 일본의 진보적 여성들은 이러한 『온나다이가쿠』를 비웃기 시작했고 신문 또한 여성들을 지지하기 시작했다. 그러나 『온나다이가쿠』의 가치가 떨어지면서 책 제목은 잊어버렸는지 몰라도 결국 그 정신은 메이지유신도 타파할 수 없었다. 남편은 여전히 '주인'이었으며 아버지는 하늘이었다.

70여 년이 지난 오늘 날 본질적인 민주주의를 실현하고자 새로운 헌법초안이 1946년 의회에 제출되었는데, 그 초안은 정치상이나 사회상으로 남녀 양성에 대한 평등한 동등권을 확실히 정립하고 있다. 특히 가족관계에서 호주(보통은 아버지 혹은 남편) 또는 남성에게만 절대적 권위를 부여하지 않고, 아들·처·가족 개인의 권위와 남녀 양성의 본질적 평등을 기본으로 하여 그것을 지키고 키워나가도록 규정하고 있다.[2]

어느 보수정당의 한 인사가 이에 맹렬히 반대하였다.

"지금까지의 호주권중심 가족주의를 이 헌법초안이 뿌리 채 흔들면

---

2) 초안 제22조, 헌법24조.

서 부부 중심적 개인주의로 개정시키고 있다. 따라서 도의(道義)의
근본인 부모에 대한 효는 점점 더 쇠퇴되고 있다. 이 초안은 개인의
권리에 근거하여 개정된 친족상속법이기 때문에 정말 주의하지 않으
면 자식은 부모의 뜻을 거역하면서까지 처를 맞이하고, 주거를 바꾸
며, 재산을 사용하며, 선량한 처와 이별도 할 것이다. 이래서야 가정
교육이 이루어지겠는가."

이 보수파를 대변하는 이는 남녀동등권을 반대하는 것은 아니며,
그저 지금까지의 친권 또는 호주권 포기에 대한 반대적 입장을 표명
한 것 같다. 그러나 사실상 그러한 친권이나 호주권이야말로, 부모며
호주인 아버지나 남편에 대하여 자식이나 처가 하늘처럼 주인처럼
섬기는 그 사상적 원칙은 『온나다이가쿠』에서 비롯되고 있음은 부
인할 수 없다. 왜, 이 보수파 대변인이나 그 외 이른 바 사회지도층
사람들이 여성의 참된 해방을 반대하는 것일까.

보수파 대변인이 말하길, "내가 이렇게 해석할 필요도 없이, 일본
의 가족제도와 천황제와는 매우 밀접한 관계가 있다. 지금까지 오랜
관습제도에서 볼 때 일본의 소위 신으로서의 길이라고 할까. 대부분
의 경우가, 천지가 시작된 이래 하나의 제도였던 것처럼 생각한다는
점에 있다. 이러한 가족제도가 있기 때문에 일본은 지금까지의 문화
발달 혹은 가족교육, 아니면 여러 가지 점에서 도움을 받았고 또 발
전해 온 것이다. 소위 군신일여(君臣一如) 혹은 일군만민(一君万民)
이라는 정치 요점은 결국 이 가족제도와 밀접한 관계가 있는 것이
다."

이런 점에서 본다면 확실히 『온나다이가쿠(女大学)』다. 이 『온나
다이가쿠』가 여자에게는 따로 주군이 없으며 남편을 주인으로 생각

하라고 하는 대목에서 알 수 있듯이, 가정에 있어서 여성의 아버지나 남편에 대한 복종이 정치상의 군주와 신민의 관계를 기본으로 삼고 있으며, 이에 따라 그것을 지키기 위하여 만들어진 것으로 드러나고 있다. 표면상으로는 민주주의를 표방하는 현재에 와서도 사실은, 가능하다면 지금까지 그랬던 것처럼 전제정치제도, 즉 천황제를 지키기 위하여 가정에서 처나 딸들이 남편이나 아버지에 예속되어 복종하는, 가정의 천황제 가족제도를 남겨둘 필요가 생기는 것이다.

상기의 대변인은 지배 계급적인 본능으로, 일본여성의 남성복종이, 천황제와 결탁되어 있음을 알고 있다. 그리고 그 점에서 그가 완벽하게 바른 사고를 가진 사람이었다고 할 수 있을 것이다. 그러나 그는 무지무학(無知無学)한 탓일까. 그렇지 않으면 일부러 무지를 가장한 것인지, 그와 같은 일본여성의 지위 및 그와 관련된 천황제가 신대(神代)로부터의 길, 즉 천지가 시작된 이래 일본의 관습으로 여기는 등의 큰 착각을 하고 있는 것이다.

일본의 지금까지의 가족제도나 여성의 지위는, 일본의 역사가 시작된 이래 이와 같은 형태로 이어져 왔다는, 소위 '신으로서의 길'이 아니다. 그것은 천황제가 태고로부터 그대로 이어져 온 것이 아니라는 사실과 같은 것이다. 천황제는 고작 국제기원의 3세기경, 즉 지금으로부터 1700년쯤 전에 싹트기 시작하여, 그 후 3, 4백 년에 걸쳐 겨우 일본열도에 주요한 부분인 국민을 지배하는 국가적 구조로 자리잡았다. 그것은 사회가 노예와 노예주 계급으로 나누어 진 뒤, 노예주인 귀족이 노예 민을 지배하기 위한 도구로써 만들어 진 것이다.

이와 더불어, 아버지나 남편이 가장으로서 자식이나 처를 지배하고, 따라서 또 남성이 여성을 노예취급을 하는 사상이 성장하게 된

것이다. 2세기경까지는 정치상으로도 천황제 사상은 없었으며 사회
적으로도 노예제가 지배적이라 할 정도가 아니었다. 남녀불평등도 없
었으며, 또 친자부부관계에 있어서도 가족에 대한 아버지나 호주의
특별한 권위세력이라는 것은 그다지 없었다.

천황제가 생기고 난 후, 천황이나 그에 대신할 장군 등의 전제정치
가 계속되었듯이, 아버지나 남편인 가장이 처나 딸을, 남성이 여성을,
원하는 대로 압박하는 일 등이 이어졌다. 그러나 천황제에도 역사적
으로 큰 변화가 있었던 것처럼, 가부장제의 가족제도나 여성의 지위
도 여러 변화를 겪었던 것이다.

소위 일본 고래로부터의 가족제도는, 지금으로부터 불과 3, 4백 년
전 봉건제도가 완성되었을 당시, 봉건지배자였던 무사의 가족제도나
무사사회 속에서의 여성지위로 나타난 것이 그것이다. 그 시대는 백
성이나 시민 등이 일하는 민중사회에도, 무사 지배자들이나 무사 가
족제로부터 배운 가족제도가 보급 강제되고 있었지만, 사실 민중은
무사보다 훨씬 민주적이고도 자유로운 친자・부부・남녀생활을 영위
하여 왔다.

마침내는 메이지유신 후, 근대천황제가 생겨 난 후, 본래 무사정부
의 변형이었던 관료정부는, 민중의 가족생활에 관한 법률을 만드는데
있어, 백성과 상인들 사이에 싹트고 있던 근대적이고 민주적 의미의
가족관습을 더욱 발전시킨 것이 아니라 도리어 전제적인 무사관습을
기본으로 삼고 있었다.

물론 이렇게 된 것은, 단순히 정부 관리들이 낡은 사고를 가진 탓
만은 아니다. 메이지 이후에 세력을 갖게 된 자본가나 지주에게 있어

서는 이 편이 보다 편리하고 좋았던 때문이기도 하다. 이 점에 대해서는 차차 기술해 가도록 하겠다.

역사를 두고 보면, 생겨난 것은 언젠가 다시 멸하여 간다. 실제로 천황제도, 新헌법상의 천황제는 지금까지의 천황제적 규범은 없어졌다. 그와 마찬가지로 新헌법 및 그에 따른 신민상의 여성지위나 가족제도는 의회에서 다수를 차지하고 있는 보수파의원들의 반대에도 불구하고 지금까지와는 달리 완전히 바뀌었다. 다만 이러한 개혁은 아직 법제의 형식상, 지면상의 해방에 머물고 있지만, 마침내는 법률제도상 만이 아닌, 실제생활에 있어서도 참으로 여성과 남성의 동권, 여성의 해방이 실현될 것이다. 그것은 필연적 역사이다.

그러나 그 해방이라는 것은 우리가 아무것도 하지 않은 채 시대의 흐름에 맡겨두면 저절로 이루어진다는 것이 아니다. 지배자의 권력은 피지배자가 투쟁하여 쟁취하지 않는 이상, 지배자의 편에서는 그러한 제도를 스스로 버리는 일은 없으며, 동서고금의 역사를 보더라도 그와 같은 실례는 단 한 번도 없었다. 여성해방이 하나의 역사적 필연이라는 것은, 여성 해방을 위한 투쟁이 반드시 승리한다는 것, 그와 같은 승리의 조건이 역사적으로 만들어져 있다는 것이다.

그 조건이란 무엇인가, 그리고 그것은 어떻게 만들어 졌는가, 그것을 명확히 하는 것이 여성사다. 그를 위해서는 다른 한편에서 여성의 예속과 여성해방을 위한 투쟁의 역사를 되돌아보지 않으면 안 되는 것이다.

2. 원시인류는 모계중심이었다.

인류는 세계 어떤 인종이라도 처음에는 남녀에 대한 어떠한 사회 상의 차별은 없었다. 인류는 처음부터 집단으로 생활해 왔지만 제일 처음에는 남녀의 성적결합에도 어떠한 제한은 없었다. 모든 남성은 언제라도 모든 여성과 교제하였다.3) 마침내 각각의 인류 집단4)은, 부모세대와 자식세대와의 교제만은 금지하게 되었다. 결혼에 대한 최 초의 제한이었다. 그러나 형제자매 등 같은 세대의 사람들은 모두 부 부였다. 이것을 혈족집단혼이라고 한다.

다음에 보여 지는 결혼의 형태는 반(半)혈족집단혼이라 불리는 것 이다. 이것은 일단의 형제가, 같은 어머니의 자매가 아닌 다른 일단 의 자매와 집단적으로 결혼하는 것을 말한다. 여기에 형제자매가 아 닌 현대의 의미로 보자면 사촌이나 육촌의 재종형제, 더욱이 그 보다 먼 친척이 되는 자들도 포함되었다. 그러나 반(半)혈족집단혼은 같은 어머니의 형제자매끼리의 성관계는 엄격히 금지되어졌다.

---

3) 지금의 언어로 표현하자면, 아버지와 딸, 아들과 어머니 사이조차도 교제 하였 다.
4) 여기서 인류 집단 이라고는 해도 수십 명에서 수백 명 정도의 작은 무리이다.

같은 어머니 아래에서의 형제자매의 결혼을 금지하는 이 제도는, 나아가 점차로 어머니를 중심으로 하는 일단의 형제자매(사촌, 재종형제 등을 포함한다)와 다른 어머니를 중심으로 하는 일단의 형제자매를 확실히 분별하게 된다. 이리하여 비로소 몇 개의 혈족집단 즉 씨족이 분립하였다. 그리고 씨족 내부의 결혼은 허락되지 않았으며[5] 갑의 씨족인 남자(또는 여자)집단은 세대를 같이하는 을 또는 병·정 등의 씨족인 여자 또는 남자들 집단과 서로 집단적으로 결혼하였다. 그리고 이 결혼에서는 하나의 씨족남자들이 다른 씨족여자들의 거처로 내통하는 것으로, 여자를 남자의 씨족으로 데려 오는 것은 아니었다.

태어난 아이는 어머니의 씨족원으로 어머니 아래서 자라났다. 그리고 씨족계통은 어머니로부터 딸에게로 나아간다. 즉 모계제가 행해지면서 어머니가 사회의 결합중심이 되었다. 모계씨족 사회의 인구가 늘면, 거기로부터 다시 일단의 새 모계씨족이 분리되어 나갔다. 그리고 이들 신구(新旧)씨족은 서로 공동으로 부족을 만들었던 것이다.

씨족제시대의 초기와 중기에는 사람들은 오로지 들짐승이나 어패류 또는 천연의 과실이나 초목의 여린 잎사귀 내지는 뿌리, 혹은 벌레를 잡아 생활하고 있었다. 그를 위한 도구는 돌이나 동물의 뼈·뿔 등으로 만들어졌다. 구운 토기도 이 시대에는 있었다. 이와 같은 생활 방식으로는 여전히 동일한 장소에서 오랫동안 머무를 수 없었으므로, 씨족은 식량을 찾아 해안이나 야산을 이동하여 다녔다.

사람들은 남자도 여자도 어린이도 모두 일할 수 있는 한 일을 했다. 생산력이 낮기 때문에 좋든 싫든 일하지 않는 자는 먹을 수 없었

---

5) 왜냐하면 씨족은 선조가 같은 어머니로부터 생겨났기 때문.

던 것이다. 사냥도 낚시도 사람들이 힘을 합치지 않으면 불가능하였다. 여자들은 주로 식물성 식량을 모았다. 돌창, 돌화살, 그물, 그 외 모든 생산수단은 씨족 전원의 공유였다.

이와 같이 씨족사람들은 모두 친근한 혈연관계를 가졌으며, 공유한 생산수단으로 공동의 노동을 통하여 그 생산물에 대해서는 공동으로 소비하였다. 씨족원이 사망하면 공동묘지에 매장되었다.

거기에는 부자와 가난한 자, 착취하는 자와 당하는 자, 지배자와 피지배자라는 계급적 차별이 있을 여지란 없었다. 또 씨족은 모계였지만 그것이 여자가 특히 남자보다 권력이 있었다는 것을 의미하는 것이 아니며, 남녀에 대한 어떠한 사회상의 차별도 없었다. 씨족의 중요한 사항은 남녀 모두의 성년 전 씨족원이 평등한 권리 아래 회의로 의사를 결정하여 집행하였다. 공공의 일을 하기 위한 임원은 남녀전원이 참가하여 민주적 선거에 의하여 선출되었으며, 여성이 가끔 선출되기도 하였다.

씨족제의 집단혼에서 마침내 여자=처(또는 남자=남편)들은, 많은 남편(또는 처)들 중에서 누군가 한 사람과 특별하게 친애하는 관계를 맺게 되었다. 이와 같은 관계는 물론 씨족 이전의 집단혼에 있어서도 발생하였다. 그러나 그것은 다음과 같은 사정에 의해 씨족제도 아래서 한층 더 강해졌다.

혈연적으로 가까운 친척 간의 결혼보다는, 거리가 먼 사이의 결혼이 훨씬 생물의 번영과 발달에 유리하다는 것은 하나의 자연법칙이다. 인류도 몇 십만 년이나 되는 체험으로 이것을 본능적으로 알았고, 혈연 간의 군혼(群婚)을 점차로 제한시켰다. 그리고 씨족제도에 이르러서는 형제자매의 결혼도 금지시켰다. 이러한 것이 오래 이어지면서 결혼을 허락하지 않는 형제자매의 범위도 점점 넓어지고, 집단혼은 점차 곤란한 것이 되었다. 그것이 또 혈연 혼을 피하고자 한 본능을 강하게 하였다.

이렇게, 처나 남편을 지금처럼 간단히 얻을 수 없게 되자 부부집단 중의 어느 한 조의 결연이 의식적으로 강하게 되어, 마침내 처음부터 집단혼이 아닌, 1남 1녀의 결혼이 행하여지게 된다. 그들은 씨족 중에 하나의 부부중심가족을 만들었다. 그렇지만 그 결합은 여전히 약하였고, 남녀양쪽 모두로부터 쉽게 이혼할 수 있었다. 또 이 가족은 결코 씨족으로부터 독립한 것이 아니었다. 왜냐하면 그들의 생활수단은 씨족의 것이며, 씨족재산과 씨족의 협동에 의존하지 않고서는 가족만으로는 생활할 수 없었기 때문이었다. 그와 같은 가족구성이 어머니를 중심으로 하나의 그룹을 만들었다. 이 가족의 아이들도 역시 어머니의 씨족에 속하였다. 이것을 대우혼(対偶婚), 또는 대우가족이라 한다.

대우혼시대는, 곳에 따라서는 결혼상대를 쉽게 얻을 수 없었기 때문에 남자가 여자를 빼앗아 오는 약탈혼(掠奪婚)도 행하여 졌다. 씨족제나 대우혼이 인류사상 어느 정도 길게 계속되었는지는 알 수 없다. 현대 미개인들 중에서도 아직 이러한 단계에 머물러 있는 경우도 있다. 대우혼에 이르러 마침내 혈연 간의 집단혼은 무너지고 말았다. 여기에 겨우 일부일처가족제로 나아가기 위한 일보전진이 보인다.

더욱이 그 일보는 혈연혼을 피하고자 한 생물적 본능만으로는 불가능하였다. 대우혼이 혈족집단혼을 깨고 난 뒤, 이미 그 본능적인 역할은 끝나버렸던 것이다. 대우혼 가족을 일부일처제 가족으로 하여

씨족개념을 부수어 버린 것은 생물 본능이 아닌 사회적 힘, 생산력의
발전이었다.

　원시세계에 생산의 일대혁명이 일어났다. 인류는 목축과 농업을 발
명, 시작하였던 것이다. 여기서 비로소 인류는 식량을 구하여 아침부
터 저녁까지 1년 내내 돌아다닐 필요가 없어졌다. 그와 더불어 씨족
집단은 한 곳에 정착하게 되었다. 이 생산적 혁명이 세계에서 가장
먼저 본격적으로 행하여진 것은, 소아시아의 티그리스 및 유프라테스
의 2대 강 유역에 걸친 지방이었다. 그것은 지금으로부터 6, 7천 년,
혹은 그 이전의 일이었다. 그 곳으로부터 이 멋진 산업혁명은 사방으
로 퍼져 갔다. 소아시아에서 최초로 심어진 곡물은 보리와 수수였다.
동아시아에서는 지금으로부터 4천 년쯤 전에 인더스 강 유역이나 황
하 유역에서 보리나 수수를 심기 시작하였다. 쌀이 생산된 것은 그
이후의 일이다.

　농업은 여성의 발명이었다. 본래 식물성 식량을 주워 모으는 것을
일삼던 여성은, 몇 만 년을 통한 체험들을 어머니로부터 딸들에게로
전하면서 그 동안에 먹을 수 있는 것과 먹을 수 없는 것으로 구별
짓게 되었으며, 식물의 종류와 그 성장조건도 조금씩 알 수 있었다.
드디어 원시여성들은 양지바른 토지를 일구고, 거기에 씨를 뿌리고
물주는 것을 배웠다. 정주성(定住性)이 늘면 늘수록 농업도 진전되어
그것이 또 정주성(定住性)을 높여갔다. 이렇게 농업과 정주성(定住
性)은 서로 발달하여 거기에 문자의 생성이 더하여지면서, 철기를 생
산하고 문명이란 것을 만들었다. 즉 여성은 문명의 어머니였던 것이
다.

　마침내 남성은 수렵을 버리고 농업에 종사하게 되었다. 그에 따라

농업은 급속히 발전하였다. 그리고 목축이나 농업을 위해서 토지는 지금까지와는 비교가 안 될 정도로 중요한 재산이 될 수밖에 없었다. 물론 이들 재산은 처음에는 씨족의 공유였다. 그러나 여러 사정이 얽히면서 이 씨족공산제를 무너뜨리고 있었다.

바야흐로 부(富)의 증대는 제일 먼저, 하나의 씨족과 다른 씨족 간의 부의 불평등을 가져왔다. 힘이 있는 씨족은 무력한 씨족을 정복하고, 정복된 씨족원은 여러 형태를 통하여 자신의 노예로 만드는 것이 시작되었다. 지금까지는 생산력이 낮았기 때문에 인간은 쉼 없이 일해도 자기 한 사람의 생활양식을 생산하는 것이 고작이었다. 그러므로 갑의 씨족이 을의 씨족과 전쟁을 통하여 이긴다고 해도 을의 씨족원을 취하여 이를 노예로 하여 착취한다는 것은 불가능하였다. 이제 사람들은 자신의 생활비 이상의 것을 생산할 수 있게 되었으므로 이것을 노예화하는 일도 가능하였다.

두 번째로 이와 더불어 씨족내부에서의 불평등도 발전하였다. 씨족의 인구는 급격히 증대하였다. 그리고 토지의 경작이나 가축에 대한 보살핌은 그 때까지의 수렵 등과 같이 전 씨족원의 협력에 의해서가 아닌 대우혼 가족, 또는 가까운 친척 그룹으로 나뉘어 행해졌다. 이것은 가족 내지는 가족군의 씨족에 대한 독립성을 강화시켜 일시적으로 나누어진 씨족재산은 드디어 그 가족의 사유재산이 되었다. 가족군의 내부에서는 아직 공산제가 행하여지고 있었으나 가족마다의 사유재산 -이 중에는 노예도 포함되어 있다- 이 생겨난 것은, 오랜 씨족공동체에게는 치명적인 것이었다. 그리고 가족과 가족 사이에 부나 힘의 차이가 생겨났다.

세 번째로, 가장이 가족 중에서 특별한 지위권력을 갖게 된 사실이다. 가족재산은 공유라 하더라도, 그 지배권은 가장이 쥐게 되었기 때문이다. 가장은 이미 어머니가 아닌 아버지였다. 이 같은 사실은, 농업이나 목축에 있어서도, 노예쟁탈 전쟁에 있어서도 남자가 모든 것을 지배하였기 때문이다. 여기서 가족의 재산은 남자 가장의 사유재산으로 옮겨가게 되는 것이다.

가부장가족이 나타난 것은, 전 여성의 세계사적인 패배였다고 할 수 있다. 이로부터 부계가 시작되었고, 그것은 단순한 부계상속이 아니라 부권의 지배였다. 왜냐하면 가족원은 아버지의 재산에 따른 생활 형태를 취하게 되었으므로 아버지는 가족원의 생명도 지배하게 되었던 것이다. 또 부권은 동시에 처의 일부(一夫)에 대한 엄한 정조를 요구하였다. 아이의 어머니가 누군가 하는 것은 언제라도 의심의 여지가 없는 것이지만, 아이의 아버지가 누군가에 대해서는, 어머니의 입장에서 단 한 사람의 남편만을 가질 때 확실하였기 때문이다. 이렇게 엄격한 일부일처제 —다만 여자 측만의— 가 시작되었다.

이상은 모계씨족제로부터 부권에 이르는 근본적인 줄거리를 기술한 것이지만, 실제 과정은 그 동안 극히 복잡한 몇 개인가의 중간 단계가 있으며, 그 과정은 세계의 각 지역에 따라 무수히 다른 형태를 취하였다.

이러한 과정은 또한 정치상에도 노예주들의 전제국가가 만들어져 가는 과정이기도 하였다. 씨족 중의 불평등이 진행되자 거기에 족장과 같은 권력자가 생겨 나왔다. 이는 더욱 발전하여 지배자가 된다. 그 어느 쪽이든 생산력이 증대하고, 사람이 사람을 노예로 취하여 착취함으로써 인간의 본질적 평등은 깨어졌고, 그것이 한층 진전되어 결국에는 자유인으로서의 노동이 아닌, 노예로서의 노동이 사회적 생산방식의 토대가 되기에 이르는 것은 역사운동의 근본 동력이었던 것이다. 일본에 있어서도 근본은 세계사의 움직임과 다르지 않았다.

제1장

일본의 원시공산제와 모계씨족제

1. 원시공산제

일본열도에도 세계의 다른 지방에서처럼, 원시공산제의 모계시대가 있었던 것일까? 그 같은 사실을 『고지키(古事記)』나 『니혼쇼키(日本書紀)』 등에 의해서 확인하는 것만은 거의 불가능하다. 그러한 문헌에 의존하는 학자는 일본에 모계제나 공산제가 있었음을 부인한다. 그러나 먼저 고고학에 의해 일본의 원시시대 생산력의 정도나 사회상태를 알 수 있다.

두 번째로는, 나라(奈良)시대의 호적에 의해 ―그것은 명백한 가부장제 대가족이지만― 그 이전의 상태를 되돌아 볼 수 있다. 나라시대의 가족형태는 지방에 따라 다소 차이가 있으며, 그 차이점은 오랜 가족형태와 새로운 가족형태의 다름을 시사하고 있으므로, 그것을 비교함으로써 가족의 역사를 기원전으로 거슬러 올라 갈 수 있는 것이다.

세 번째로는 신제(神祭), 그 외 예법이나 풍속 등으로 후세에까지 ―그 중에는 현대까지― 남아 있는 민속에 의해 원시상태를 미루어 추측할 수 있다. 네 번째로 친자·부부·형제·자매 등의 가족관계를 보여주는 어휘의 변화에 따라 그 말의 어원이 된 실제 가족관계의 변화를 짐작하여 생각해 볼 수 있다.

크게 보아서 이들을 종합하여 연구하면 원시적 모습이 보인다. 말하자면 고대귀족이나 현대의 일부 학자들에 의해 '아카즈노헤야(あかずの部屋)'6) 속에 2중 3중으로 감금되어 있는 처녀를 도와서 꺼내주기 위한 4가지의 열쇠다.

어느 하나라도 충분하지는 않다. 그러나 이 모든 것을 잘 이용하면 결국 문을 열고 처녀를 꺼내어 줄 수 있게 되는 것이다.

일본열도에 인간의 생활이 시작된 것은 지금으로부터 아무리 적다 하더라도 4천 년 정도 전의 일이다. 학자에 따라서는 1만여 년 전이라고 하는 이도 있다. 그리고 이 사람들은 동부시베리아, 화북(華北) 방면으로부터 온 사람들이라고 추정하고 있다. 일본 최고의 유물7)은 동부시베리아, 몽고, 화북 방면의 것과 일치하며, 일본어는 우랄알타이어계 언어에 속하며, 인골에 대한 연구도 일본인종이 북방인종에 가까운 것을 시사한다.

문헌으로 알 수 있는 일본의 최고 년대는 기원전후, 즉 지금으로부터 2천 년 정도 전 이지만, 고고학은 그 전에 적어도 2천 년 이상의 오랜 역사가 일본열도에 있었음을 명백히 하고 있다. 그 오랜 기간 동안에도 물론 몇 번인가의 진보적 단계가 있었겠지만, 크게 보면 그 시대를 특징지을 토기에 의해 이것을 죠몬(縄文)식 문화시대라 한다.

---

6) 불길하다고 하여 열지 않고 닫힌 채 두는 방으로 특별할 때만 열었다. 아카즈노마(あかずの間)라고도 한다.
7) 밑이 뾰족한 토기나 정밀한 석기.

그것은 야산에서 동물을 사냥하고 해안에서 어패류를 얻어 생활하던 시대로 여전히 한 곳에서 정착생활을 시작하지 못한 시대였다.

생산력은 극히 낮았으며 때에 따라서 사람들은 극심한 기아 때문에 같은 인간을 먹기조차 하였다. 도쿄오모리(東京大森) 그 외 2, 3개소의 죠몬식 시대의 패총8)에서 발견된 인골은 바르고 규칙적으로 잘려 있는데, 이것은 뼈 골수를 먹은 것임을 보여주는 것이다. 이처럼 생산력이 낮았던 시대는 인류사적 측면에서 보아, 대체로 사유재산이 발생할 여지가 없으므로 원시 공산제가 행하여 졌는데, 일본에서도 그 같은 양상이었음은 다음과 같은 사실로 알 수 있다.

첫째, 생산은 한 무리의 사람들에 의해 공동으로 행하여 졌다. 패총에서 발견된 물고기 뼈 속에는 가다랭어, 다랑어 등의 해안 가까이에 살지 않는 깊은 물속의 생선이 있다. 이를 잡기 위해서는 큰 배가 필요했을 것은 명백하다. 또 양태나 가자미 등의 해저어도 있으며, 그것을 잡기 위해서는 그물을 사용해야 했겠지만, 그 때 사용한 그물 돌 추 등도 보인다. 따라서 2, 3발 정도의 큰 그물도 가지고 있었음을 알 수 있다. 배나 그물을 사용하기에는 많은 사람 수의 협동조업이 필요하였을 것이다. 또 들짐승의 유골로서는 멧돼지와 사슴이 많지만 돌화살이나 돌창 밖에 없었던 원시인이 한 사람 두 사람만으로 이를 잡을 수는 없었을 것이다. 반드시 다수의 사람들이 힘을 합해야만 했었던 것이다.

둘째로, 죠몬식 문화에는 아직 어떠한 빈부의 차도 보이지 않고 있다. 주거는 원형 또는 방형으로 세운 사각모양에 기둥을 세우고 지붕

---

8) 패총은 태곳적 사람들이 먹은 조개껍질이 버려져 쌓여 만들어진 것이다. 그 중에는 조개껍질 외에도 동물이나 인간의 뼈, 석기나 토기 등이 섞여 있다.

을 이어 만든 것으로 마루의 넓이는 4, 5평이 된다. 그 이상의 매우 큰집도 매우 작은 집도 없다. 이것은 인간에게 빈부의 차가 없었음을 보여주는 것이다. 죽은 뒤 주거인 묘지를 보아도, 땅속 얕은 곳에 묻혔을 뿐으로 석관 따위는 없다. 죽은 이와 함께 매장 된 것 역시 일상용품이나 조개, 돌, 동물의 뼈와 뿔 등으로 만든 소박한 장신구가 대부분이었다. 여기에서도 빈부의 차를 보여주는 어떠한 표식은 없다.

이상의 제1과 제2를 함께 생각해 보면, 죠몬식시대에는 생산수단은 사회의 공유며, 사유재산은 없었다는 것이 명백하다. 만약 배나 그물과 같은 생산수단이 사유였다고 하면 그 사유 자는 이것을 갖지 않은 자에게 무상으로 사용할 수 있도록 하지 않았을 것이며 그렇다고 하면 사유하는 의미가 없다. 반드시 이들 생산수단을 갖지 못한 자를 노예로 쓰든지, 또는 사용료를 받든지, 여하튼 무엇인가 착취함으로써 사회적으로 부유한 자와 가난한 자의 차별이 생겨났을 것이다. 더욱이 빈부의 격차를 보이는 것은 하나도 없다. 원시공동사회에서의 생산이 공동으로 행하여진 것은, 부유한 자와 가난한 자의 구분이 있었던 것이 아니며, 모두가 평등한 인간으로 공동하고 그 생산수단도 공유였다. 즉 원시공산제가 행해지고 있었던 것은 명백하다.

2. 모계씨족제

　그러면 이 공산사회는 어떤 조직을 갖추고 있었던 것일까? 주거지
의 경우 대개 5평 전후이므로 거기에 4, 5인의 가족 오늘 날의 가족
과 같은 부부친자 이 살고 있었다고 생각하기 쉽지만, 가족은 없었다
고 해도, 일시적으로 몇 명이 한 곳에 모여 사는 것은 있을 수 있는
일이었으므로 집단혼의 시대에는 가족이라고 하면 모든 사람이 다
가족이었다. 주거지의 크기로 보아 小가족제였다고 할 수는 없을 것
이다.

　죠몬식시대 후기가 되면, 주거의 흔적이나 패총도 꽤 많아진다. 가
장 초기 패총은 20평에 미치지 않으나, 후기가 되면 4천 평이나 되
는 것도 나타난다. 이 무렵 유적으로, 동일한 장소에서 몇 십 구의
몸체나 때로는 300구 이상의 인골이 발견된 곳도 있다. 이것은 공동
묘지다. 원시공동묘지는 일반적으로 씨족제사회의 고유한 특징이지
만, 일본열도의 공동묘지도 그러한 것인지, 그를 명확히 하기 위해서
는 고고학 외의 다른 단서를 생각해 보아야 한다.

　원시일본에 집단혼이 있었던 것은, 후세의 사실로 보아 명백하다.

『만요슈(万葉集)』에 있는 노래나 『후도키(風土記)』등에 의하면 '카가이(カガイ: 노래회)'라는 습속이 각지에 있었던 것을 알 수 있다. 예를 들면, 츠쿠바(筑波)산에서는 매년 봄과 가을에 각지의 남녀가 모여들어 노래랑 춤을 즐기는 모임이 있었다. 이것은 주로 미혼의 청춘남녀를 위한 것이었지만, 이미 결혼한 부인도 참가하였다. 그리고 카가이를 열 때는 부인이든 처녀든 누구라도 좋아하는 상대와 교제할 수 있었다. 즉 일시적인 성의 해방이었던 것이다.

'카가이'와 같은 일정기간 내의 성적 해방은 민속으로써 지방에 따라 근대에 이르러서도 남아 있는 곳이 있다. 나카야마타로(中山太郎)씨의 『日本 婚姻史』나, 『매소(売笑) 3000년史』에서도 그러한 예를 많이 볼 수 있다. 오이타켄(大分県)의 히다군(日田郡)에 있는 부락이나, 에히메켄(愛媛県)의 니이다(新田)의 축제, 도쿠시마켄(徳島県)의 도오(東尾)신사 축제, 교토의 켄(県)신사 축제, 시즈오카켄(静岡県)의 도케이인(洞慶院)이라는 절의 기원제, 그 외 많은 지방에서 메이지시대 초반까지, 1년에 한 번 성(性)을 해방시키는 날이 있었다. 나라시대부터 근대까지의 천여 년 간의 역사변화의 빠름과 깊이는 그 이전의 몇 만 년과는 비교할 바가 못 되지만, 그럼에도 불구하고 이러한 풍습이 일본 전국 각지에 남아 있다는 것은, 우연한 예외가 아니며, 오랜 옛날에는 보통의 흔한 일이었던 집단혼의 잔존이라는 생각 외에는 설명할 수 없는 것이다.

또, 『고지키』나 『니혼쇼키』에 나와 있는 천황이나 귀족들의 결혼양상을 보면, 그들은 한 사람의 아내를 처로 맞이하면, 그 자매 모두를 처로 삼는 경우가 종종 있었다. 그 각각의 예를 지금 모두 나열할 수는 없지만, 그것은 결코 그들의 음란함이 가져온 예외적인 일이 아니라, 당시 도덕상으로는 조금도 비난받을 만한 일이 아니었던 것이다. 이것은 물론 집단혼은 아니다. 그러나 같은 무리의 형제가 같은 무리의 자매와 결혼한 원시 집단혼은 먼 옛날의 일이 되었다 하더라도, 그 잔존 여파로 남성에게만은 모든 자매를 동시에 처로 삼는 형태가 남아있는 경우는 세계 여타 종족에게도 흔히 있는 일이다.

옛날 일본어에 '이모(イも)'와 '세(セ)'라는 것이 있다. '이모'는 남자 쪽에서 본 자매로, 연인의 여성이며 동시에 처를 말한다. '세'는 여자 쪽에서 본 형제이며, 연인인 남성, 그리고 남편이다. 형이 아우를 언니가 여동생을 부를 때에는 동등하게 '오토(オト)'라고 하며, 남동생과 여동생이 형과 누나(오빠, 언니)를 부를 때는 모두 '에(エ)' 또는 '네(ネ)'라고 하였다. 그러나 여자 쪽에서 보아 오빠와 남동생을 구별하는 말, 남자 쪽에서 누이와 여동생을 구별하는 말은 없다. 그것은 모두 같이 '세' 또는 '이모'이다.

말은 현실의 사회관계에서 생겨난다. 그러나 현실은 바뀌어도 곧 그것에 맞는 단어가 생겨나는 것은 아니며, 예로부터의 말은 남아있다. 거기서 변화 없이 남아 있는 말에 따라 이전에 그것이 나타내는 의미관계의 실제를 추정할 수 있다. 즉, '이모'와 '세'의 사용법은 원시사회에 있어서 형제자매는 부부였음을 추정할 수 있는 하나의 자료라 할 수 있다.

귀족 남성이 자매군을 처로 삼는 일도, '이모'와 세라는 단어도, 그 하나하나에 대해서는 반드시 이를 집단혼과 관련시키지 않더라도, 쓰다소키치(津田左右吉) 박사처럼 억지로 설명을 하면 불가능할 것도 없다.[9]

---

9) 『上代 일본의 사회 및 사상』 참조.

그렇지만, 엄연히 한편으로 무언가의 형태적 집단혼 유풍을 보여주는 사실이 있고, 또 원시공산사회의 어느 시기에는 형제 군과 자매군의 결혼이 있었던 것은 세계적으로 확실한 것이며, 특히 사회의 근본인 생산력의 정도 및 생산관계가 원시일본사회도 세계의 여타 지방의 사회와 동일한 단계를 보이고 있는 이상, 위에서 거론한 사실이나 단어는 이를 형제군과 자매군의 집단혼적인 잔존으로 생각하는 것이 타당하다.

형제자매의 군혼이라는 것만으로는 그것이 씨족혼 인지 아닌지는 알 수 없다. 그렇지만 필연적으로 씨족제로 발전하기 마련이다. 집단혼은 바로 모계제를 연상시키지만(역으로 모계제는 집단혼을 연상시킨다. 그러면 원시 일본에 모계제가 있었던 것일까. 『고지키』에 기록되고 있는 결혼의 형식은, 5, 6세기 이후 귀족의 상태를 나타내는 것으로, 그것은 명확하게 부권(父權)의 대가족 시대의 것이지만, 거기에도 그 이전부터의 습관이나 도덕은 조금 민간의 양상도 보이고 있다. 가장 중요한 것은 결혼이라고 해도 부부가 동거하는 것이 아니라, 남편이 처가 있는 곳으로 다녔다는 것이다.

이것은 『만요슈(万葉集)』의 노래 등에서도 꽤 나타나 있다. 더구나, 8세기 호적에 대하여 자세히 연구한 「나라시대 농민의 결혼형태에 관한 한 고찰」 10)에 의하면, 그 무렵에는 노예제가 발달한 지역에서는 부부동거가 점차로 행하여졌으나, 계급분화가 발달하지 않았던 지방에서는 동거는 행하여지지 않고 있다. 또, 부부동거는 모든 가족원 부부에게 동시적으로 시작 된 것이 아니라, 우선 가장(家長)의 부부가 동거하고, 다른 가족원 부부의 동거는 훨씬 늦게 이루어지고 있다. 그리고 이 부부동거는 가장권의 발달11)에 따라 발생한 형

10) 이시모다타다시 石母田正, 역사학 연구 99.

태임을 알 수 있다.

이 가족 형태의 운동 방향을 역으로 거슬러 올라가면, 노예제=사유재산제가 약해지면 질수록 가장권도 약하며, 그 반면 부부별거라는 결혼제가 강하였다는 것을 알 수 있다. 아버지의 가장권은 다이카노카이신 전기, 가장 발달하였을 때도 그렇게 강하지 않았다.

아들의 결혼에 대해서는 아버지보다 어머니의 권력이 강하며, 『만요슈(万葉集)』의 노래에도 딸이 몰래 연인과 만나는데 있어 어머니를 꺼리는 노래는 많지만, 아버지를 문제 삼는 적은 거의 없다. 또 어머니의 허가를 얻어 결혼하고자 하는 노래도 있다. 더욱이 어머니의 권력이라고는 해도 절대적인 것이 아니라, 아들은 상당히 자유로이 연애를 하고 결혼했다. 그것이 고대 서정시의 아름다움을 생산한 원천으로, 아름다운 사랑의 시라는 것은 사랑이 자유롭지 않으면 발달되는 것이 아니기 때문이다.

『기키(記紀)』의 신대(神代)이야기에, 딸의 결혼에 대하여 아버지의 허가를 구하는 이야기가 있으나, 그것은 부권(父權)귀족의 사상에 따른 꾸며진 이야기이다. 더욱이 천황이나 귀족이라 하더라도, 태어난 아이의 이름은 어머니가 짓는 것이 관례였으며 아버지가 짓는 일은 거의 없었다. 아들의 이름을 짓는 일 뿐만 아니라, 양육하는 일도 오로지 어머니의 몫이었다. 이러한 사실은 부부가 별거하는 것에서부터 필연적으로 발생하는 것이라고는 할 수 없다. 부부별거라고는 하나, 부부가 싸움을 한다거나 해서 헤어져 있는 것이 아니며, 남편은 언제나 처의 집으로 다니러 왔다. 그것도 밤에만이 아니다. 낮에도 일의 휴식을 겸해 올 때도 있었다.

---

11) 그 토대에는 노예제의 발달이 있다.

　도쿠가와(德川)시대에도 결혼 후 잠시 동안은 남자가 여자가 사는 곳으로 다니도록 하는 마을이 있었지만, 그 즈음, 남자는 낮이라도 처의 집에 와서 식사를 했다.[12] 그런 까닭으로 아버지로서는 자식의 신분에 관한 일을 감독하는 것은 마음대로 할 수 있었다.

　생활 외적인 면에서는 명확하게 부권이 행하여지고 있음에도 불구하고 자녀의 결혼 허가나, 아이의 이름 짓기나, 가계의 극히 중요한 일은, 아버지가 아닌 어머니의 권한 아래 있었다는 것은, 적어도 본래 가계(家系)상의 일에서는 어머니가 중심이었다는 전통을 보여 주는 것이다.

　또, 다이카노카이신(大化改新, 645년)[13] 때, 비로소 남녀에 관한 법을 정했지만, 그에 따르면 평민남녀 사이에 자식은 아버지를 따르고, 평민남자와 노예여자 사이의 자식은 어머니에게, 평민여자와 노예남자 사이의 아이는 아버지를 따르도록(즉, 어느 쪽이든 노예 쪽에) 하고 있다. 그리고 주인이 다른 두 집안의 노예남녀 간의 자식은 어머니에게 따르도록(어머니 주인의 것으로 한다) 정하였다.

　노예는 주인의 물품가축과 같이 취급되었으므로, 노예의 가족문제

---

12) 柳田国男『木綿이전의 일』.
13) 소가노우마코(蘇我馬子)와 그의 아들인 이루카(入鹿)가 권력을 장악하려는 의도에서 왕위 계승자로 지목 받던 아마시로노오에 왕(山背大兄王)을 자결하게 하였는데 이에 나카노오에(中大兄皇子)와 나가토미노가마타리(中臣鎌足)가 645年에 소가씨부자를 멸망시켰다. 다음날 고토쿠 천황(孝德天皇)을 즉위시키고 이에 나카노오에(中大兄皇子)는 황태자로서 실권을 잡고 연호재정·천도 등을 시작으로 국정개혁을 추진하였다. 또 정치를 쇄신하기위하여 도읍을 아스카에서 오사카 나니와(難波)의 나가라도요사키(長柄豊碕)로 옮겨서 수년에 걸쳐 행한 정치개혁을 말한다. 공지공민제, 지방행정조직의 확립, 호적계장의 작성과 班田수호법의 시행, 租·庸·調의 통일적 세제실시를 중심으로 하는, 개신조칙을 발표하고 氏姓제도에 따른 황족과 호족의 지배를 거부한 중앙집권적 지배의 실현을 추구하였다.

에 대해서는 따로 생각하지 않으면 안 되겠지만, 이 때 평민남녀 간의 아이를 아버지에게 따르도록 한 것은 왜일까. 이것은 아이가 어머니를 따를 것인지, 아버지를 따를 것인지가 평민 사이에서는 아직 확실히 정해져 있지 않았기 때문으로 생각된다. 아이는 어머니를 따르도록 하는, 즉 모계제 습관이 그 무렵에는 여전히 부분적으로라도 행하여졌던 것이며, 이를 새로이 타파하고 부계제를 널리 확립하고자 한 것이 이 법의 목적이었을 것으로 생각된다.

물론 여기에 존재한 모계제, 혹은 그에 가까운 것이 바로 씨족제라는 것은 아니다. 다만 이러한 경우에, 앞에서 기술한 여러 사실들을 조합하여 생각할 때, 우리는 이들 원시를 원시씨족제사회로까지 거슬러 올라 생각 할 수 있기 때문이다.

여기서 '오야(オヤ)'라는 옛 말의 의미가 문제가 된다. 고어(古語)에서 '오야'라고 하면, 부모를 하나로 봤을 때든가, 어머니 쪽 이든가, 또는 선조를 가리킨다. 아버지를 단독으로 '오야'라고 하는 예는 없으며, 조부모를 나타내는 말도 아직 생겨나지 않고 있다. 모토오리노리나가(本居宣長)도 '오야'라는 것은 제1의 뜻이 어머니라고 하였다.

이것은 부부별거제적 관점에서 보면, 예를 들면 부권제 아래에서도 발생할 수 있는 일로, 이 말만을 두고 잘라 말하면, 여러 가지 해석도 가능하겠지만 전술한 내용과 관련시켜 생각해 볼 때 이 또한 어머니는 즉 부모이며 선조라는 모계제 시대적 사실에 근거한 관념이라는 것은 명확한 것이다.

이상에서 기술한 형제자매군의 집단결혼이나 모계제의 흔적으로 해석되는 여러 현상을 공동묘지제나 공산제 등과 조합 생각해 보면,

일본의 원시사회는 모계의 씨족제 공산사회였다는 것이 의심의 여지
가 없다.

『니혼쇼키』에 5세기말경의 천황시대의 일로 이러한 이야기가 있
다. 어느 귀족의 하인 '아라키(アラキ)'가 주인과 함께 조선(朝鮮)에
출정하게 되자, 그 처 '아키타메(アキタメ)'는 슬픔을 참기 어려워,
"어머니에게도 '세(兄)', 나에게도 '세(兄)', 어린 나의 남편(シマ: 夫)
이여14)"라하며 슬퍼하자, 사람들은 동정하여 함께 비통해 하였다고
한다.

수수께끼 같은 말이지만, '아키타메'의 어머니 '나키메(ナキメ)'는
'야마키(ヤマキ)'라는 남자와의 사이에서 '아키타메'를 낳았다. 그런
데, 이 '야마키'는, 처인 '나키메'가 죽은 뒤, '나키메'의 생모인 '후나
메(フナメ)'라는 여인과 결혼하였다. 이 '야마키'와 '후나메'사이에 태
어난 남자아이가 '아라키'다. 그리고 '아라키'와 '아키타메'가 결혼 하
였다. 그러니까, '아키타메'의 어머니 쪽을 더듬어 가면 그녀의 아버
지 '아라키'는 어머니 '나키메'와 같은 어머니의 남동생 '세'가 되며,
그녀 자신에게는 삼촌인 것이다.

아버지 쪽을 더듬어 가면, '아라키'와 '아키타메'는 어머니가 다른
(더욱이 그 두 사람의 어머니의 관계는 어머니와 딸이다.) 자매가 된
다. 즉 '아키타메'에게 있어서는 남편 '아라키'는 자신에게도 형제이
며, 어머니에게도 형제인 것이다.

다른 어머니의 형제자매의 결혼에서는, 이러한 경우도 있을 수 있
는 것이다. 같은 어머니의 형제자매 간의 결혼은 금지, 다른 어머니

---

14) 원문: 母にも兄(セ)、われにも兄(セ)、若草のわが夫(ツマ)はや。

와의 그것은 자유, 이것은 보통 씨족제에서 오는 것이지만, 일본의
경우도 같은 양상을 보이는 것이다.(모계씨족에서는 같은 어머니는
같은 씨족(同氏族)을, 다른 어머니는 다른 씨족(異氏族)을 의미하는
것으로, 전자의 결혼은 불가능하며, 후자는 자유로웠다.) 또 다카무레
이츠에(高群逸枝)는 그 『대일본여성사 —모계제연구—』에서 후세의
귀족 氏의 계보기록법에 의하면, 하나의 氏에 많은 선조가 있는 경우
와 복 씨(複氏)15)가 있는 것 등으로 보아 모계제 흔적을 찾아 볼 수
있다.

그러나 계보의 서식만으로는 모계제의 흔적인지 어떤지 확실히 말
할 수는 없지만, 이상에서 기술한 여러 점들을 두루 생각해 보면, 다
카무레의 설도 성립될 수 있다.

원시사회에서는 결코 남녀 불평등은 없었던 것 같다. 『니혼쇼키』
에는 종종 지방에 '히코(ヒコ)' '히메(ヒメ)'라는 남녀 대칭의 추장이
있었다는 사실을 보여주고 있다. 또 『景行紀』에는 황실이 정복한 큐
슈(九州)지방에는 많은 여자 추장이 있었다고 기록하고 있다. 예를
들면, "가무나츠히메(カムナツヒメ)라는 일국의 히토노코노카미(ヒト
ノコノカミ)가 있어16)"라든가, "어느 곳의 추장인 하야츠히메라는 여
인이 있는데17)"라고 하여, 칭호를 붙이는 경우는, 이 외에도 상당히
많이 보여 지고 있다. 이것은 원시사회는 아니지만 남녀 간의 정치상
의 불평등이라고는 볼 수 없을 것이다. 이 상태보다 더욱 한 단계 앞
을 보여주는 아즈마국(東国)의 '에조'에 대해서, 『景行紀』에 기록된
바는 "마을에 추장 없음"이라 하여 완전히 상하 구분이 없으며, "남

---

15) 아버지의 氏와 어머니의 氏名을 중첩하는 氏.
16) 원문: カムナツヒメという一国のヒトノコノカミ(人の子の上)がおり。
17) 원문: 女人あり、ハヤツヒメという、一所の長たり。

녀의 교제가 있으며, 부자(父子)의 다름이 없음"18)이라 하여, 남녀가 평등하여 어떠한 부권(父權)적 행사가 없는 집단생활임을 알 수 있다.

또 후세에 와서는 남자들을 신으로 섬기는 일은 행해지지만, 여자를 신으로 모시는 일은 없다. 그런데 고대 신사의 신을 모시는 행위에는 여신을 섬기는 경우가 상당히 많으며, 혹은 남녀를 합쳐 모시는 경우도 있다. 아마테라스오가미가 여신을 비롯하여, 그 이세신궁(伊勢神宮)의 영내(領内)의 오랜 신사에는 여신이 압도적으로 많다. 그 안에는 구니츠미오야(국가의 선조)신사와 같은 '구니츠미코(国生神児)'라고 불리는 여신을 섬기는 경우도 있다. 이 또한 원시시대에 있어서 남녀평등을 반영하는 것이라 할 수 있다.

우리는 일본씨족사회의 모습에 대하여, 이 이상 알 수 있는 어떤 직접적 증거를 갖고 있지는 않다. 다만, 앞에서 기술하였듯이 일본에도 원시공산 사회제와 모계씨족제시대가 있었고, 어머니야말로 부모였다는 사실, 거기에는 남녀의 어떠한 차별도 없었다는 사실, 이러한 것은 의심할 바 없는 사실로 받아들여지고 있다.

그러면, 이 같은 모계씨족제는 언제부터 왜 없어지게 되었을까?

---

18) 원문: 男女交り居り、父子別なし。

제2장

노예제와 가부장제 전제(專制)의 성립
−모계제 붕괴에서 나라시대까지−

1. 농업의 시작과 여성

지금으로부터 2100년 전쯤, 기원전 2세기경, 일본열도 사회에 크나큰 일대변혁이 일어나기 시작했다. 그것은 일본역사에 있어서 그 후의 어떠한 혁명도 이보다 더 심각한 혁명은 없을 것이었다. 게다가 그것은 여성에 의해서 이루어졌다.

대륙 쪽으로부터 벼농사가 전해진 것이다. 그와 동시에 토기제작 등의 수공업에 있어서도 지금까지와는 완전히 다른 비약적인 생산방법, 예를 들면, 토기를 만드는데 있어 점토를 손으로 주무르는 것이 아닌, 도르래와 같은 회전축을 이용하여 대량생산을 하며 고온에서 굽는 기술[19] 등이, 청동제 검이나 창과 같은 금속무기와 함께 들어온 것이다.

죠몬(繩文)식 문화시대에도, 식용식물을 심는 일 정도는 가능했었는지 모른다. 그러나 그것이 싹이 텄다고는 해도, 기원전 1세기경에 갑자기 열도에서 시작된 수전(水田) 농업과는 도저히 같은 레벨에서 논할 정도의 것은 아닌 것이다. 그것은 어린아이의 흙장난과 한 사람

---

19) 이를 야요이식(弥生式)토기라 한다.

의 농민이 하는 일과 크게 다른 것이었다.

새롭게 시작된 농업의 특징은 논에 모를 심는 것이었다. 야요이(弥生)식 토기의 가장 초기적 것에서도, 벼의 겨를 찧은 흔적이 있으므로 이것이 처음부터 수전 농업이었음을 알 수 있다.

가장 먼저 등장한 도구로서는, 가시나무나 주목과 같은 단단한 나무인 뽕나무나 삼나무를 이용하거나, 또 돌괭이, 돌낫 등이었다. 게다가 기타큐슈(北九州)의 일부지역에서는 기원전 1세기경에 이미 철기를 이용하였던 것이 명확히 밝혀졌고, 기원 후 3세기경에는 철제 농구는 열도의 주요한 부분까지 전파되고 있었다.

이 혁명적인 생산과 문화는, 우선 기타큐슈의 한반도에 가까운 해안지대에서 시작되어 기원전 1세기에는 긴키(近畿)지방도 농업을 시작, 기원후 3세기 후반에는 간토(関東)지방에까지 미쳐, 드디어 죠몬 식문화는 사라져 버렸다. 유명한 시즈오카켄(静岡県)의 도로이(登呂) 유적은 태곳적 농촌의 주거흔적이나 농구(토기와 석기) 뿐만이 아닌 경지 모양 등도 확실히 보여주고 있다. 이곳의 경지는 대체로 400평에서 600평 규모로 규칙인 정 방향으로 나뉘어져 있다. 이러한 것은 마을의 경지를 모두가 공평하게 분배하는 무엇인가의 공동체가 있었음을 알게 한다.

이 생산방법은 그 때까지의 일본 주민의 발명이 아닌, 대륙에서 전해진 것이라는 사실에 의심할 바는 없다. 또 이 무렵 漢人 · 한반도인과 열도인과의 혼혈이 왕성하였던 것도 사실이지만, 신문화를 가진 신인종이 일시에 대량으로 들어와 원주민을 압도했다고는 생각되지 않는다. 이렇게 새로운 생산이 시작되었다. 농업은 세계 어디에서라

도 우선 여성에 의해 시작되었으나, 일본도 역시 그 시작은 여성중심
이었던 것 같다.

『고지키』·『니혼쇼키』의 신화에 따르면, 식물의 신은 오오게츠
히메(オオゲツヒメ)라는 여신이며, 이 여신의 사체 각 부분에서 벼이
삭·밤·보리·콩 및 누에가 생겨났다고 한다. 『니혼쇼키(日本書
紀)』에는 이 오오게츠히메에 상당하는 신은 우케모치(ウケモチ)의
신이지만, 이 神도 여신이다.20) 그리고 이들 여신의 신체에 싹튼 곡
물 및 누에를 아마테라스오미카미(アマテラス大神)가 재배한 것이
농업의 시초였다고 기록하고 있다. 『고지키』·『니혼쇼키』가 아마테
라스 신(天照神)을 이끌고 온 것은, 천황의 선조들이 백성들에게 식
물을 내렸다고 생각하도록 하고자 한 정치적 작화였고, 농업의 기원
그 자체와는 관계없는 것이지만, 오오게츠히메 등은 확실히 농업의
기원과 여성과의 관계를 설명해 주고 있다.

또 9세기 초, 이세(伊勢)신궁의 의식을 묘사한 것에 따르면, 그 영
지 경작에 있어서, 미혼의 여성이 봄 경작의 시작이나 가을 추수에서
우선으로 손을 데는 것으로 전해지고 있다. 이 여성은 아버지가 보조
역할을 하고는 있지만, 처음에는 여성만으로 이루어 졌을 것이다. 이
것은, 본래 여성이 농업의 중심이며 후에 남성이 참가하면서 점차 바
꾸어 진 것임을 보여주는 예인 것이다. 신궁과 같은 오랜 신사의 예
부터 내려오는 의례 속에는 역사의 모습이 남아 숨 쉬고 있는 것이
다.

또한 쌀에서 술을 만드는 것도 여자의 일이었다. 지금 주조에서 중

---

20) 아마테라스오미카미 (アマテラス大神)도 우케모치(ウケモチ神)과 마찬가지로 역시
여신에 속한다.

심이 되는 기술자를 '도오지(杜氏)'라고 하는데, 이것은 여성의 존
칭인 도지(刀自)가 전이된 것이라고 야나기다쿠니오(柳田国男) 등
은 지적하고 있다. 양잠이 언제부터 시작되었는지는 알 수 없으나,
3세기에는 이미 있었던 것으로 확실시되고 있다. 그리고 양잠이나
베틀 짜기 등, 모든 의류를 만드는 일은 원시시대부터 여성의 일이
었다.

　고대여성은 이렇게 생산혁명에 있어서 최대의 담당자였다. 이러한
사정은 유럽에서 18, 9세기에 자본주의 산업혁명이 일어났을 때, 그
선두에 선 산업은 방적이나 모직물 산업이었고, 그리고 그 최대 담당
자가 여성 노동자였던 것과 완전히 비슷한 것이다. 그러나 유럽의 근
대산업혁명은, 민주주의 혁명을 이끌어 내면서, 마침내 여성과 남성
의 인권평등을 적어도 법률상으로는 인정받게 만들었지만, 원시에서
고대로의 산업혁명은 원시 민주제를 깨고 여성과 남성의 평등을 타
파하여, 여성이 남성에게 예속 당하는 그 제1단계를 만들어 내었다.

　만약 여성의 지위를 오로지 남성과의 관계에서 본다면, 원시적인
남녀평등이 무너지고 난 뒤, 근대의 민주 혁명론에 이르기까지의 여
성사는 여성의 남성에의 예속이 시대가 바뀔 때마다 강해지는 역사
라 할 수 있다. 그렇지만 원시의 자유와 평등은 씨족사회라는 극히
좁은 틀 속의 자유와 평등이었다. 소비에트 동맹의 학자 이린(イリ
ン)은 『인간의 역사』 라는 저술을 통해, 숲의 새나 동물이 무척 자유
로운 듯하나, 그것은 일정한 자연 조건 안에서 강하게 구속받고 있으
며, 인간만이 사회를 만들고 도구를 만들어 자연의 조건에서 크게 해
방되었음을 훌륭하게 그려내고 있다. 그와 마찬가지로, 원시여성의
자유라는 것은, 낮은 생산력과 혈연이라는 자연적 조건에 묶여 있었
다.

원시여성의 생산에 대한 노력이, 이러한 눈에 보이지 않는 묶인 쇠사슬을 잘라내자 여성은 사회와 남성의 압박을 받게 되었다. 라는 것은, 생산력의 비약적 발전에 따라 사회전체가 착취하는 자와 착취당하는 자로 분열되었고, 전자가 후자를 압박하면서 사회적 지배자인 남성의 국민남녀 일반에 대한 압박도 시작되어, 가족 내에서 그 지배를 지키기 위하여 아버지는 남성의 가족원인 여성에 대한 압박, 일반적으로 남성의 여성에 대한 압박으로 나타나게 되는 것이다.

2. 노예제의 발생과 여성의 예속

기원 57년, '왜(倭)'의 남쪽 끝자락에 있는 '노(奴)'라는 나라가, 중국의 후한 왕조 광무제(光武帝)에게 공물을 바치고 황제로부터 「한위노국왕인(漢委奴国王印)」이라는 황금 도장을 받았다. 그리고 50년 후, 역시 후한의 안제(安帝) 때, '왜'의 국왕 사승(師升)은 노예 160명을 황제에게 바쳤다.

중국의 고서에는 이렇게 적혀 있다. '왜'라는 것은 일본을 말하는 것이다. 광무제가 노나라 왕에게 준 황금도장은 도쿠가와 시대, 지금의 후쿠오카켄(福岡県)의 시가(志賀) 섬에서 발견되었다. 일본에 농업이 시작되고 얼마 지나지 않아, 기원 1, 2세기에 기타큐슈지방에서는 빠르게도 160명의 노예를 외국에 보내는 정치 권력자가 나타났던 것이다. ─고고학 쪽에서도 아직 기타큐슈지방의 묘(墓)제도─ 지금은 소박한 공동묘지 중에도 비교적 훌륭한 묘와 그렇지 못한 묘가 생겨나고, 또 옥이나 거울 등을 함께 묻은 훌륭한 묘와, 그렇지 못한 조촐한 묘분이 보임으로써, 계급분열의 시작을 입증하고 있다.

원시공동평등사회로부터 어떻게 노예주가 나타났는가에 대해서는 겨우 얼마 되지 않는 단서로부터 논리적으로 추정할 수밖에 도리가 없다. 이에 대해서는 후지마쇼다(藤間生大)씨의 『日本古代国家』편이 상당히 뛰어난 새로운 견해를 보이고 있으나, 필자에게는 납득이 가지 않는 점도 적지 않으므로, 이하 많은 가르침을 받아가면서 필자의 견해를 기술하고자 하며, 개인적 사견과 후지마쇼다(藤間生大)씨, 또 그 이전의 여러 설의 동이(同異)에 대한 자세한 사항은 다른 기회를 통하여 발표하고자 한다.

일본의 씨족사회는, 농업생산으로 나아가기 이전 이미 인구나 생산력에서 씨족간의 불균등이 있었으며, 동일 씨족 내에서도 족장과 같은 높은 지위에 오르는 자와 그렇지 못한 자와의 불평등이 싹트고 있었다. 그런 시점에 농업이 끼어들었던 것이다.

경지는 본래부터 씨족의 공유물이었다. 그러나 일찍이도 이 새로운 생산력을 자기의 것으로 만든 씨족과, 그런 점에서 한 발 늦은 씨족 간의 불균형은 커져 갔고, 유력한 씨족은 일손을 구하기 위하여 약한 씨족들을 정복하기 시작했다. 그 즈음, 정복씨족은 피정복 씨족의 조직을 부수어 버리지는 않고 그것을 본래대로 유지하면서 지배하였다. 다만 씨족원의 일부를 자신의 노예로 삼았는데, 한 씨족의 타 씨족 지배와, 씨족이 공유하는 노예제가 비로소 시작된 것이다.

이 일본의 씨족사회 붕괴방식은 매우 특징적이다. 그리스나 로마에서는 이와 같지 않으며, 승리한 씨족은 상대 씨족을 뿌리 채 모두 노예로 삼았던 것이다. 이와 더불어 정복자의 씨족 내에서도 불평등이 진행되었다. 대우가족 ―이것은 혈연에 가까운 조직이든가 부부친자 가족의 공산세대이다― 은 씨족의 공유지를 분할하여 경작하였지만 그것은 각 가족군의 독립성을 강화시켰다. 동시에 한편으로는, 처음에는 씨족공유의 사무를 보기 위해 씨족원 중에서 선발되고 있었던 것이 씨족의 지배자로 전환되어 갔다.

이 전환의 가장 유력한 동력이 된 것은, 씨족공유의 노예를 족장이 지배하였다는 것에 있다. 훨씬 후인 8세기경의 사료(史料)에, 가족공유의 노예와 가장 사유의 노예가 구별되어 있는 경우가 있는데, 그와 같은 경우가 씨족시대에도 일어나기 시작했던 것이다. 이리하여 족장의 가족군은 씨족 내에서 특별한 지위를 차지하게 되었고, 이것이 우선 씨족으로부터 독립하여 旧씨족의 지배자로 탈바꿈한다.

바야흐로 혈연에 따른 결합이라는 씨족의 원리는 무너졌다. 따라서 다른 가족군도 독립하기 시작했다. 이들 가족군에게는 이미 그것이 씨족으로부터 분리될 때 불평등이 생겨나 있었다. 특히 족장이나 그에 가까운 자는 본래는 씨족의 공유였던 노예를 많이 가지고 있다. 이 때문에 씨족으로부터 분리한 가족군 ―이것은 이미 대우가족보다 한 단계 강화된 가족적 결합을 이루고 있으며, 세대공동체로 불린다 ― 사이에 불평등은 쉽게 발전하여, 어떤 자는 몰락하면서 연고 있는 유력자에게 자신들의 몸을 맡겼다. 나라시대 호적에 기구(寄口)라 쓰여진 다른 성을 가진 자들이 있는데, 그러한 사실은 이 같은 몰락과정을 추측하게 한다.

이미 노비나 기구 등을 받아들이기 시작한 대가족은, 점점 많은 노비와 기구를 획득하였다. 그리고 기구는 점차 반자유민이 되면서, 사실상으로는 노예나 다름없었다. 이와 더불어 공산적인 가족군은 해체되고, 가장은 자신의 처자와 노비나 기구 등의, 혈연이 아닌 비자유인을 자신의 통제 하에 두는 대가족을 만들어 갔다.

이것은 이미 세대공동체와 닮아있지만 아주 닮은 것은 아니었다. 세대공동체에서도 그 장의 가족원에 대한 권력은 있었지만 그래도 공동체라 부를 수는 있을 정도였다. 또 세대공동체는 가장의 직계나 방계의 혈연자를 주로 하고, 비혈연자는 극히 드문 집단이었으나, 거기에서 발전해 온 이 대가족은 그렇지가 않다. 여기에는 방계 혈연은 점점 그 수가 적어지면서 그 대신 비혈연적인 예속자가 늘어갔다. 그리고 가장은 가족원을 노예로서 사실상 지배하였다.

이 가족에서는 노예도 '가족원'으로 구성되고는 있지만, 그것은 노예에 대한 지배가 가족적 온정으로 부드러워 진 것이 아니라 오히려 호주의 혈연가족 원도 사실상으로는 끊임없이 노예화되어 가고 있음을 보여준다. 세대공동체에서 대가족으로 변화되는 과정을 잘 보여주고 있는 것은, 8세기에 츠쿠시(築紫)의 호족인 히노키미노이테(ヒノキミノイテ)가문이다. 총 수 124명이라는 대가족의 호주로, 그 중 직계혈족 31명, 방계혈족 29명, 기구 14명, 노예 37명으로 구성되어 있다.21) 그리고 이 노예 중 10명은 호주의 노예, 8명은 호주 어머니의 노예로, 가족 공유적 노예와 구별되고 있다. 이것은 본래는 모두 노예가 가족의 공유 ―세대 공동적 소유― 였는데, 점차 가부장의 사유화가 되고 있는 것, 즉 가부장제 대가족으로 나아가고 있음을 말해주는 것이다.

이상은 정복자가 된 씨족의 그 후 역사를 더듬은 것이지만, 피정복 씨족은 정복됨으로써 이미 본래의 독립 자유적 씨족이 될 수 없었다. 또 정복자가 이 舊씨족을 지배하기 위한 수단으로 이 씨족에 족장을 두거나, 혹은 이미 있었던 족장을 통하여 지배하였다. 따라서 정복된 씨족 내부의 불평등으로 인한 반발도 싹트게 되었다. 세대공동체적인

―――――――――
21) 이 호적은 일부만이 전해지므로 가족의 총 수와 그 내용 구분이 일치하지 않는다.

것도 나타나 어떤 경우는 가부장제 대가족으로 진행되기도 하였다. 그렇지만, 이 경우 정복자의 씨족처럼 그렇게 쉽게는 씨족제적 관계가 무너지지 않았다. 왜냐하면, 그들이 생산해 내는 부(富)는 지배자에게 착취당하였으므로, 그 부가 그들의 내부 계급 분화의 동력으로 강력하게 작용할 수 없었기 때문이다.

이것이 일반민중의 사회였다. 따라서 여기에는 씨족 또는 세대공동체와 같은 공동체적 잔존이 강하다. 8세기 호적에, 아나오베(孔王部)[22]라는 동족 부락이 있는데 여기에는 노비는 다만 一戸의 大家에 두 명 외는 없으며, 각 戸는 거의 같은 数 정도(15명~30명)의 호주 직계 및 방계혈족으로 되어 있다. 여기에 비혈연자인 기구로 되어 있는 자는 겨우 9명이다. 이 중, 一戸만이 41명 이상의 가족(두 명의 노비를 포함)을 거느리고 있다. 이들에게서 이 부락이 최근에 이르러 세대공동체로 나뉘면서 본래의 족장적인 것이 분리, 유력해져 가고 있었음을 말해주고 있다. 이와 같이 민중의 사회계급분화에 지장을 초래하게 된 것은 다이카노카이신 때, '남녀의 법'을 정해두지 않으면 안 될 만큼 모계제적인 관습이 남아있었기 때문일 것이다.

그런데 정복씨족에 있어서는 계급분화가 발전해 가지만, 여기에 旧씨족원을 지배하는데 있어서는 변함없이 씨족적 관념을 이용하고 있었다. 이러한 관념은, 제일 먼저 현실적으로 혈연관계가 있었기 때문에 가능하다. 또 둘째로 旧씨족 내에 수공업이 충분히 발달되지 못하여, 자연히 씨족 내 분업이나 씨족과 씨족 간의 제품교환이 충분히 이루어지지 않음으로써 필연적으로 그렇게 될 수밖에 없었다.

씨족제시대에 각 씨족의 수공업이 널리 발달하여, 농업과 수공업

---

22) 여기서 '베'라는 것은 피지배집단을 가리킨다.

의 전문분화를 통하여 마침내 씨족 간의 분업이 달성되었다면, 씨족 간의 생산물교환이 일어나게 되면서, 자연히 씨족원의 분립을 앞당겼을 것이고, 또 그것을 철저히 시켰을 것이다(그리스나 로마의 경우). 그렇지만 일본열도에서는 수공업이 충분히 발달되지 못한 채 논농사가 시작되어, 농업과 수공업의 분화가 충분히 발달되지 못하였다.

따라서 각 씨족사회 간의 상호교환도 발달하지 못했던 것이다. 이리하여 씨족은 자급자족하는 공동체를 계속 유지해 나갈 수밖에 없었다. 따라서 바야흐로 본래의 평등한 성원에 의한 씨족이 아니게 된 후에도, 씨족적 결합 형식은 남아 혈연관념이 남게 된 것이다.

노비가 혈연자가 아닌 그야말로 타인이고 노예인데 '子'또는 가족이라는 식으로 관념화되는 것도 旧족장이 혈연관념을 이용하여 旧씨족원을 지배하는 원리가, 노비 지배에 영향을 미쳤기 때문이다. 그리고 또 이와 같은 방식은 다른 씨족 다른 사회를 지배할 때도 영향을 주어, 지배자와 피지배자는 본디부터 혈연이 있는 본가와 분가로 칭하여지기에 이르렀다.

그러한 것이 보다 잘 나타나 있는 것이 『고지키』· 『니혼쇼키』의 神代 이야기다. 야마토(大和)국가가 이즈모(イヅモ)국가를 정복했지만 본래, 이 양 국가는 같은 선조로부터 분화되어 갈라져 나온 것으로 이야기가 꾸며져 있다. 또한 다른 사회를 지배하기 위해서, 현실적으로 그 사회 유력자의 딸을 지배자단 성원의 처[23]로 삼는 일도 있었다. 또 『고지키』· 『니혼쇼키』의 전설에 따르면, 패배자가 죽음에 이르거나 혹은 싸우지 않고 항복하면서 승리자에게 자신의 딸을 바치는 일도 종종 있었다.

---

23) 실재는 첩이지만 당시에는 첩이라는 관념은 생기지 않은 상태였다.

일본은 현재에 이르러서까지도 "황실은 본가이며 국민은 분가다. 천황은 부모며, 국민은 자식이다"는 식으로 말하고 있으며, 자본가와 노동자, 내지는 지주와 소작인도 부모와 자식으로 불리며, 国鉄쪽에서는 종업원은 大臣을 부모로 하는 대가족주의라는 식으로 말해지고 있다. 인간의 모든 관계를 가족관계로 연결해 버리는 생각은 봉건사회에서도 발생하고 있지만, 일본의 경우 그것은 봉건적임과 동시에 고대에 노예를 가족으로 칭한 독특한 노예제가 성립되었을 즈음부터 생겨난 것이다.

이러한 가족은 노예를 '子'라고 이름 붙임으로써 노예로서의 지배를 숨기려는 것이지만, 그것은 동시에 진실 된 혈연자인 아들이나 처를 사실상 노예화하는 것과 같다. 고대에 패배한 족장이 그 딸을 승자에게 바쳤다는 것은 이미 그 딸이 아버지에 의해 노예취급을 받고 있었음과 다름없는 것이다.

더욱이 그 딸은 승자의 처가 된다고는 하나, 사실은 성적으로 이용되는 여자 노예에 지나지 않았다. 가족주의, 친자주의라고 하는 것은 조금도 인정미 넘치는 것이 아니었다. 부모 즉 지배자의 비열한 탐욕과 압제를 숨기는 가면에 지나지 않았던 것이다.

이상과 같이 모계제적 평등한 씨족은, 노예주인 가장제 대가족으로 전화되기에 이르렀다. 모계에서 부계=부권으로의 전화가 일반으로 행하여 졌던 것은 세대공동체가 무너지는 단계였을 것이다.

그러나, 이와 같은 변화가 모든 일본 사회에 똑 같이 발생하였다고는 할 수 없다. 크게 나누어 정복씨족과 피정복 씨족에 있어서는 전술한 대로, 그 내부 조직변화의 속도는 완전히 달랐다. 또 정복씨족

중에서도 족장 등의 유력자는 일찍부터 사실상 씨족으로부터 독립하여 세대공동체를 만들었으며, 더구나 그것은 극히 짧은 기간에, 아마도 1세기나 2세기 정도로 이미 가장제 대가족으로 옮겨갔을 것이다. 본래의 일반 씨족원은, 그 무렵 겨우 세대공동체를 만들 정도였으므로 더구나 씨족관계를 완전히 빠져나가기란 쉽지 않았다.

이와 같은 불균형적인 발전은 지방적 차이로 드러나면서, 2세기부터 3세기에 걸쳐 야마토지방 세력과 기타큐슈지방의 세력 등이 타지방을 앞질러 빨리 발전하였다.

야마토지방을 중심으로 유력해진 세력에는, 나중의 천황가를 비롯하여 소가(蘇我), 모노노배(モノノベ)24), 오토모(オオトモ), 헤구리(ヘグリ) 등의 여러 가문이 있었다. 이들 가문은 씨족의 족장이 일찍부터 그 노예를 사적인 것으로 만들면서 씨족 지배자로 전환 된 것으로, 스스로 가장제 대가족으로 나아갔다. 또한 일반적으로 늦어지고 있었던 여러 관계를 강제적으로 시행함으로써 그 지위를 점점 견고히 하여 갔다. 그러한 호족들이 정복을 위해 연합한 것이 바로 야마토정권이다.

아스카 강 유역 평야에 호족들의 가부장제 대가족과 그 연합정권이 생겨나, 그것이 열도 각지를 왕성하게 정복할 수 있을 정도의 힘

---

24) 백제로부터 불교가 전래되었을 당시 일본에서는 모노노베씨(物の部氏=신라계의 도래인)와 소가씨(蘇我氏=백제계의 도래인)가 세력을 양분하고 있었다. 모노노베씨는 오랜 전통을 가진 가문으로 무장(武将)으로서 세력을 유지해 왔으며, 전통이나 옛날 습관을 소중히 해 왔다. 여기에 비해 소가 씨는 신흥귀족으로 새로운 사상을 도입해서 모노노베씨에 대항하려 하였다. 불교를 도입하려는 소가 씨와 예로부터 전해져온 전통종교인 신도(神道)의 신봉자였던 모노노베씨가, 서로 세력 다툼을 하게 되었다. 그 결과 모노노베씨가 소가 씨에 의해 토벌 당하였고, 결국 소가 씨는 중앙정계에서 천황을 능가할 정도의 힘을 갖게 되었다.

을 갖게 되었을 무렵, 같은 야마토지방이라도 요시노(吉野)의 산 속 등지에서는, 여전히 죠몬식 토기를 사용하는 사람들이 있었다.

야마토정권은 4, 5세기에, 서와 남은 규슈의 북반(北半)에서 동과 북으로는 관동지방에 이르는 지역까지를 정복하였다. 이 동안 이즈모(出雲)지방에도 유력한 국가가 있었지만 그 또한 천황을 수장으로 하는 야마토호족의 연합정권에 의해 정복되었다. 이것이 대국 오쿠니누시노미코토(大国主命)의 국가 설화가 되고 있다. 여기서 확실히 보여 지듯이 이러한 정복이 가족주의적인 원리에 의하여 행하여졌음은 앞에서 기술하였다. 이 무렵부터 야마토 정권은 한반도 남부까지 진출하여 노예획득을 위한 전쟁을 벌이기도 하였다.

야마토정권의 발전은 내부적으로는 여러 가지 세력 다툼을 가져왔다. 여러 호족은 피지배자 민중에게 대해서는 연합하면서 자신들 내부적으로 서로 세력 다투기를 하였다.

한편으로 사실상 노예로 지배를 받고 있었던 민중의 반항은 커지고 있었다. 그 반항은 도망이라는 형태를 취하였다. 그러한 경향을 억누르고 자신들의 지배권을 지켜 나가기 위하여, 그들은 바야흐로 둔창(屯倉)이라든가 전장(田莊)이라는 이름을 붙인 직할영지를 가지기 시작했다. 그들은 노예도 가족원이라는 명목 하에 가족주의 원리를 위장하여 가면서, 더욱이 정복한 지방에는 직접 자신의 대관(代官)을 두고, 자신의 노비(명실 공히 완전한 노예)로 하여금 토지를 경작하게 하였으며, 또 원래의 주민들을 부민(部民)으로서 지배하였다.

부민의 형태는 半자유민이지만, 주인에게 그 생산물의 대부분을 착취당하거나 아니면 노역에 끌려 나갔다. 그들은 주인에게서 토지를 할당받아 그것을 경작한다는 사실로 주인에게 종속되는 것이 아니라, 주인에게 예속되어 있기 때문에 주인의 토지를 경작하는 자, 즉 일종의 노예였던 것이다. 이러한 새로운 지배 아래에서도, 부민이나 노비는 변함없이 도망을 시도하였다.

이 때문에 7세기 초에는 생산은 황폐하여 지고 큰 기근이 종종 발생하였다. 새로운 지배조직이 필요하게 되자 지금 같은 연합정권이 아닌 강력한 통일정권으로써, 민주적 공동체적 조직을 무너뜨려 직접 지배자의 권력 아래 조직을 두지 않을 수 없었다. 즉 둔창이나 전장의 조직을 전국적으로 통일하였으며 나아가 그것을 완성시키지 않으면 안 되었던 것이다. 이것은 모노노베씨 등과 같은 보수적 호족과 새로운 형에 준하는 소가씨 등의 사이에 세력다툼을 한층 더 맹렬하게 하였고, 결국 후자가 승리하였다. 그 후로는 누가 전국적인 지배자가 될 것인지, 천황 가와 소가가문의 결전이 시작되어, 결국 천황가가 승리를 거두게 됨으로써 645년에 소위 다이카노카이신(大化改新)에 의해 비로소 고대 천황제가 일본열도의 주요부분을 지배하는 국가권력으로써 완성되었다.

마침내 전국은 천황의 토지가 되고, 전국의 국민은 천황의 공민이 되어야 했다. 그리고 공민은 천황의 토지를 6세 이상의 남자는 2반(反: 거리의 단위. 약 10.9m), 여자는 그 2/3를 할당받았으며, 그 대신 조(租), 용(庸), 조(調) 및 잡요(雜徭), 병역 그 외 무거운 부담을 떠안게 하였다. 또 노비는 변함없이 주인의 재산으로써 소유되었다. 노(奴)에게는 평민 남자의 1/3. 비(婢)에게는 평민여자의 1/3이라는 토지를 할당하였지만 그것은 노비의 것이 아니라 주가(主家)의 것이었다.

공민들이 받는 토지를 구분전(口分田)이라고 한다. 죽으면 국가에
되돌려 졌다. 구분전을 버리고 달아나는 일은 허락되지 않았다. 그것
은 요컨대 국민을 노예로 졸라 얽어매기 위해, 그 생존에 필요한 먹
이처럼 어쩔 수 없이 최소한으로 할당한 것이었다. 새로운 국민지배
는 드디어 법령으로써 정비되어, 701년 대보령(大宝令) 및 대보율
(大宝律)로써 완성되었다.

그 잠시 후, 천황제 국가는 야마토평야를 중심으로 중국왕조의 수
도인 장안(長安)에 버금가는 수도를 건설하고 이것을 헤이죠쿄(平城
京) 또는 나라노미야코(奈良都)라 불렀다. 이후 70여 년 간 수도는
나라였으며, 다이카노카이신으로부터 소위 나라시대에 걸친 150여
년이 고대 천황제의 전성기로 자리 잡았다.

3. 고대 천황제 하의 여성의 생활과 향호제(郷戸制)

고대 천황제의 완성과 더불어 민중공동체적 잔존은 국가권력에 의해 완전히 변질되어 버렸다. 즉 본래의 세대공동체적인 대가족은, 국가가 국민을 지배하기 위한 최소단위로서, 호(戸)로 편성되어버렸기 때문이다. 호에는 남자 호주가 있으며 그 처나 첩과 아이, 혹은 그 어머니 등의 직계 가족 외에도, 호주의 형제자매, 숙부·숙모, 종형제·자매, 혹은 나아가 먼 친척뻘인 가족 등의 방계혈족을 포함하고 있었다.

이 외에 유력한 가문은 기구(寄口)나 노비를 가족원으로서 가지고 있었다. 역사가들은 이 모두를 한데 묶기 위한 호(戸)를 향호(郷戸)라 칭하고, 그 중의 각 세대 —예를 들면 호주의 세대라든가, 호주의 동생부부와 그 자녀 세대라든가— 를 방호(房戸)라 부르고 있다. 방호는 향호주의 지배하에 있었지만 어느 정도의 독립성도 있었다. 농업은 방호마다 시행되었던 것 같으며, 방호주는 마을의 공무에 얼마간 관계할 수도 있었던 것 같다. 그러나 보통 호라고 하면 향호를 말한다.

이와 같은 호가, 본래는 혈연가족(각 방호)의 평등을 원칙으로 하는 세대공동체와 같은 것이었고, 그 가장은 가족의 통솔자이기는 하였지만, 전제적 지배자는 아니었던 것은 확실하다. 7, 8세기에는 지방에서도 조금 늦기는 했지만 본래적 세대공동체는 이미 붕괴하고 가장전권의 대가족으로 이행되어 갔던 바에 대해서는 이미 전술하였지만, 거기까지 진행되지 않은 동안에도 자연스럽게 국가에 의해 호주의 가족원에 대한 전제권력은 확립되었다.

구분전은 개인에게 할당되었다고는 해도, 그것은 호주(향호주)를 통하여 호마다 종합적으로 부여됨으로써, 국민의 국가에 대한 여러 부담도 호주를 통하여 다스려졌다. 호의 택지와 호의 공유노예(하인, 노비)는, 그 호주가 죽더라도 이것을 유산으로 일반 가족원에게 분배하는 것이 아니라, 다음 호주가 된 적자만이 상속할 수 있었다. 이 일 그 자체는 세대공동체적인 대가족으로서 당연한 것이었지만, 외형은 같았지만 실제 의미는 달랐다. 즉 그것은, 형식은 가족의 공유라 하더라도 실제는 그렇지 않았으며 호주의 전권(專權)적 토대가 되는 것이었다.

국가는 호주에게 가족을 지배하는 전 권력을 부여했다. 호주는 자손이 적(籍)을 따로 만드는 것을 허락하지 않았다. 호주는 호의 재산에 대해서는 본래부터 가족의 재산을 모두 관리할 권리가 있었다. 호주는 자녀의 결혼을 허락, 또는 허락하지 않을 권리도 있었다. 자녀를 죽이는 건에 대해서는 호주라고 해도 허락되지 않았으나, 그 죄는 극히 가벼웠다. 반대로 자녀는 부모·조부모를 욕하는 일조차도 불효라 하여 모반이나 천황에 대한 불경함과 같이 가장 무거운 죄로 다스려졌다.

즉 호주는 작은 천황이었다. 천황은 이와 같이 작은 천황들을 통하여 전 국민을 다스렸던 것이다. 방호의 호구(戸口)와 그 아버지의 관계도, 호주와 가족전원과의 관계로 배웠다. 즉 모든 아버지는 작은 천황이었던 것이다.

호주, 즉 아버지 혹은 남편의 전권은, 다시 말하면 가족 특히 여성의 호주·아버지·남편에의 예속을 의미하였던 것이다. 여자는 집을 상속하여 호주가 될 권리가 절대로 없었다. 여자에게는 3종(三從)이라 하여 어릴 때는 아버지를 따르고, 결혼해서는 남편을 따르며, 남편이 죽은 후에는 아들을 따른다는, 본래 유교사상으로부터 나온 법률이 강요되었다.

여자에게도 재산권은 어느 정도 있었다. 아버지의 유산상속은 유언에 따르는 것이 일반적이었지만, 유언이 없을 때에는 적자(아버지 뒤를 이를 남자)가 유산의 2분, 처가 2분, 서자(적자 외 남자)가 1분, 첩 및 여자는 서자의 반을 상속할 권리가 있었다. 이것은 무엇을 의미하는 것일까. 확실하지 않지만, 아마도 다음과 같은 이유를 들 수 있을 것이다. 예를 들면, 포(布) 60反[25]의 유산이 있는데, 적자가 한 명, 처가 한 명, 서자가 5명, 딸 5명, 첩 한 명의 상속인이 있다고 하면, 각 자의 상속분은 다음과 같이 된다. 적자 20, 처 20, 서자들 10, 딸들 5, 첩 5의 비율로 60反을 안분 한 것, 즉 적자 20반, 처 20반, 서자들 10반으로 1인당 2반, 딸들 5반으로 1인당 1반, 첩은 한 명이므로 5반(2인이라면 1인당 2.5반)이 된다.(또한 딸이 아버지 생전에 그 재산 분배를 받지 않고 결혼했을 때는 남편 집에 있어도 아버지의 유산상속분은 받을 수 있었다.)

---

25) 지적의 단위. 고대 중세에서는 360步, 후에는 300步를 말함.

여하튼, 여자의 상속분은 전 가족 중에서도 가장 적었다. 처는 적자와 동격이지만(이것은 봉건제가 완성 된 시대, 또 메이지 이후 旧民法시대와는 완전히 다르다), 처도 여자도 이들 재산은 모두 망부(亡夫, 父)의 뒤를 이은 새 호주에 의해 관리되었다. 미망인이 재혼하거나 딸이 결혼할 때는 망부로부터 상속한 재산을 가져 갈 수 있었다. 그렇지만 그 재산은 곧 그 새 남편의, 남편에게 아버지가 있으면 아버지(처 쪽에서 보면 시아버지)의 관리 아래 들어갔다.

이 외, 어머니의 유산은 실자인 남녀에게 균등히 배분하는 등의 여러 가지 결정사항이 있지만, 여성의 재산은 항상 아버지나, 남편 아니면 호주가 되는 자식으로부터 관리를 받았다. 재산에 대해서도 3종의 원칙이 통하였다. 8세기 후반에 에치젠(越前)의 한 부농의 여자가 도다이지(東大寺)에 밭을 판 증문이 있다. 판 사람은 오카모토(岡本)의 향호인 主栗田鯛의 여자 호구인 導守乙虫女이지만, 그 증문에는 본인 외에 향호주인 鯛女와 본인의 방호주인 導守乙虫女의 이름 등이 연서되어 있다.26) 일반 가족원은 자신의 재산에 대해서도, 향호주, 방호주의 동의가 없으면, 본인이 자유로이 처분할 수 없었던 것이다. 이것은 실제로는 향호주, 방호주가 가족 여성의 재산을 본인의 의지에 따르는 형식을 취하여 자유로이 처분하는 길을 얻기 위한 것이었다. 그렇다고는 하지만, 여성마다 처가 불완전하면서도 재산권이 있다는 것은, 처(그것은 동시에 어머니이다)의 가정에 있어서의 실질적 지위를 3從이라는 운명적 구속에도 불구하고, 나중에 봉건제 하의 그것보다는 높은 것이었다.

이혼은 처 쪽에서는 불가능하였다(남편이 일정연한 행방불명으로 사실상 부부가 아닌 경우는 제외). 이혼이라는 말도 없다. 거기에 상

---

26) 이 집에는 여자뿐이었으므로 여성이 호주가 되었을 것이다.

당하는 것은, 법률상 용어로는 '기처(棄妻)'라 하여 남편이 처를 버린다고 하였다. 3從과 더불어 7거(七去)라는 표현이 있다. 無子, 간통, 시부모님을 섬기지 아니함, 구설27)이나 절도, 투기, 악질을 7거라 하여, 처에게 이 중 어느 것인가가 해당하면 이혼하였다. 더욱이 의절이라는 것이 있는데, 처가 남편의 조부모, 부모를 저주하거나, 때리거나, 남편의 형제자매·숙부모 등을 상처 입히거나, 혹은 살해하였을 때28)는 반드시 이혼하지 않으면 안 된다.

이것이 고대 천황제의 완성과 동시에 여성이 놓인 법률상의 지위였다. 남자는 첩을 가지는 것이 자유였다. 그러나 여자는 一夫와 그 조부모와 조모 등의 전제 아래 인종(忍從)하지 않으면 안 되었다. 여자는 가족 중에 남자가 있는 한 호주가 될 수 없었다. 따라서 여자가 가정 외 세계와 어떠한 교섭도 가지는 것은 불가능하였다.

오랜 공동체적 가족은 완전히 붕괴되었다. 마찬가지로 자연적으로 부락도 없어졌다. 정부는 5호를 보(保)로 하고, 50호를 리(里)로 하여, 보의 5호는 국가＝천황제 정부에 대한 여러 가지 부담이나, 保 내에서 일어난 범죄에 대하여 연대책임을 지도록 했다. 리(里)에는 이장이 있었다. 이장은 리(里) 내에서 선출되었으나, 그것은 어떤 의미에서도 촌민을 대표하는 자가 아니라 국가를 위한 세금을 거두는 관리였으며, 도망을 감시하는 경찰서장 역이었다.

천황이나 궁정귀족이 꽃내음 나는 아름다운 도읍지인 나라(奈良)에서, 천지 영화를 누리며 자랑할 때, 실지 민중의 90%는 이 같은 어려운 상황에 놓여 있었다. 에치젠이나 그 외 지역의 민중의 생계를

---

27) 남편이나 시가에 대한 악담을 하는 것.
28) 또는 남편이 처의 부모 등을 때리거나 처의 형제를 살해하였을 경우.

조사한 정부 기록 조차에서도 민중의 90% 이상이 당장이라도 부조 (扶助)를 요하는 자들이었다는 것을 인정하고 있다. 그리고 여성은 이러한 가운데서도 더욱이 여자이기 때문에 압박을 받아야만 했다.

그러나 법률이 강제로 한 가족제도나 과격한 착취가, 예로부터 전해 내려오는 여성의 기쁨과 명랑함을 빼앗아 버릴 수는 없었다. 호주권도, 3종 7거도, 그러한 것은 확실히 아버지나 남편의 아들이나 처에 대한 압제를 싹트게 하고 성장시켰지만, 법령대로는 실행 가능할 턱이 없었다. 여성들은 열렬한 사랑을 기꺼이 받아들이기도 하였다.

딸의 결혼에 발언권이 있는 것은 역시 어머니였다. 아버지가 아니었다. 그리고 어머니는 딸을 그렇게 심하게 괴롭히지 않았다.

"이제 돌아가시면 새벽이슬에 젖기 때문에, 완전히 날이 새면 가세요. 어머니가 아셔도 상관없으니…" 애인이 어머니에게 들키는 것은 그다지 무서운 일이 아니었던 것이다.

『만요슈(万葉集)』에는 민중남녀나 부부 사이의 열렬하고도 순수한 애정 노래를 얼마든지 예로 들 수 있다. 아즈마우타(東歌)나 사키모리(防人)[29]의 노래는 모두가 그러한 것이다.

친자관계에 있어서도, 법률상의 가장권이 현실적으로는 법문만큼 아버지로 하여금 가족의 자유를 속박시키는 일은 없었을 것이다. 더구나 빈궁문답(貧窮問答)이 있을 때마다, 이장에게 문책 당하면 아버지는 자식을 노예로 팔지 않으면 안 되는 일도 있었다. 여자천황인

---

29) さきもり : 율령제 하에서, 대륙으로부터의 침입을 막을 목적으로 큐슈(九州)의 북부 연안이나 쓰시마(対馬)에 파견된 병사.

지토(持統)천황 때, 농민의 동생이 형을 위하여 팔려간 것은 양(良)이라 하여 평민으로 한다. 만약 자식이 부모 때문에 팔려간 것은 천(賤)이라 하여 노예로 한다, 라는 법이 나왔다. 나중에 자제 매매는 금지되었으나, 실제로는 변함없이 팔려갔다. 가장에게 절대적인 권리를 부여하여, 더구나 그 가족의 생활이 영위될 수 없을 정도로 착취를 당하고 나면, 부모는 자연히 자식을 팔고서라도 세금을 납부하지 않을 수 없었던 것이다. 국가가 가부장권을 정하여 둔 것은 그야말로 그리 할 수 있도록 하기 위한 것이었다.

국민은 이러한 전제지배로부터 해방되고자 싸웠다. 그 투쟁의 형태가 도망이다. 8세기 중엽부터 특히 격하게 국민은 구분법을 버리고 타향으로 도망하였다. 여성 또한 도망하였다. 산성의 어느 마을에서는 노(奴)의 45%, 비(婢)의 18%가 도망하였다. 공민에서는 성년 남자의 19%, 여자의 20%가 도망한 예도 있다.

병사들의 도망은 특히 격렬하였다. 병사들은 처나 애인에 대한 감정이 깊고 강할수록, 전제지배를 지키기 위한 병역에 대해서는 격렬히 반대하지 않을 수 없었다. 병사들의 격심한 도망으로 결국 8세기 후반에 이르러 일반 국민을 병사로 징집하는 일은 금지되었다. 남녀 민중은 이렇게 천황제 국가의 최대 지주의 하나인 병역을 무너뜨린 것이다.

또 이 싸움이 결국 고대 천황제의 토대인 공지 공민제를 뒤집어 놓았다. 그것은 다음 장에서 기술할 문제지만, 그 전에 고대 귀족여성을 보도록 하자.

원시평등사회가 지배하는 귀족과, 지배당하는 노예적 국민으로 분열되었을 때, 이미 그 귀족사회의 여성은 자유를 잃었다. 그녀들은 일반 민중 여성보다도 빨리, 가장인 남성의 사실상의 노예로 취급당했다. 하지만 민중은 남녀 모두 귀족의 노예로 취급당하였으므로 귀족여성과 민중여성 중 어느 쪽이 보다 불행한지는 알 수 없다. 다만 가족남성과의 관계에서 말하자면, 민중여성의 민중남성으로의 예속은 귀족여성보다도 늦게 이루어졌으며 또한 그 구속력도 약했다. 앞에서 기술하였듯이 패배한 호족의 딸은 거의 승리자 편으로만 딸려갔다. 천황의 궁정에 있어 여성은 서글픈 존재였다. 그것은 완전히 천황에게 이용되는 여자노예였으며, 종종 잔혹하게 농락당했다.

그러나 여전히 귀족도 지배계급이 되어 몇 세기가 지나지 않았으므로 거기에는 원시여성의 자주와 자유도 얼마간은 남아 있었다. 예를 들면, 『고지키(古事記)』에 다음과 같은 이야기가 있다. 닌토쿠(仁德) 천황은 이모매(異母妹)인 메토리(メトリ) 왕을 처로 삼고자 하여, 남동생인 하야후사와케(ハヤフサワケ) 왕을 사자로 보내었다. 그러자 메토리 왕은 하야후사와케 왕에게 향하여 "천황을 섬기는 것은 싫다. 당신의 처가 되고 싶다"라고 하여 두 사람은 결혼하였다. 나중에 이 부부는 천황에 대하여 반란을 일으켰다는 이유로 살해되었다. 이것은 역사적 사실이 아닌 하나의 설화에 지나지 않지만, 호족 여성도 적극성과 자주성을 가지고 있었음을 알 수 있다.

특히 여성도 어머니가 되면 꽤 지위를 인정받았다. 전술하였듯이 적어도 6세기경까지는 아이의 이름은 어머니 쪽에서 지어 붙이는 습관이 있었다. 다이카(大化)이후에는 있었는지 어떤지 알 수 없지만, 어머니는 자식에 대하여 상당한 힘을 가지고 있었다. 부부가 헤어질 경우에 자식이 어머니를 따른 경우도 있다.

다이카노카이신 후, 중앙귀족 여성들은, 황후 등이 된 유력 귀족의 딸 이외에는, 가계의 계도에 이름조차도 올리지 않았고 다만 '여(女)'라고 써있을 뿐이다.

예외적으로는, 당시의 최고급 귀족인 후지와라후히토(藤原不比等)의 후처인 타치바나노미치요(橘三千代)처럼, 여자라도 남자 귀족 이상의 높은 지위에 오른 자도 있다. 그녀의 이상한 출세는 첫째, 그녀가 후지와라후히토(藤原不比等)와 같이 권세가의 처였다는 것, 둘째로 그녀와 후지와라후히토(藤原不比等) 사이의 딸을 聖武 천황의 황후(光明 황후)로 삼았다는 점이다. 그 聖武 천황도 후지와라후히토(藤原不比等)의 전처 딸의 아들이었던 점은 이러한 사정에 의한 것이다. 즉 타치바나노미치요(橘三千代)의 출세는, 여성의 지위가 높았다는 것을 증명해 보여주는 것이 아니라, 도리어 남성귀족이 유력하였다는 것을 뒷받침 해 주는 것이다.

여기서, 간단히 일본 고대에 나타난 여성군주에 대하여 알아보자. 일본에서 겨우 작은 국가가 생겨나기 시작했을 때인 3세기 중엽의 최초 모습을 구체적으로 전하고 있는 것은, '위지(魏志)'라는 중국 고서에 있는 왜(倭)의 야마다이코쿠(耶馬台国)에 대한 것이다.

"왜(倭)에는 본디 100여 개의 나라가 있으며, 지금 중국의 사자와 교통하는 것은 30국이다. 그들 중 최대로 많은 속국을 거느리고 있는 곳이 耶馬台国이다. 이 나라는 지금 히미코(卑弥呼)라는 여왕에 의해 지배되고 있다. 본래는 남자 왕이 다스렸으나, 7, 8세기경부터 전란이 이어져, 결국 여러 호족은 의논하여 여자를 세워 왕으로 모셨다. 이가 히미코이다. 히미코는 주술(마지나이 鬼道)로써 백성을 현혹시켰다. 나이는 이미 많았으나 남편은 없으며, 남자 동생이 있어

여왕을 돕고 있다. 여왕이 죽었을 때는, 남녀 노예 100여 명을 순장시켰다. 그 후 남자 왕을 세웠으나, 나라 안이 승복을 하지 않자 전란이 일어났다. 거기서 다시 히미코 일족의 딸인 토요(卜ョ) -당시 13세- 를 왕으로 세우자 나라가 평화로워 졌다."

위지왜인전(魏志倭人伝)에는 이처럼 기록되어 있다. 이 야마토국에서도 귀족 부자는 일부다처제이다. 또 아버지나 남편에게 경죄가 있으면 그 처자는 노예가 되었으며, 중죄가 있을 때는 일족이 모두 살해당했다. 이러한 남자가장전제(男子家長専制)사회이지만, 다음 문장에서 알 수 있듯이 군주는 일정한 가문에 따른 세습으로 정해져 있지 않고 -세습제가 되고 있었지만- 여러 호족의 회의를 통해 정해지고 있음을 알 수 있다. 남자 왕을 옹립하는 것이 상례이지만 사정에 따라서는 히미코나 토요와 같이 여왕도 옹립되었던 것이다.

야마토국이란 무엇인가? 그것은 기타큐슈의 야마토가 긴키의 야마토와 같은 것인지 잘 모르겠으나, 어느 쪽이라고 해도 이것은, 일본에 계급과 국가와 그리고 가족이라는 것이 생기기 시작한 3세기경의, 진보된 지방의 한 상태를 보여주고 있다. 뒤늦게 발달한 지방에서는 전술한 가무나츠이소히메(カムナツイソヒメ)와 같은 여성 소군주(추장)가 4, 5세기경에도 있었다.

다음에 유명한 神功 황후가 있다. 또 清寧 천황(5세기말) 사후에는 다음 보위가 정해지지 않아, 飯豊青 황녀라는 사람이 잠시 정권을 잡았다.30) 이들 이야기의 진위는 알 수 없으나, 이것은 이미 히미코의 단계는 아니다. 남계세습제가 확립되고 있을 때, 특수한 사정으로 여성 집권자가 생겨난 것으로 보아야 할 것이다.

---

30) 천황이 되었다고는 기록은 없음.

다이카노카이신 전에 스이코(推古) 천황이라는 여제가 있었다. 이 것은 소가 씨가 천황과 권력을 다투어, 당시 천황을 살해하고 자신의 조카딸을 허수아비 여제(女帝)로 세웠던 것이다. 스이코 천황 다음의 다음 황실 여제도 마찬가지로 소가 씨가 세운 것이다. 이 여제 때, 反소가씨파 황족에 의해 소가 씨는 멸하여, 이 여제도 물러나게 되었 다. 후에 다시 이 여성은 천황(齊明)에 올랐다.

고대 전제군주제가 확립된 다이카노카이신 후, 특히 천황제가 법률 제도로서도 완성된 텐무(天武) 천황 때부터, 천황 가 및 천황제의 전 성시대로 접어든다. 천황은 이때부터 스스로를 아라히토가미(現人神) 처럼 생각하였지만, 이 시대 天武 천황 다음에 그 황후가 천황으로 등 극하였다. 지토(持統) 女帝가 바로 그 사람이다. 이 후 나라시대 말까 지 9대 천황 중, 5대는 여제였다. 이것은, 우연한 사정이 겹치고 겹치 면서 이토록 많은 여제가 나온 것이라고 할 수는 없다. 천황은 여전히 단순한 호족 연합의 수장이었던 옛날부터, 여자든 남자든 구체적 인간 이 아닌 천황이라는 지위 그 자체를 나타내는 것, 소위 왕관이나 왕좌 와 같은 것이었다. 천황이 아라히토가미(現人神)가 되고 부터는 더욱 그러하였다. 이러한 때에, 그 때 그 때의 정치사정, 황실의 혈통사 정[31]에 따라, 여자 군주도 출현되었다. 그러므로 여제가 나왔다고 해 도, 그 '여자'라는 것에 대한 특별한 의미는 없는 것이다.

다만, 나라시대가 끝나자 도쿠가와(德川)시대 초까지인 900년 가 까이 전혀 여제가 없었던 일을 조명하여 생각해 보면, 나라시대까지 는 여러 가지 정치사정이 있었다 하더라도, 여제가 가끔 출현할 수 있었던 것은, 여자 군주를 거절한다는 생각이 군주나 귀족 사이에서 아직은 없었기 때문이다. 그것은 귀족사회에서도 어머니의 지위가 비

---

31) 이 두 가지는 세습 전제군주제 아래에서는 떼어 놓기 힘들다.

교적 높은 것에 토대가 되는 것으로 생각된다.

또한, 도쿠가와 시대 초기 明正, 중기에 後桜町이라는 두 여제가 있었는데, 이것은 황실이 명실공이 정치에 무관한 의례적인 정부였으며, 그 때의 정치사정에 의해 생겨난 예외적인 것이었다.

제3장

노예제에서 농노제로

-헤이안시대의 여성과 가족-

1. 장원제의 발생과 향호의 붕괴

사람들은 헤이안시대 여성들에 대하여 뭔가 착각을 하고 있는 듯하다. 무라사키시키부(紫式部)와 그 『겐지모노가타리(源氏物語)』 · 세이쇼나곤(清少納言)과 『마쿠라노소시32)(枕草子)』, 그 외 일본역사상 전후가 없을 여류문학의 눈부신 활약에 가려, 이 시대가 마치 일본여성의 황금시대였던 것처럼 말하며, 또 궁중여성이 그 시대의 여성을 대표하는 것처럼 생각하고 있다.

그렇지만, 사실은 전혀 그렇지 않다. 이 시대에 궁중여성은 남성귀족의 위안물처럼 취급당하면서, 귀족계급 전체가 그러했듯이 무능력 · 무기력해져 갔다. 대신 민중여성을 배경으로 한 무사계급에서는 가부장권이 점점 강해지고 있었음에도 불구하고 의지적 여성이 나타난다.

귀족과 무사의 교체라는 이 혁명을 가져 온 자는 누구인가. 그것은 노동하며 일하는 국민이었다. 어떻게 국민은 이 혁명을 이룰 수 있었

---

32) 약 300단의 장단으로 여러 작품이 있으며, 정리된 줄거리는 없다. 작자가 약 10년 간에 걸친 궁중생활에서 듣고 본 것을 섬세한 표현과 경묘한 기치로 그려내고 있음. 겐지의 문학이 '아와래'의 문학인 것인대 비해, '오카시'라는 말로 표현되는 문학.

을까.

그 하나는 공지 공민제에 반대하는 도망, 그 외에 다른 형태의 고대 천황제에 대한 반항이며, 또 다른 하나는 그 노동에 따른 생산력의 향상에 있었다. 8세기 중엽부터 국민의 도망이 격해진 것이나, 또 그것이 고대 천황제의 兵制를 뒤집은 것에 대해서는 이미 전술하였다. 9세기에는 그러한 상황이 한층 더 격렬해 졌다. 備中国의 니마鄕에서는 7세기 중엽, 2만의 군사가 8세기 후반에는 그 1할인 2천 명에도 미치지 못하고 있으며, 10세기에는 한 사람도 없어졌다. 모두 도망 간 것으로 전해지고 있다.

그들은 구분전(口分田)과 마을을 버리고 어디로 간 것일까. 긴키(近畿)에 살던 자들은 대개 유족이나 대사원으로, 지방에서는 가까운 유력자 아래로 들어갔던 것이다. 당시는 공민제 귀족들의 사유지는 없을 터였지만, 실제 그들은 여러 명목으로 많은 토지와 수십 명에서 수백 명의 노비를 거느리고 있었다. 지방 유력자라는 것은 신분은 평민이면서도 국가로부터 구분전을 할당받아 국가에 대해 보통의 민중들처럼 무거운 부담을 지고 있었다.

그러나 그들은 노비나 기구(寄口) 등을 거느리며, 종종 보(保)의 장이나 이장을 겸했다. 그 중 가장 유력한 자는 군장(郡長)이나 지방마다의 군단의 간부였다. 이 집단은 그 지위를 이용하여 사재를 늘려갔다. 예를 들면 군단의 간부들은 병사들을 그들의 사유지 확보를 위한 개간에 동원했다.

이즈음 가장 귀중한 생산에 필요한 도구였던 철제 쟁기·괭이·우마(牛馬)는 이들 중앙귀족이나 지방 유력자들의 독차지였다. 일반 평민은 나무괭이나 쟁기를 사용하고 있었다. 귀족이나 호족들은 이처럼 본래 가지고 있던 부의 힘을 이용하여 활발하게 국민공유의 산림을 개간하고, 그것을 사유화하였다. 그들은 사유지 경작이나 개간을 위해 무한정 일손이 필요했다. 국가의 착취에서 벗어나고자 도망한 국민들은 대개 그러한 곳에서 일하게 되었다. 새 주인 아래서도 결코 편하지는 않았다(이에 관해서는 3장에서 기술함). 그러나 국가의 구분전 농민으로는 살아 갈 수 없었지만 여기에서는 여하튼 남자도 여자도 그나마 목숨을 연명할 수는 있었다.

이렇게 중앙이나 지방 유력자의 사유지는 생겨났다. 그러자 논의 용수 등도 어쨌든 유력자의 형편에 편리하게 되어 갔다. 그 대까지는 도망하지 않은 채 살고 있었던 비교적 힘이 있던 농민들도, 본래 구분전만으로는 생활할 수 없었던 형편에서 점차 빈궁해져 갔다. 가까운 지주에게 나락을 빌리면 1년에 20할의 이삭을 빼앗겼다. 그것도 갚을 수 없어 결국 그 예속자에게 몸을 맡기던지 했다. 그 외 여러 사정으로 농촌 빈궁의 격차는 격심하여졌다. 그러한 예가 앞에서 기술한 니마郷의 변화 등으로 나타난 것이다.

농촌의 빈부격차, 계급분화가 진행됨에 따라 향호제는 붕괴되었다. 도망하든지, 다른 집으로 빚 노예나 기구가 될 수밖에 없었던 농민가족들이, 이미 독립된 戶가 아닌 것은 말할 필요도 없다. 마을에 남은 일반 소농민도 점차 소가족화 되어 떨어져 나갔다.

몰락하는 농민을 받아들인 쪽의 가족은 어떻게 되었을까. 여기서는 戶 중에 예속자를 많이 가짐으로써, 호주(향호주)의 재력과 권력은 점점 커져 갔던 것이다. 그리고 房戶의 경우, 한 가족으로 정리되는 일이 점차로 힘들어지고 곤란해지면서, 방호의 가족도 향호주의 직접적인 지배 하에 놓이게 되었다. 유력한 방호는 그 예속민으로 독립한 자도 있을 것이다. 그 어느 쪽이라고 해도 10세기에 들어오면 몇 개인가의 방호에 의해 만들어진 향호라는 것은 없어졌다.

10세기 초, 阿波周防의 몇 몇 가족의 호적 문서가 지금도 남아 있는데, 그것은 문서 형식에서 8세기경의 문서처럼 정리되어 있지는 않다. 어느 집은 여자가 대부분이며, 어떤 집은 노인과 어린이뿐으로, 일할 수 있는 남자 ―그것은 또 가장 무거운 부담이 된다― 를 가능한 적게 하고자 한 위장됨이 보여 진다. 가족원들의 친족관계도 잘 알 수 없지만, 그래도 이러한 문서를 통하여 대략적인 개요는 알 수 있는 것이다.

이러한 대가족은 호주와 그 처자를 중심으로 이루어지며, 많게는 수십 명의 기구나 노비를 거느리고 있다. 이것이 더욱 진행되면 호주의 직계가족 외 혈연은 점점 적어지게 되어 호주의 형제자매 정도로 한정되었지만, 비자유민은 줄지 않았다. 즉 단순한 가부장 대가족에 가까워져 갔다. 그들은 이 가족 예속민을 부려서 토지를 개간하고, 대·소지주 농업 경영자가 되었다.

향호가 붕괴된다는 것은 향호를 세포로 하는 保나 里제도가 사실상 무너진다는 것을 의미한다. 이렇게 고대 천황제 조직은 그 최고 말단에서부터 와해되면서 혹은 그 형태를 바꾸어 갔다.

새로운 대가족을 만들어 토지의 소유자가 된 자들은 그 토지가 그야말로 자신의 것이며, 구분전 그 외는 국가의 것이 아님을 강조하기 위해, 종종 땅에 자신의 이름을 붙여서 누구누구의 이름으로 불렀다. 그리고 그들 자신은 이름을 가진 자, 즉 나누시(名主)라 하였다.

나누시는 개간지를 그의 이름으로 할 뿐만 아니라, 국유전답 公田도 차츰 자신의 것으로 만들어 갔다. 반전제(班田制)는 공민의 반항으로 9세기 초에 이미 실행 불가능하였지만, 향호제나 里제도가 완전히 무너진 10세기부터는 전혀 시행하지 않게 되었다. 본래 구분전은 공전으로 불렸지만 헤이안시대인 4세기 동안에 점차 그 곳을 경작하는 농민33)의 사유지, 名田 같은 것으로 바꾸어 갔다. 그리고 그것은 대·소지주 -나누주 그 외의 이름으로 불렸다- 의 영지로 흡수되는 경우가 많았다. 다시 말하면 귀족정부 수입의 원천은 그만큼 줄게 되었던 것이다.

중앙귀족들이 개간이나 그 외 방법을 통하여 넓혀 간 영지를 장원34)이라 불렀다. 그들은 장원을 경영하기 위해 일부 자가 직속의 노비나 도망민들을 부려서 경작시켰으나 먼 곳으로 영지를 넓히고자 할 때는, 지방의 유력자와 결탁하여 그들의 협력 아래, 영락한 공민을 개간을 위한 일손으로 동원시키는 등의 편의를 제공받았다. 이 지방 유력자는 스스로 넓은 토지를 가진 자로 마침내 중앙영주를 위해 그 장원 관리자(庄司 또는 預所로 불리었다)가 되었다. 또 중앙 영주가 현지에 보낸 쇼지(庄司)들이 그 곳에서 토착하면서 主家의 장원 경영에 합세함과 동시에 자신의 토지를 갖는 자들도 생겨났다.

9세기 중엽부터 장원은, 여러 가지 구실을 붙여 정부에 조세를 바치지 않아도 되는 특권을 얻었다. 나아가 庄司들도 자신의 名田을 장원 영주에게 명목상으로 기진(寄進)하는 형식을 통하여 이러한 특권을 함께 누렸다. 그 뿐만 아니라 지방농민의 名田이란 것은 자주 국

---

33) 여기서 농민이라고 하는 것은 대가족을 형성한 자나 만들지 않을 수 없었던 자들을 말함.
34) 莊園: 중세 세금을 내지 않은 부락.

가에 의해 거론될 우려가 있었으므로, 그들은 그것을 피하기 위해서라도 명목상으로는 사유지를 중앙귀족의 장원으로 기진(寄進)하였다.

10세기 후반 무렵, 전술한 대가족 지방지주 ─나누시가 왕성하게 일어났다─ 중앙 귀족들은 지방에 개간지를 넓혀 가는 것이 점차 곤란하게 되었다. 이것은 신흥 명주들은 지방의 일손을 모아 혼자 힘으로 개간하기를 희망하였으므로, 중앙귀족들은 8, 9세기 때처럼 일손을 이용할 수 없게 되었기 때문이다. 이렇게 귀족은 장원 영주로서도 발전성을 상실하여 갔다.

그러나 귀족이 지배계급으로서 국가 권력을 쥐고 있는 것은 든든한 힘이었다. 신흥 명주들은 그 名田의 소유권을 확실한 것으로 만들어, 그들이 부리는 경작자를 국가의 공민으로서 지방관들이 부리는 일이 없도록 하기 위해, 변함없이 중앙 세력가나 귀족들에게 그 田地를 기진(寄進), 귀족의 장원으로 만든 다음, 자신은 그것을 관리를 하는 쇼지나 작인(作人: 백성이라 함)의 형태를 취하였다. 실질상으로는 그들 자신이 그 곳을 경영하고 경작민을 지배하였으며 명목상의 영주에게는 다만 일정한 연공을 낼뿐이었다.

11세기 후반부터 이와 같은 기진(寄進)은 그리 많지 않게 되었는데, 그것은 이 무렵부터 장원은 점차 '不入'의 특권을 얻었기 때문이다. '不入'이라는 것은 국가권력이 ─직접적으로는 지방관인 国司들이 ─ 장원에 들어가지 않는다는 것이다. 어째서 이러한 특권을 얻을 수 있었는지에 대해서는 제3장에서 기술하겠지만, 여하튼 이에 따라 장원 영주는 그 장원의 국민에 대한 완전한 지배권을 갖게 되었다. 그러나 이 때 장원의 실권은 寄進地 장원의 경우, 형태는 관리인에 지나지 않은 그 寄進者가 쥐고 있었기 때문에 장원이 불입의 특권을 가지는 것은, 즉 그 大地主가 그를 따르는 경작자나 小名主들을 완전히 領民으로 다스렸다는 것을 의미한다. 귀족들이 본래 가지고 있던 장원에서도 그 쇼지들이 寄進地의 장원과 마찬가지로 莊民을 지배하였다. 이들 대·소지주가 무사가 되면서 드디어 귀족계급 정권을 빼앗기에 이르렀다. 이러한 원동력은 경작자가 노예에서 농노로 성장한 때문이기도 하지만, 그 또한 제3장에서 기술하겠다.

이처럼 귀족은 가는 곳마다 생산 및 국민의 직접적 지배로부터 힘을 발휘할 수 없게 되었다. 또한 그들은 직영지에서 노예적 농민에 의한 생산을 하고는 있었지만, 대개는 점차 생산 조직자나 관리자가 아니게 되었다. 그들은 장원의 명목상의 영주일 뿐으로 그 곳으로부터의 연공에 기생하거나, 또는 궁정의 관리로서 매년 적어지는 공전 수입을 나누어 받을 따름이었다. 귀족은 경제에서 생산을 떠남과 동시에 정치상으로도 실제 관여하는 자가 더 이상 아니었다. 중앙정부에 정치다운 것이란 없었다. 거기에는 귀족들의 세력 다툼, 궁정내의 따돌림만이 있을 뿐이었다.

8세기 나라시대의 귀족정부는 당나라에 유학생을 파견하여 그들을 관료로 키워 선진문명을 배우는 일을 게을리 하지 않았다. 그러나 그들은 점점 적극적으로 외국에서 배우는 열정이 식어지고, 동지나해의 황량한 파도를 두려워하여 결국 9세기말에는 견당사도 폐지하였다. 스가와라미치자네(菅原道真)가 이러한 쇄국의 장본인이다.

고급귀족은 지방장관(国守)등으로 임명되어도 11세기경부터는 실제로 부임하지 않고 있으며, 수도에서 그 봉급만을 받았다. 현지로 가는 귀족은 수도에서는 출세의 가능성이 없는 하급귀족뿐이었다. 더욱이 그들은 "受領(国守)은 가는 곳마다 흙을 움켜쥐어라" —굴러도 그냥은 일어서지 않는다— 고 할 정도로, 어떻게 사재를 모을 것인가 그것만을 생각했다. 그들은 종종 임기가 끝나도 현지에 머물면서 사유지를 만들어 부를 축적해 갔다. 겐지나 헤이시는 무관으로서 지방에 부임하여 세력을 뻗친 자들이다.

이렇게 수도에는 가문이 높거나 또는 무기력한 향락적인 귀족만이 남게 되었다. 그러한 궁정에 허무하게 피어났던 꽃들이 헤이안 귀족 여성이었던 것이다.

2. 헤이안 귀족여성과 그 문화

헤이안 궁중은 화려하였다. 그러나 한 거죽을 벗기면 대부분의 귀족은 가난을 불평하고 있었다. 생산적인 것은 무엇 하나 없었고, 또 생산해 낼 수 도 없었던 그들은 궁정정부의 수입만을 의지하였지만 장원이 발전함에 따라 그것도 차츰 줄어들었다. 다만 후지와라(藤原)씨 본가만은 전국 장원의 1/4을 가졌다고 하며, 그 수입에 의해 그들은 밤낮으로 놀이에만 빠져 지냈다.

궁정은 후지와라씨의 독재였다. 천황은 후지와라씨의 머리를 장식하는 왕관에 지나지 않았다. 후지와라씨의 본가 일문은 천황의 유년시에는 섭정을 하였으며, 성년이 되면 관백이 되어 독재권을 휘둘렀다. 그렇지만 그 때문에 또 후지와라씨 일족에서 형제와 부모와 자식이 서로 세력을 다투게 되었다. 다른 귀족들은 모두 후지와라씨에게 아첨하여 그 일족의 다툼을 이용하여 어떻게든 덕을 보고자 하였다.

후지와라씨 일족의 세력 다툼에 가장 중요한 방법은 자신의 딸을 천황의 처첩으로 들여, 거기서 남자아이를 생산하게 되면 마침내 이를 천황으로 만들어 자신은 외척이 되어 세력을 행사하는 것이었다.

그 때는 천황의 처첩은 한 사람이나 두 사람만이 아니었다. 제도상에
서는 천황의 처첩으로는 황후, 비, 부인, 빈의 4등급이 있었다.

황후는 정처로 한 사람, 비는 헤이안시대에는 주구(中宮)로 불리며
2명, 품계는 4품이었다. 부인은 보통 뇨고(女御)로 불리며 3명, 품계
는 3위 이상, 빈(嬪)은 고이(更衣)로 불려 4명으로 5위 이상이었다.
실제 천황을 침실에서 모시는 것은 대개 뇨고(女御), 고이(更衣)였
다. 중궁은 대개는 뇨고들 중에서 남아를 생산한 자가 후에 중궁으로
승진하였다. 황후가 되는 것은 나이가 들은 뒤의 일이다.

천황은 이렇게 많은 처첩을 거느렸기 때문에 어느 여성이 남아를
생산할지는 완전히 운에 맡겨야 했다. 다만 아름답고 인품이 훌륭하
며 천황에게서 총애를 받는 여성이 아이를 낳을 가능성이 많았을 것
이다. 궁중에서 세력을 넓히기 위해서는 우선 아름다운 딸이 있어야
했다.

이것은 후지와라씨 외의 다른 귀족에게 있어서는 특히 더욱 그러
했다. 후지와라씨 이외의 딸이 뇨고가 된다는 것은 거의 불가능한 일
이었다. 그러나 고이가 될 수는 있었다. 『겐지모노가타리(源氏物
語)』의 券 제1항은 신분이 낮은 고이가 천황의 총애를 받아 세력을
부렸다는 것에서부터 시작된다. 천황이 아니더라도 황족이나 지위가
높은 귀족에게 총애를 받거나, 혹은 중궁이나 뇨고를 모시면서 출세
한 경우도 있다.

이 때문에 헤이안 귀족사회에서는 어떤 면에서 보면 여성은 상당
히 소중히 여겨졌다. 모든 가문에서 여아가 태어나기만을 바랬다. 남
아가 태어나도 어쩔 수는 없었다. 몇 번이나 남자아이를 생산하게 되

면, 출가라도 시키는 외에는 생활을 꾸려 나가지 못할 정도였다.

귀족들은 만약 딸이 친자식이 아니면 일부러 양녀를 맞아들이기도 했다. 12세기 중엽, 나이다이진(内大臣) 후지와라노요리나가(藤原頼長)라는 자는, 기질이 확실한 큰 인물로 인식되고 있었지만, 그에게는 딸이 없었으므로 양녀를 맞아 드디어 이를 뇨고를 만들 생각으로 신불에 기도하거나 점을 치거나 하며 큰 소동을 벌였다. 그는 그러한 사실에 대하여 일기에 자세히 적고 있다.

그러나 진심으로 여성이 소중히 여겨졌던 것은 아니다. "배(腹)는 빌리는 것", 즉 여자란 아이를 낳는 도구에 지나지 않는다는 말이 도쿠가와 시대부터 유행하지만, 헤이안의 귀족여성은 그야말로 귀인의 아이를 낳는 도구로서만 소중히 여겨졌던 것이다.

여성에게도 재산권은 어느 정도 있었다. 상급 귀족여성으로 장원을 가진 자도 적지 않았다. 게다가 그녀들이야말로 유독 남성의 도구였다. 기생적(寄生的)인 적은 재산만으로는 부인의 독립을 위한 기초재산은 될 수 없었다. 다음과 같은 사실이 있다.

10세기 후반에 우다이진(右大臣) 후지와라가네이에(藤原兼家)와 그 사촌인 관백 요리타다(頼忠)가 세력 다툼을 벌였다. 요리타다가 그의 딸을 입궐시키자, 가네이에도 지지 않고 그 딸(詮子)을 뇨고로 입궐시켰다. 그런데 요리타다의 딸은 아들을 생산하지 못하였으나, 가네이에의 딸은 남아를 생산하였다. 이 일로 가네이에는 승리를 쥐게 되었다. 의기 충전한 가네이에측에서는 요리타다의 딸에게 "요즈음 스바라(すばら: 素腹)의 여자는 어떻게 지내는가" 라고 빗대어 말하기 일쑤였다. '스바라'라고 하는 것은 아이를 생산하지 못한 여자를 비웃는 말이다.

円融 천황을 이어 花山 천황이 즉위하여 詮子가 낳은 황자가 황태자가 되었다. 가네이에는 딸이 낳은 아이가 하루라도 빨리 천황이 되기를 원했으므로 花山 천황을 속여 출가시키고 말았다. 곧 손자를 천황에 즉위시켰다. 이것이 이치죠(一条) 천황이다. 가네이에는 섭정자가 되어 세력을 휘두르다 후에 장남인 미치다카(道隆)에게 섭정을 물려주고, 동시에 미치다카의 딸인 定子를 천황의 뇨고로 삼았다. 그때 定子는 15세, 천황은 놀랍게도 겨우 나이 11세였다.

드디어 미치다카(道隆)는 남동생인 미치나가(道長)와 세력을 다투게 되었다. 미치나가는 형에게 지지 않기 위해, 그 딸인 彰子를 천황의 뇨고로 삼았다. 형제의 세력 싸움은 두 사람의 뇨고, 즉 定子와 彰子의 어느 쪽이 보다 많은 총애를 천황으로부터 받는가에 달려 있었다. 그러한 연유로 두 사람 곁에는 재원들이 모여 그들을 섬기게 되는데, 定子에게는 유명한 세이쇼나곤(清少納言), 쇼시(彰子)에게는 무라사키시키부(紫式部)가 바로 그들 중의 한 사람이었다.

이 시대에 여류문학이 활발하였던 것은 부인의 지위가 높은 것이 아니라 오히려 낮다는 점에 있다. 세이쇼나곤이나 무라사키시키부, 그밖에 유명한 여류문학자는 모두 궁중에서는 중 이하의 귀족의 딸들이다. 그녀들은 그 본명도 생사의 연월도 알지 못한다. 다만 누구의 딸, 누구의 처, 또는 누구의 어머니라는 것 밖에는 전해지는 바가 없다. 그녀들이 얼마나 한 사람의 인격체로 받아들여지지 않았던가를 잘 알 수 있는 것이다.

미모가 아니면 재능으로 궁에서 일하면서 상급귀족에게 총애를 받

는 것이 헤이안의 귀족여성들이 살아가는 단 하나의 길이었다. 재능
을 그 무렵에는 '자에(ざえ)'라고 불렀는데, 그것은 『만요슈(万葉
集)』나 『白氏文集(중국의 시인 백락천의 문집)』을 암기하여 교묘
하게 그곳을 회화로 이끌어 내는 것이다. 어느 눈 내리는 날, 중궁인
定子가 女官들과의 여러 세상살이 이야기에 "향로봉(香炉峰)의 눈
(雪)은…"하고 말도 채 끝나기 전에 세이쇼나곤(清少納言)이 재빠르
게 불쑥 발(簾)을 걷어 올렸다. 그것은 "향로봉의 눈은 발을 걷고 본
다"는 백락천의 시가 있기 때문으로, 이것이 곧 '자에(ざえ)'였다. 더
욱이 세이쇼나곤과 같이 그러한 자에를 너무도 확실히 드러내는 것
은 여자답지 못한 것으로 비난받았다.

귀족여성은 무엇 하나 제대로 알지 못했다. 세이쇼나곤이 가모사
(賀茂社)에 가는 도중에 사람들이 벼 베기를 하는 모습을 그린 문장
이 있다. 그녀는 '낫'이 무엇인지 조차도 모른 채, "칼 비슷한 것으로
벼 밑을 자른다"고 쓰고 있다.

『겐지모노가타리(源氏物語)』의 '하하키기(ははき木)' 卷에, 이상
적인 여성에 대하여 논하는 부분이 있다. 그들이 제일 먼저 거론한
것은 여자의 집 쪽에서 지위를 상·중·하의 3계급으로 나누어, 본래
아래였지만 지금은 위가 되어 있는 여성과, 반대로 본디 윗자리였으
나 지금은 밑이 된 여성과, 어느 쪽이 좋은가라는 대논쟁이 그것이
다. 그들이 처의 조건으로 결론짓고 있는 것은 "집안이나 용모는 아
무래도 괜찮다. 다만 성실하고 정성을 다 하는 조용한 마음의 소유
자"라는 것이었다. 이와 같은 여성은 남자가 薄情하다고 하여 모든
것을 팽개치고 산으로 숨는 등의 행동 따위는 하지 않는다. 라는 것
이었다. 처는 "家内의 주인"이라고 그들은 인정하고 있다. 소위 실용
적인 여성을 원했던 것인데, 헤이안 귀족의 실제는 첫 번째가 집안,

두 번째가 용모, 세 번째가 위에서 인용한 성실함이라는 3가지 조건을 이상적 여성상으로 생각하였던 것이다.

연애는 극히 자유스러웠다. 그것은 전대로부터의 관습이기도 하였으나, 건전한 것이 아니라 부패한 것이었다. 남녀평등과 공동적 개념을 기본으로 한 것이 아니었다. 그 바탕에는 남자의 방탕한 생활이 있었다. 속담에도 양극단은 통한다고 하나, 이 시대처럼 여자가 완전히 남자의 성적대상으로만 존재하고 보면, 성의 자유는 남성뿐만이 아닌 여성에게도 가능하였던 것임을 알 수 있다. 여성의 정조의식이 굳으면 남자의 방탕도 불가능하므로, 너무 정조를 지킨다는 것은 고루한 것으로 생각했다. 이즈미시키부(和泉式部)는 5명의 남성을 차례차례로 바꾸어 가며 살았다. 남자를 버린 것이 아니라, 남자에게 버림을 받든지, 남자가 죽거나 했던 것이지만 그녀는 그에 대하여 깊이 괴로워하거나 슬퍼하지도 않고 다른 남자를 곧 다시 만나곤 했다. 성의 자유라는 점에 있어서는 여성과 남성은 완전히 대등하게 보였다. 다만 그 토대에는 남성 위주가 모두였으며 여성은 아무것도 없다고 할 정도의 하늘과 땅만큼의 차이가 있었다.

헤이안 궁정은 마치 유곽(遊廓)이었다. 후지와라유키나리(藤原行成)는 성실한 남자로 알려졌으나, 그래도 궁중에서 숙직한 다음날 아침에는 일찍 女官들의 방을 하나하나 엿보고 돌아다니며, 여자는 잠옷 차림의 모습이 가장 좋다고까지 하였다. 淸少納言은 밤중에 그녀의 방에 몰래 잠입하고자 한 남자가, 들어가도 괜찮은지를 그녀에게 묻자, "조용히 들어오면 될 것을 소리를 듣고서야 들어오라고 할 수 없지 않는가", 라며 태연스럽게 우스개 이야기를 하였다고 한다. 그녀와 그 남자가 연애를 했던 것도 아무것도 아니다. 마쿠라노소시(枕草子)에는 이런 이야기가 많이 등장한다.

　12세기말경, 천태종의 승려 스미노리(澄憲)는 궁중설교사로 평판
이 높았다. 그는 어느 날 이런 설교를 하였다. "모든 여인은 三世諸
仏의 진실 된 어머니다. 그러나 모든 남성은 諸仏의 진실한 아버지가
아니다. 부처는 반드시 어머니의 태내에 머물고, 그 신체는 아버지로
부터 받는 것이 아니라 어머니로부터 받는 것이기 때문이다. 그러고
보니 여자는 남자보다 뛰어난 것이다.(『玉葉』)"

　이에 대하여 헤이안 말기의 페미니즘이라고 지적하는 이도 있다.
스미노리(澄憲)는 비구니의 자식으로, 아버지가 누구인지 몰라 그 일
로 궁정에서 조롱을 받기도 했다. 이 같은 그가 한 설교이고 보면 지
당할 것도 같으나, 스미노리는 오히려 여기서 궁정의 피폐를 비꼰 것
이었다. 그가 비구니의 아들이라고 시라가와(白河) 천황에게 놀림을
받았을 때, 그는 곧 바로 왕비 100인이 모두 '히사메'라고 야유하였
다. '히사메'라는 것은 행상하는 여성을 말하는데 이는 궁정의 여자란
여자는 모두 왕비를 비롯해 성(性)을 파는 행상과 같다는 의미를 말
한다.

　연애는 반드시 노래를 주고받음으로써 이루어졌다. 그것은 연애게
임의 법칙과 같은 것이다. 헤이안 전기의 한 문집 『혼쵸몬스이(本朝
文粋)』에 「단죠콘닌부(男女婚姻腑)」가 있다. "남녀의 정감의 교류
는 부모라 하더라도 막을 도리가 없다. 처음 중매인을 세워 서로의
장점을 주고받은 다음에는 본인들이 와카(和歌)를 주고받아 드디어
그 마음을 확인하였다."라 쓰고 있다. 여기서 결혼이 연애를 기본으
로 하고 있다는 것과, 와카를 주고받았다는 사실을 알 수 있으나, 그
연애도 만요(万葉)시대처럼 진정에서 우러나오는 것이 아니었다. 그
것은 『만요슈(万葉集)』와 『고킨슈(古今集)』 35)의 사랑노래를 비교

---

35) 11세기에 생긴 가집.

해 보면 곧 알 수 있다. 후자는 다만 말의 기교(자에, ざえ)에 지나지 않는다.

남성의 향락본위에서 생겨난 자유로운 연애와 그를 위한 노래의 주고받기, 궁중에서 출세하거나 또는 남자의 눈에 들도록 하고자 한 부모와 본인의 노력, 재원을 곁에 두고자 한 궁중 내의 사정, 여류문학을 탄생시킨 배경은 이처럼 여성에게 있어서 행복한 것만은 아니었지만, 그렇다면 더욱 그녀들의 공적을 인정하지 않을 수 없는 것이다. 특히 귀족여성이라도 남성으로부터 멸시를 당하여 한자한문 즉 당시의 소위 마나(まな)36)는 여성이 쓸 것이 아니라, 여자는 가나(かな)37)를 쓰도록 정해져 있었다. 거기서 남자들은 조칙 그 외 공문서는 물론이고 자신의 일기까지도 오로지 한문으로만 철자법을 삼았으며, 또 한자만으로는 일본문장도 한문도 아닌 이상한 문장을 쓸 수밖에 없었는데, 한자는 남자의 것이라는 생각과 감정에 온통 얽매여 있었다.

단지 멸시받았던 여성만이 그로부터 해방되었다. 그녀들은 일본의 문자로 자유롭게 의사와 감정을 나타내었던 것이다. 이렇게 헤이안 귀족남성은 일본역사에 부패를 가져왔을 뿐만 아니라 어떠한 진보도 가져오지 못했지만, 그들에게 멸시 당한 여성들은 문학이란 장르를 통하여 일본역사에 영원한 공헌을 할 수 있었던 것이다.

그녀들이 이러한 문학을 완성시켰을 때, 그녀들이 속해있던 계급은 그야말로 추락하던 시기였다. 『겐지모노가타리(源氏物語)』는 그 巻의 제1장에서 가을 강풍이 휩쓴 뒤의 저녁, 풀은 자라 무성하고 처마

---

36) 진정한 문자, 진정한 문장.
37) 가짜 문자.

는 기울어진 집에, 죽은 딸(천황의 愛妃)을 생각하면서 눈물의 나날
을 보내는 노모를 그리고 있다. 재능을 뽐내었던 세이쇼나곤도 중궁
궁녀인 사다코의 죽음과 더불어 궁전을 떠나와 마침내 황량한 집에
서 늙고 여위어 끔직한 몰골로 죽어 갔다.

이것은 寄生적인 계급이 멸하여 가는 모습이었다. 그리고 귀족여성
은 그 계급의 몰락과 함께 사랑에 있어서도 자유분방하지 않게 되었
으며, 그 문학도 점차로 질과 양 모두에서 쇠퇴해 갔다.

12세기말, 다카구라(高倉) 천황 집권 시에, '아오이(葵)'라는 신분
이 낮은 소녀가 중궁을 모시고 있었다. 천황은 이 여인을 사랑했으
나, 신분이 낮으므로 귀족들로부터 반대에 부딪쳤다. 그래서 천황은
포기하고 말았는데, 헤이안 중기라면 이러한 일은 없었을 것이다. 그
러나 그는 여인을 잊지 못하고 녹색의 엷은 종이에 "참아도 감출 수
없는 나의 사랑은 언제나 생각하는 사람을 만날 때까지"라고 쓴 글을
몰래 아오이가 사는 곳으로 보내었다. 아오이는 이를 받아들고 조용
히 얼굴만을 붉혔지만, 마침내 기분이 좋지 않다는 말을 남긴 뒤 집
으로 돌아가 그대로 자리에 누운 채 겨우 5, 6일을 가까스로 살다
죽었다.

이것이 헤이안 귀족여성의 말로였다. 그 당시 신흥무사계급에서는
시즈카(静)나 토모에(巴), 호조마사코(北条政子)와 같은 사랑에서도
전쟁에서도 정치에서도 적극적인 여성이 나타나고 있었다.

3. 농노의 성장과 나누시(名主)·무사

헤이안 수도의 귀족남녀가 생산이나 정치와는 상관없이 궁중정음 모와 향락의 나날을 보내고 있을 때, 지방에서는 새로운 생산조직이 생겨나고, 그런 기반 아래 생산력은 비약적으로 발전하여 지방의 정치세력인 무사계급이 발흥하고 있었다.

처음에 지방지주=나누시(名主)[38]들의 개간 경작에는 호주와 그 자제의 감독 아래 기구(畜口)나 노비 혹은 그와 같은 명칭은 갖지 않아도 실질상 가장에 예속된 비혈연자가 일하였다. 그들은 신분 그 자체를 주인에게 소유당하며 주인의 오두막에 살면서, 주인의 농구나 주인의 벼로 주인의 토지를 경작하고, 그 생산물의 모두를 주인에게 바쳐서 최소한의 식량을 받았을 뿐이다. 중앙귀족의 장원에서도 본래부터의 노비나 새로이 숨어들어 온 공민들이 마찬가지로 영주의 관리인 감독 아래 일을 하였다. 즉 법률상의 호칭이야 어떻든 간에 실질상으로는 노예제 생산이 이루어지고 있었던 것이다.[39]

만약 이러한 실질 노동자가 언제까지나 노예상태로 안주하고 있었

---

38) 에도시대 막부 직할지의 마을의 장.
39) 渡部義通 「고대사회의 구조」 참조.

다고 하면 역사는 혁명적으로 변화하지 않았을 것이다. 즉 귀족계급이 멸하고 지누시(地主)무사계급이 일어나는 일 따위는 없었을 것이다. 왜냐하면 귀족계급도 노예제가 멸하지 않는 이상, 귀족계급과 그지배에 있어서 형태는 여러 가지로 변해도 근본부터 무너져 버리는일은 없었을 것이기 때문이다. 그러나 일본 민중은 수세대 혹은 십수세대의 노동과 투쟁을 통하여, 결국 노예상태를 무너뜨리고 신분그 자체를 주인에게 소유되었던 상태에서 스스로를 해방시켜, 지주＝ 무사라 하여 귀족계급을 멸하게 만든 것이다.

헤이안시대는 국민이 노예제를 붕괴시켜 가는 제1단계였다. 국민은그것을 어떻게 무너뜨렸는가. 거기에 이르기까지는 한 번 만에 붕괴된 것이 아니며, 개별적인 여기저기서의 각각의 사정과 절차에 의한결과다. 그 전형적인 경우로 이시모다타다시(石母田正)씨의 『중세적세계의 형성』을 참고로 하면서 도다이지(東大寺) 領의 이가코쿠쿠로다소(伊賀国黒田莊)의 농민을 생각해 보고자 한다.

쿠로다소(黒田莊)는 본래 절의 노예들이 개간한 것이었다. 도다이지와 같이 많은 남녀 노예를 거느린 곳에서는 노예남녀로 부부가족을 이룬 자도 있었고, 그들이 여기에 나무꾼으로 정주되는 사례가 많았다. 그리고 절의 관리와 감독 아래, 격렬한 나무 벌채 노동에 종사하였으나, 그들은 여기서 겨우 얻을 수 있었던 여가를 이용하여 토지를 개간하고 식량을 자급하였다. 특히 여성노예가 그 일을 했을 것으로 추정된다. 이렇게 11세기 초에는 이 산간지에 十町40)정도의 전답이 생겨났다. 그것은 본래 그들의 주인인 도다이지(東大寺)의 소유가되었고 여기에 장원이 만들어졌다.

---

40) 60間, 약109미터.

그러나, 소민(莊民)의 노예는 이미 자신의 오두막과 가족을 거느리며 경지를 점유한 자들이었다. 농업생산에 필요한 도구도 가지고 있었다. 그들은 더욱이 가까운 공령(公領: 귀족정권의 소유지)에도 진출하여 거기에서도 경지를 가지고 있었다. 이러한 사실은 그들의 독립성을 높였다. 절의 노예들이 공령에 진출하자 그 토지도 도다이지의 것이 되었다. 이리하여 도다이지는 본래의 개간지41) 외에, 공령도 장원으로 흡수하여 거두어 들였다. 거기에는 당연히 본래부터의 도다이지의 노예가 아닌 국민도 포함되었는데, 여기서 노비와 공민의 차별이 없는 소민(莊民)이 생겨났다. 경지에 있어서도 도다이지령(東大寺領) 장원의 것인지, 공령인지, 조금 애매한 곳이 생겨났다. 도다이지는 이를 이용하여 공령을 침략하기 시작했다. 12세기에는 수탈(收奪)한 공전(公田)이 본래 장원의 십 수 배에 달했다. 따라서 국가 관리는 종종 도다이지에 연공을 바칠 것을 요구하였고, 또 장원 내 토지를 몰수한다든지, 장민을 使役하고자 하였다.

이 무렵 이미 소민(莊民)에게는 빈부의 차가 발생하여, 있는 자는 밭에서 二町 이상의 '私領'을 가진 명주로 자리 잡고 있었다. 그것이 본디 노비인지 공전에 있었던 자인지는 한 사람 한 사람의 구별은 불가능하다. 그 중에는 국위(国衙: 국가의 지방정부)의 하급관리인 平元国이라는 자들도 있었다. 부근의 대명주로 도다이지에 기진(寄進)하여 소민(莊民)이 된 자도 있었다. 이러한 부농 아래 있었던 경작자인 대중들도 이미 노예라고는 말할 수 없었다. 도다이지 쪽에서 그러한 私領을 승인 받든 안 받든 간에 현실적으로 토지는 경작자가 점유하였으며, 그들은 도다이지 쪽으로 연공을 받치거나 아니면 그 사역에 종사하는 자가 되었다.

---

41) 여기서의 개간지는 사찰의 노예가 경작한 것이었으므로 세금도 내지 않았고, 또한 노예를 국가 관리가 부리는 일도 없었다.

그들은 노예의 굴종심도 버릴 만큼 성장하여, 도다이지와 국위 양쪽으로부터의 착취에 대하여 반항하였다. 부농의 지도 아래 그들은 국위에 대항하여 도망(逃散)하였으며, 도다이지에 대해서는 부근의 촌민이나 국위의 하급관리와 결탁하여 연공을 내지 않는다든지 하였다. 이러한 사실은 도다이지와 국위의 다툼을 격화시켰다. 어느 쪽인가가 그 특권을 포기하지 않으면 농민을 만족시킬 수 없었기 때문이다. 이러한 다툼의 결과, 도다이지는 결국 12세기 후반에 쿠로다소(黒田莊)에 '불수불입(不輸不入)'하는 특권을 얻었다. 그것은 형식상으로 도다이지의 장민에 대한 완전한 지배권을 가지게 되었음을 의미하였지만, 사실은 장민이 이중지배·이중착취를 무너뜨리고 도다이지만을 형식상의 영주로 받들면서, 장내 유력자 중의 한 사람이 소영주가 되어 소농을 지배하는 것을 말한다. 소영주들에 비하여 농노들은 절 승려들의 후원으로 종종 가지시(加地子, 연공)를 바치지 않을 수도 있었다.

쿠로다소(黒田莊)의 노예는 처음부터 가족을 거느리면서 한 곳에 정주한 자들이므로, 예외처럼 보이지만 보통 노비의 경우라도 오래도록 한 곳에서 농업생산에 종사하면, 일손과 토지와의 연계성은 끊으려야 끊을 수 없다. 따라서 독립성을 갖게 되는 것이다.

지방 지주(명주)의 경우, 5町이나 10町의 토지를 경작하는 동안은 그 노예적 농민을 자신과 직접적인 장소인 자신의 住家 주변 오두막에서 살도록 할 수도 있는 일이었지만, 가장 넓은 토지를 소유하는 자가 되기 위해서는, 그 일손에게 식량 자급지를 부여하여, 그들이 가족을 이루면서, 더 한층 주의와 애착을 가지고 생산에 종사하도록 하는 편이 보다 유리하였다. 이렇게 경작민은 그 독립성을 높여갈 수 있었다. 이것이 나아가 농노에게까지 진행되기에는 더욱이 여

러 사정을 필요로 하는 것이지만, 이미 그것은 본래적인 성질의 노예
가 아니었다.

특히 대명주가 영주로서 성장하고자 하면, 쿠로다소 부근의 공전을
침범 흡수한 바와 같이 공전을 침범하지 않으면 안 되는데, 그렇게
되면 쿠로다소에서 일어난 것과 마찬가지로 농민의 반항을 불러 일
으켜, 국위와의 대립항쟁도 발생하게 되어 그것을 이용하는 경작민의
반항도 높아질 것이다. 따라서 그들은 그 토지를 장원 영주에게 기진
(寄進)하고 대신 장원으로서 그의 영지에의 '불수불입(不輸不入)'의
특권을 갖게 된 것이다.

이러한 노예적인 경작농민의 농노적 방향으로의 발전을 뒷받침하
는 것은 그들이 발전시킨 생산력에 있다. 개간에 따른 경지가 증가해
가는 동안, 그들이 그 지위를 높여 간 것은 이상에서 기술한 바와 같
으나, 여기에는 보다 더 일반적인 사정이 있었다. 작물의 종류가 현
저하게 많아진 사실(특히 보리작이 시작된다.)과, 벼의 볍씨를 물에
담가 두었다가 뿌리는 것, 물레방아의 이용, 소나 말의 이용, 나아가
늦어도 10세기에는 시작되고 있는 모내기(田植) -그 때까지는 직파
(直播)[42]였다- 이러한 모든 것이, 강제되어진 노예의 노동이 아니
라 노동에 대한 자발적 관심을 가지는 일손을 필요로 하였던 것이다.
또한 반대적으로는 자발적인 노동이 이러한 발전을 가져다 준 것이
라 할 수 있다.

이처럼 노동하는 남녀국민은, 그 고난에 찬 노동과 투쟁으로 생산
을 발전시키고, 11, 2세기부터 스스로를 노예의 상태에서 해방시켜
나갔다. 이 생산력의 발전에 따라 생산민중을 새로이 농노로 조직한

---

42) 이앙하지 않고 직접 논밭에 시를 뿌림.

대소 나누시(名主)들이, 노예제에 기반을 둔 귀족국가의 토지를 빼앗고, 그 권력 -직접적으로는 지방관청- 을 약화시켰으며, 귀족계급을 생산으로부터 고립시켜 갔다. 그와 동시에 그 자신은 무장을 통하여 무사가 되었다. 경작농민은 바야흐로 노예로서 무한히 예속의 굴레를 감수하는 자가 아니었다. 이 독립생산자를 농노로서 지배하고 착취하기 위해서는 무력으로 다스리지 않으면 안 되었다. 또 국위나 장원영주 또는 자신과 같은 大나누시들과도 토지를 둘러싸고 다투었고, 小나누시들을 복종하도록 하기 위해서는 무력이 필요했던 것이다.

본디 이와 같은 농노제, 또 명주의 소영주화·무사화는 헤이안시대에는 아직 모든 농촌에서 일어난 사실도 아니었으며, 농노로 진행된 것 또한 노예적 요소가 보다 강하였다. 또 영주들은 그 영지의 일부에서 농노제적 경영으로 나아간 것도, 일부에는 직속 하인에 의한 노예제 경영을 통하여 그것을 세력의 근간으로 하고 있었다. 이와 같은 농노제의 미발달과 노예제의 흔적이 많았기 때문에 도리어 그들은 명목상으로도 중앙귀족을 장원영주로서 위에 두지 않을 수 없었다. 또 그 때문에 그들이 하나의 단계로 연합함에 있어 중앙귀족 출신인 겐지(源氏)나 헤이(平氏) 아래에서 연합하게 되었던 것이다.

4. 헤이안시대 무사·지주·민중의 가족과 여성

노동자 농민들이 노예적인 상태를 탈출하려고 하자, 명주의 초기 대가족제도는 변화하지 않을 수 없었다. 1104년에 야마무라요시노리 (山村吉則)라는 자가 토지를 처분한 문서를 예로 들어 보면, 그는 8 町 5段 정도의 토지를 두 사람의 남자와 두 사람의 여자, 그리고 그 의 근친자로 생각되는 두 사람의 승려에게 1町 1反 내지는 1町 3反 씩, 또 2인의 남자에게 7段씩, 단 한 사람 야마무라요시노리(山村吉 則)에게 만은 230步를 '처분(処分)'하고 있다. 이 처분의 의미는 확 실하지는 않지만, 마츠모토니하치로(松本新八郎)는 다음과 같이 말하 고 있다.

"이 토지 처분은 토지만이 아니라, 일손들도 호주인 야마무라요시 노리를 따르는 노예적인 자들이 토지에 따라 나누어진 경우일 것이 다. 즉 그것은 요시노리(吉則)가 그 근친자인 감독 아래, 노예노동을 분할하여 영지를 경영한다는, 가장제 대가족의 노동편성 방법을 시사 하는 것이다 -名田경영의 성립-"라고.

그렇다하더라도 특히 문서로 작성하여 남겼다는 것은, 그것이 일시적인 것이 아니라, 적어도 제각기 近親의 일생 —여자는 적어도 결혼하기까지—동안 분할되어졌을 가능성이 큰 것이다. 그렇다면 그 분할된 각 군(群)의 일손과, 그것을 인솔하는 요시노리의 근친과의 사이에는 밀접한 관계가 형성되어지면서, 그러한 것이 각 군의 독립성을 증가시켰을 것이다. 물론 그것은 여전히 호주의 강한 통제 안에 있었겠지만, 이러한 방향은 소가족이 되어 감을 의미한다. 일손들은 호주 아래 수십 명이 하나의 무리로써 소유되는 것이 아니라, 적어도 그 일부는 그들이 일하는 토지와 결부되면서 상당한 독립성 —예를 들면 농노로 진행되는 것은 어렵다고 해도— 을 가졌던 것이다. 이 처분장에 노동력에 대하여 아무런 언급도 하지 않고 있는 것은, 그것이 토지와 더불어 따라붙는 것이었기 때문일 것이다. 그리고 토지와 하인(일손)을 '처분'하여 받은 요시노리의 근친도 그 일부는 호주와 동거하고 있었던 것이 아니라, 다른 집에서 살았을 것으로 생각된다.

이런 경향이 발전하게 되면, 13세기 문서에는 확실히 나타나게 되는 총영제(総領制)가 되는 것이다. 이것은 부모의 재산상속에 있어서 토지 —농노가 따라 붙는 것— 나 노예를, 남녀 모두 자식들이 분배받아, 그 분배 분을 1대나 2대, 또는 영원히 소유한다. —여자는 1대에 한정 함— 그렇지만 부모는 여러 아이 중 한 아이 —반드시 장자는 아니다— 를 '総領'으로 하여 집을 이어 가도록 하였다. 総領은 형제자매를 감독하고 후자는 総領에 대하여 충성을 맹세하며 혹시라도 거역한다면 総領은 그 자의 상속재산을 자유롭게 처분할 수 있었다. 또 막부에 대한 여러 가지 부담은 総領을 통하여 짊어졌다. 이렇게 일가의 단결을 지켜갔던 것이다. 야마무라요시노리(山村吉則)의 가족도 노예주 대가족으로부터 이러한 방향으로 나아가고 있었던 것으로 짐작된다.

어느 쪽이든 12세기경 나누시(名主)층에서는 여자도 남자도 같은 재산권을 가지고 있었음은, 위의 처분장을 보아 알 수 있는 것이다. 이 무렵의 설화집인 『곤자쿠모노가타리슈(今昔物語集)』에는 나누시 (名主)로 생각되는 씨름꾼의 여동생 이야기가 기록되고 있는데, 이 경우는 오빠 집 근처에 자신의 독립된 집과 심부름꾼(家内노예)을 데리고 살고 있다. 여자가 어느 정도의 제한은 있었다고 해도, 재산을 상속받으면 형제와 헤어져 사는 일도 가능했던 것으로 생각된다.

『곤자쿠모노가타리슈(今昔物語集)』의 설화는, 대개 神仏경전에 대한 이야기이지만 그 중에서도 지방 명주들의 생활 상태를 2, 3가지 엿볼 수 있다. 다음에 그 예를 들어 보겠다.

(1) 친자 관계에서는 부친의 권력은 절대적이었다.

다음과 같은 이야기가 있다. 어느 백성이 밭에 심은 오이가 아주 훌륭하게 잘 되었으므로 그것을 따서 집에 가져가서 두었는데, 부모가 없는 사이 어린 아들이 그 중 하나를 먹어 버렸다. 아비는 이것을 알고 바로 마을의 중심역할을 하는 사람을 불러들였다. 하인들이 무슨 일인가 하고 궁금해 하고 있으니까, 아비는 모여든 마을 장로들에게 "이 아이가 불효하므로 증인이 되어 주시오"라고 하였다. 아이의 어머니나 집안 식구들이 놀라 그 정도 일로 무얼 그러냐고 해도 듣지를 않고, 아비는 마을사람들의 증인(証印)을 받아, "이 아이는 불효자라서 관계를 끊는다"라 하였다. 이 아이는 청년이 되어 마침내 도적질을 하여 붙잡혔다. 관리가 그 아비를 불러들이자, 아비는 이 아이는 불효한 아이로 이미 자신의 아이가 아니라며, 마을 사람들의 판서가 있는 문서를 보여 관리도 부자관계를 인정하지 않아 그 부모는 어떤 죄도 받지 않았다.

이 이야기에 의하면, 첫 번째로 부친의 생각만으로 어머니의 반대는 아랑곳없이 친자관계를 끊을 수 있을 만큼 아버지의 권력이 강하였음을 알 수 있다. 둘째로, 가족의 범죄에 대하여 호주가 책임을 진다는 사실을 알 수 있다. 가족연대책임은, 호주인 아버지의 가족에 대한 권력을 강화시키는 것이다.

이 이야기는 무사가 될 수 있는 유력한 지주가 아니라 자작농민의 이야기일 것이지만, 더욱 유력한 지주 무사 층에서도 아버지의 이와 같은 권리가 있었음은 가마쿠라시대 문서에도 자주 볼 수 있는 것이다. 아버지의 이와 같은 권력은 무사사회에서는 그들이 봉건영주로서 성장함에 따라 점점 강해졌다. 에도(江戸)시대에는 '불효'라는 말 대신에 '간도(勘쏠)'또는 '규리(久離)'라 하였다.('간도'라는 말은 가마쿠라시대에도 나온다.)

(2) 딸의 결혼에 대해서는 부모가 그 남편을 정하는 것이 일반적이었던 것은 『곤자쿠모노가타리슈』의 모든 설화 중에 공통하는 부분이다. 그러나 그것은 도쿠가와 시대의 무가(武家)와 같이 절대적인 것은 아니며, 딸은 그것을 거부할 수도 있었다.

이런 이야기가 있다. 야마토의 十市郡에 어느 아름다운 미인이 있어 언제나 많은 구혼자가 있었으나, 여자는 그것을 모두 거절하였다. 그러나 한 사람만이 수레 3대에 재물을 가득 쌓아 계속 구혼하므로, 부모는 재물에 눈이 어두워 억지로 딸을 결혼시켰다. 그런데 신혼날 밤에 그 딸은 남자에게 물려 죽음을 당하였고 달아난 남자는 바로 요괴였으며 재물로 보였던 것은 소와 말 머리였다. 이에 재물에 눈이 어두웠던 부모는 후회하였다.

부모가 억지로 결혼시킨 뒤 크게 후회하는 이야기다. 딸이 부모의 말을 듣지 않는 이야기는 그 외에도 있다.

(3) 결혼은 여자 쪽에서 남자 쪽 집으로 가는 것이 아니라, 남자가 여자 쪽 집으로 갔다. 요괴에게 먹힌 이야기도 그렇지만, 『곤자쿠모노가타리슈』 중에는 여자가 다음 시대처럼 '요메이리(嫁入: 여자가 남자의 집으로 시집가는 것)' 하는 경우는 없다. 모두 남자 쪽에서 여자 쪽으로 갔다. 결혼 후에도 잠시 동안은 부부가 별거하면서 남자는 여자가 있는 곳으로 왕래하는 것이 일반적이었다. 결혼 후 적당한 시기에 부부는 동거를 시작하였는데, 이 역시 무로마치 시대까지 상당히 널리 행해지던 습관이다.

(4) 남자는 두 사람 이상의 처를 거느릴 수 있었다. 두 사람의 처를 두고 볼 경우, 먼저 결혼 한 처를 '본처(元の妻)', 뒤에 결혼 한 처를 '지금의 처(今の妻)'라 불렀다. 세 사람 이상일 경우는 어떻게 불렀을까에 대해서 필자는 아직 자료를 구하지 못하고 있다. 두 명의 처가 있을 경우, 두 사람 모두가 남편의 집에 있는 것은 아니었다. 각각 다른 집에서 살았으며, 남편은 그 어느 쪽인가에 있었던 것 같다.

이런 이야기가 있다. 미카와국(三河国)의 郡벼슬아치에게 처가 둘 있었다. 두 사람 모두 양잠을 하였는데 어느 날, 본처의 누에가 모두 죽게 되자 남편이 냉정해지면서 가까이 하지 않게 되었다. 남편이 오지 않자 자연히 하인들도 가지 않게 되고 집안 가세도 기울어, 부리던 사람들도 하나 둘 없어졌다. 본처는 겨우 두 사람의 하인과 더불어 쓸쓸히 지내고 있었다. 그 사이 기적처럼 누에가 다시 훌륭한 실을 많이 짓게 되었는데, 마침 그녀의 집 앞을 지나가던 남편이 그것을 알고 후회하였다. 남편은 다시 본 처의 거처에 살면서 지금의 처를 가까이 하지 않게 되었다고 한다. 두 사람의 처 중 후처를 사랑하여 본처를 돌보지 않다가, 마침내 여러 가지 동기로 남편이 후회하고 본처가 있는 곳으로 돌아간다는 이야기는, 『곤자쿠모노가타리슈』 중의 두 사람의 처를 가진 남편의 이야기에 모두 공통하는 사항이지만, 이것은 본처를 중히 여기는 것이 당연하다는 사고에 의한 것으로 보인다. 그리고 실제 대부분의 전처는 본처이며, 후처는 첩으로 여겨졌을 것이다.

(5) 대개 이혼을 처의 쪽에서 할 수 있는 권리는 없었으나, 남편 쪽에서는 간단히 처를 버릴 수 있었다. 또 시아버지 쪽에서 며느리의 이혼을 요구하는 일도 있었다. 여성의 재혼은 자유였다. 재혼하지 않는 경우가 드물었다. 그러나 이 시대부터 남편이 죽은 뒤 여성은 재혼하지 않는 것이 칭찬 받을 일이라는 사상이 일고 있다.

또 이런 이야기도 있다. 어느 모친이 산 속에서 걸인을 만나 강간당할 위기에 처하였다. 이에 데리고 갔던 아이를 인질로 하여 걸인을 속이고 달아나, 도중에 만난 무사에게 도움을 청하였다. 그러나 시간이 이미 늦어 아이는 살해당했으나, 여자의 정조는 지킬 수 있었는데, 무사들은 여자가 정조를 잃지 않고 중히 여긴 것에 대하여 크게 칭찬하였다.

이 이야기는 무사사회가 일방적으로 여성의 정조를 엄하게 다루는 사상, 자식과의 관계보다 부부관계를 중시하는 사상이 일기 시작했음을 시사하고 있다.

(6) 여성의 재산권에 대해서는 전술하였듯이 야마무라요시노리(山

村吉則)의 '처분장'의 경우를 두고 생각해 보았지만 자세히는 알 수 없다. 이상에서 보면, 무사로 되어 가는 과정 중에 있는 지주층에서는 아버지(남편)의 권력이 모든 점에서 강하였음을 알 수 있다. 그렇지만 가족 간의 여자와 남자의 차별은 재산권에 있어서는 그다지 없었다고 생각된다.

여성도 영지를 가지며, 혹은 갖지 않고도 그 경영 책임자가 되는 경우가 있었으며 경제적 독립성도 꽤 있었다. 12, 3세기(헤이안 말기에서 가마쿠라 초기까지), 名主·무사여성 중에서도 극히 자주성이 강한 자가 나타났다.『곤자쿠모노가타리슈』에도 어느 고을 관리의 처가 포악한 관리를 혼내고, 그 외 그녀를 비웃는 자를 용서하지 않은 이야기가 있다. 힘 센 여자의 이야기나, 여자 강도 이야기도 많지만, 이러한 설화가 가능하다는 것은 무의미한 것이 아니다. 그것은 그러한 사실의 반영이기 때문이다.

12세기말, 겐지(源氏)·헤시(平氏) 두 성씨 간의 싸움에서 기소요시나카(木曾義仲)의 처인 '토모에(巴)'는 언제나 남편을 따라 전장에 나갔다. 義仲가 전사할 직전까지도 그녀는 분전하여 많은 적을 죽이고 용부(勇婦)로서의 이름을 후세까지 떨치고 있다. 이처럼 지방영주의 격렬한 싸움에 토모에와 같은 용감한 부녀도 나타나고 있는 것이다.

토모에와 더불어 유명한 여성전사가 城九郎資国의 딸 '한가쿠(板額)'이다. 그녀는 일족들이 겐지(源氏)의 장군 요리이에(頼家)에게 반항하여 에치고(越後)에서 병사를 일으켰을 때(1201년), 군에 가담하여 용맹을 떨쳤다. 그녀의 강함과 날렵함에 당황한 적군 무사가, 뒤에서 쏜 화살에 무릎을 관통하여 쓰러지면서 그녀는 가마쿠라에

끌려가게 되었는데, 가이노쿠니(甲斐国)의 무사 아사리요이치(浅利与
一)는 "용감한 부인을 얻어 용감한 용사를 낳고 싶다"고 하여 장군에
게 간청하여 그녀를 처로 맞이하였다.43)

발홍기의 무사계급은 그들의 후세 자손이나 동 시대 귀족들처럼
여성은 연약한 것이 좋다는 생각은 없었으며, 또 여성도 약하지만은
않았던 것이다. 무사가 용맹한 여성을 처로 얻기를 바란 것은 『헤이
지모노가타리(平治物語)』에도 나오는 이야기다.

신흥계급 여성의 전형적 모델은 미나모토노요리토모(源賴朝)의 처
였던 호조마사코(北条政子)일 것이다. 그녀는 이즈(伊豆)의 호조토키
마사(北条時政)의 장녀다. 요리토모가 죄인으로 이즈에 유배되었을
때, 伊東祐親의 딸과 몰래 연애를 하게 되었는데 祐親이 그 사실을
알게 되자 화를 두려워하여 도망하면서 마사코와 가까워 졌다. 마사
코는 요리토모가 겐지의 嫡流며, 장래 대성할 -틀리면 살해당할 것
이지만- 인물임을 알고 있었다. 아버지 도키마사(時政)는 헤이(平
氏)가 두려워하여 두 사람 사이를 갈라놓으려 하였으나, 마사코는 몰
래 폭풍이 휘몰아치는 밤 요리토모를 만나러 가기도 하였다. 그녀가
24세 되던 해, 요리토모는 헤이케(平家)타도를 위해 거병하였으나
초전에 대패하였다. 그래도 마사코는 그를 버리지 않고 이즈야마(伊
豆山)의 집에서 아버지의 협박을 감당해 가면서 오로지 그 만을 생
각했다. 그리고 결국 애인이 승리하는 날을 맞이했다.

마사코는 요리토모 死後, 2대 장군 요리이에(賴家) 3대 장군 사네
토모(実朝)의 어머니로서 복잡한 정치정세와 여러 호족의 대립 속에
서도 무가정치를 견고히 하였다. 특히 사네토모의 사후에는 직접 막

---

43)『源平盛衰記』,『吾妻鏡』.

부의 전권을 쥐고 비구니장군으로 이름을 날렸다. 그녀는 다만 남편의 뒤를 이은 형식적인 장군이 아니라 실제 견식 높은 정치가였다. 그녀가 상경했을 때, 고토바(後鳥羽)上皇이 배알을 허락하고자 하였으나, 그녀는 "시골의 늙은 비구니가 뵙는다고 해도 무익하다"고 하여 거절해 버렸다. 그 뒤 상황이 후에 막부 토멸을 위해 거병했을 때, 동요의 기색을 보이는 막부 내부를 의연한 태도로 바싹 긴장시켰던 것도 그녀였다.

그녀는 남편 요리토모 한 사람만을 사랑했다. 그런 까닭에 여색을 탐하는 것을 용서할 수 없었다. 이것을 질투라고 한다면 안 된다. 그녀는 애정에 대해서도 깊은 이해와 동감을 가지고 있었다. 요시나카(義仲)의 애첩인 시즈카(静)가 붙잡혀 요리토모의 앞에서 춤을 추게 되었을 때, 시즈카는 남편을 그리는 노래만을 부르므로 요리토모가 그녀를 죽이고자 하였다. 그 때 마사코는 요리토모에게 여인의 사랑의 깊음을 이해시키며 용서하도록 청하였다.44)

이와 같은 신흥계급과 그 여성들을 창출하였던 일하는 국민 여성에 대해서는 거의 사료(史料)가 없는 상태다.

늦어도 10세기에는 모내기라는 획기적인 농업기술의 비약적 발달이 있었던 사실은 전술하였지만, 모내기는 처음부터 오로지 여성의 일이었다. 모내기의 광경을 보여주는 가장 이른 사료의 하나인, 세이 쇼나곤(清少納言)의 『마쿠라노소시(枕草子)』에는 많은 여성이 삿갓을 입고 노래를 부르면서 모를 심으면서 후방으로 내려가는 모습을 기록하고 있다.

---

44) 『吾妻鏡』

『곤자쿠모노가타리슈(今昔物語集)』에는 여자 쪽에서 남편을 격려하여 재산을 모으는 설화가 있다. 近江의 甲賀郡에 매우 가난한 하인 부부가 살고 있었다. 처가 사람들에게 고용되어 베틀로 옷감을 짜 생활을 하였다. 처는 열심히 일하여 옷감을 몰래 1反을 짜서 그것을 남편에게 건네며 "이것을 야바시의 항구로 가져 가 물고기와 교환해 오세요. 그 고기를 벼 나락 등으로 바꾸어 금년 1~2段의 밭을 만들어 살아갑시다."라고 하였다.

이 이야기는 여러 가지 문제를 내포하고 있다. 우선 이 여성은 고용되어 베틀로 옷감을 짜는데 누가 그녀를 고용하였는지는 확실치 않으나 부근의 지주쯤으로 판단된다. 그녀의 노동조건은 가내 노예적이다. 또 여인은 옷감을 바로 마을에서 벼 나락과 교환할 수 없었음을 보여준다. 마을에서는 옷감은 모두 자급하고 있었을 것이다. 물고기와 바꾼 벼 나락은 식용이 아니라 벼 씨앗이다. '벼 나락 등'이라는 표현은, 나락 외의 농업 용구를 의미한다고 볼 수 있다. '1~2단의 밭'이란 무엇인가. 이것은 지주로부터 빌린 소작인지, 새롭게 부부가 개간하는 것인지, 그 둘 중 하나일 것이지만, 만약 개간할 수 있는 들이 있다고 해도 곧 들어맞는 이야기가 아니므로 이 밭은 소작지를 의미하는 것으로 판단된다. 남편은 무슨 일을 하는지 알 수 없으나, 어딘가 지주의 하인이었을 것이다. 이것은 단순한 하나의 화제에 지나지 않으나 창작이 아닌 민간설화다. 이 하인 부부가 기적적으로 부농이 되는 것이 설화적 부분이지만, 이상에서 기술한 이야기 부분은 실제 있을 수 있었던 일이다. 필자는 이 설화는 하인(노예적 노동자)이 스스로를 농노적인 독립생산자로 확립시켜 가는 노력을 설화로 만든 것이라 생각한다.

이와 같은 민중 사이에서는 남녀 간의 불평등을 언급하기에는 시기상조였다. 왜냐하면 그때까지는 아직 영주의 봉건적 압력이 민중의 평등 습관을 강력히 통제하고 파괴하는 −도쿠가와 시대가 그 절정이다− 데 까지는 이르지 못하고 있기 때문이다.

지금까지는 농촌 사람의 경우만을 보아왔지만, 헤이안시대에는 상업도 얼마간 행하여졌다. 이상과 같은 하인 여성의 설화처럼 화폐경제에까지는 진행되고 있지 않다.

그 즈음 교토의 인구는 20만 명 정도로 생각되나[45], 키즈가와(木律川), 요도가와(淀川) 연안, 비와호 연안 등에는 교통의 요지로써 소도시가 생겨나기 시작했다. 이들 도시적 민중여성에 대해서는 여성 행상인 '히사메'나, 市에서 여자상인 아이가 史料에 나올 정도다. 조금 알려진 것은 유녀(遊女)에 대한 것이다.

간자키(神崎)에는 河狐姫, 가니시마(蟹島)에 미야기(宮城), 에구치(江口)에는 간논(観音) 등이라는 예명을 가진 유녀가 '長者'로서 한 무리의 유녀를 인솔하고 있었다. 이들과 노는 것은 후지와라(藤原)의 우두머리와 같은 최고위의 귀족들에서부터 지방의 지주 상인 등, 사회 각 계층의 사람들이었다. 천황도 궁정에 유녀를 불러들였다. 여인들은 그 수입(쌀이나 비단)을 배분할 때는 크게 다투었다고 12세기 궁정학자 오에타다후사(大江匡房)는 기록하고 있다. 그러므로 '長者'들이 다른 여성을 부려서 후세에 娼家의 주인들처럼 착취하는 일 따위는 없었을 것이다. 헤이안 말기부터 가마쿠라시대에 걸쳐 시라뵤시(白拍子)라는 유녀가 있었다. 이것은 사원에서 행한 무용에서 발달한 歌舞를 하기 위해 귀족이나 무장들의 연회에 출연한 여성들이었다. 타히라노기요모리(平清盛)에게 총애를 받은 기오(祇王)와 기뇨(祇

---

45) 가마쿠라시대는 이 정도이다.

女)자매나, 호도케(仏)의 이야기는 『헤이케모노가타리(平家物語)』에서 유명하며, 미나모토요시츠네(源義経)의 첩이 되었던 시라뵤시(白拍子) 시즈카(静)의 열렬한 사랑이야기도 잘 알려져 있다. 시즈카의 어머니도 시라뵤시로 사누키국(讃岐国)의 출신이라고 하므로 아마도 몰락한 소명주 출신이었을 것이다. 시라뵤시가 천황이나 궁정귀족이나 무장에게 사랑 받은 이야기는 꽤 많다.46)

사회의 생산력이 발전하면서 그것이 귀족이나 지주들에게 착취당하여 낭비되는 경우가 많았다. 또 한편에서는 몰락하는 여러 신분과 계급이 있었다. 여기에 시라뵤시와 같은 최상류 계급을 위한 유녀에서부터, 寸尺의 비단을 두고 다투는 '떠도는 몸(流れの身)'·'보잘것 없는 신세(川竹の身)'라고 불린 여성에 이르기까지 여러 가지 형태가 나타났다. 그리고 귀족들을 상대한 유녀도 겉보기에는 화려하였지만 결국은 놀림을 당하는 자들이었고, 당시의 문인들조차도 몸이 쇠하면 어떻게 살아갈 것인가 라고 슬퍼하였다고 한다. 웃음을 파는 일이 가장 성하였던 것은 도쿠가와시대였다. 이에 대해서는 나중에 기술하겠다.

---

46) 中山太郎 『売笑三千年史』 참조.

제4장

봉건제의 발전과 여성
－가마쿠라(鎌倉)·무로마치(室町)
·센코쿠(戦国)시대의 여성－

1. 봉건제의 발전

가마쿠라(鎌倉)시대(1192년~1334년)는 무사계급이 비로소 정권을 수립한 시대다. 그 무사란 앞 시대의 나누시(名主)의 유력자들이었다. 그들은 토지의 일부를 머슴이나 하인으로 불리는 노예를 이용해 경영하면서 일부는 농노 농민들로 하여금 경작하도록 하여 연공(年貢)을 걷고 또 그들을 직영지에서 일하게 했다. 이들 지주들이 무장·연합해서 수령(首領)과 더불어 정부를 세우고, 그 수령과 정부에게 충성을 맹세하여 통제를 받는 대신 그들의 영지국민에 대한 착취와 지배를 보증 받았던 것이 가마쿠라정권이다.

막부와 이러한 관계를 맺은 무사를 고케닌(御家人: 주인의 대리인 또는 하급 가신)이라 한다.

막부는 전국의 莊園과 公領(공령도 사실은 궁정귀족공유의 장원으로 되어 있다)에도 고케닌인 지토(地頭)[47]라는 자를 두어 그 연공의 징수와 국민을 단속·관리시키면서, 따로 지방마다 수호(守護)를 두어 지방 내 관리인의 통제와 반역 그 외 중죄는 검찰에 맡겼다. 수호

---

47) 중세의 장원에서 조세 수호 등을 맡았던 관리사.

도 지토도 모두 大나누시다. 이러한 제도는 공령과 장원 영주인 귀족에게는 큰 타격이었다. 수호는 国司[48])이상으로 강력한 国司가 되었고, 지토는 代官[49])이상의 유력한 代官이 되었기 때문이었다. 그러나 이 정도로는 여전히 귀족계급을 없앨 수는 없었다.

귀족계급을 없애기 위해서는, 무사계급이 그 半노예제를 없애지 않으면 안 되었지만 그것은 가마쿠라정권으로서는 불가능한 일이었으며, 그것이 가능하게 된다는 것은 새로운 무사정권이 수립된다는 것을 의미한다.

가마쿠라시대 150여 년간에도 노동민중은 해마다 새로운 생산력을 발전시켜 갔다. 농업기술로는 비료사용이 성하게 되었고, 소나 말을 이용한 경작은 한층 진전되었다. 밭의 이모작도 조금씩 하게 되면서 보리 재배도 시작하게 되었다. 농민 가족 모두가 집안에서 하는 수공예 제품은 지방 특산물이 되었다.[50])

이러한 생산력의 발달은 노예적 농민인 농노의 발전을 더욱 부추겼다. 그렇지만 자연적으로 그렇게 된 것이 아니라 투쟁으로 이루어졌음은 지금까지의 설명으로 알 수 있을 것이다. 경작인이 노예상태에서 농노로 발전되어 감에 따라, 그들은 노예처럼 노동력 그 자체를 착취당하는 일은 적어졌고, 그 대신 그들의 노동 생산물, 즉 쌀을 비롯해 그 외 약간의 수공업제품을 연공으로써 지주인 영주에게 받쳤다. 연공미는 밭 수확의 60%였다.[51])

---

48) 조정에서 여러 지방에 파견한 지방관.
49) 에도시대 막부 직할의 토지를 관할하고 그 곳의 민정을 맡아 보던 지방관.
50) 면직물, 돗자리, 여러 종류의 짚제품, 기름, 종이 등은 모두 여자들의 일이었다.
51) 그 60%를 名主, 地頭, 장원의 영주 등이 분배했다.

그리고 그들 연공의 일부는 명주 영주 등에 의해 그대로 소비되면서 일부는 상품으로 판매되었다.

이렇게 하여 장원 안에는 여기저기에 정기적인 시장이 생겨났다. 상업은 점점 발달하여 대륙과의 무역도 활발해졌다. 대륙에서 송나라의 동전과 양질의 견 -唐絹, 唐綾 등으로 불렸다- 이 많이 수입되었다. 수출품은 주로 칼, 유황, 판목 등이었는데, 노예도 팔렸다. 그리고 동전이 널리 유통되면서 화폐경제가 시작되었다. -이것은 헤이안 말기 12세기중엽부터 시작된 것으로 알려져 있다-

이러한 여러 사정은 서로 간에 원인과 결과로 작용하면서 더욱 노예제 요소를 파괴시켜갔다. 가마쿠라시대에는 종종 「인신매매」 즉 빈민 자녀의 판매가 성행하였는데, 그것은 노예제의 발전에 따른 것이 아니라, 노예들의 투쟁으로 인해 노예를 구하기가 어려웠기 때문이었다.

농노로 발전한 농민은 자주 심한 착취에 반대해서 서로 합의해 경작을 포기하고 도망치기도 했다. 이러한 것을 두고, 「ちょうさん52)」 이라 불리었다. 한 사람 한 사람의 야간도주는 적극적 투쟁방법에는 미치지 못 했지만 단결된 도주는 도망치는 그 자체가 목적이 아니라, 착취 반대에 대한 하나의 전술이었던 것이다. 노동을 하는 이들이, 각 자의 주인들에게 모든 것을 소유 당하고 있을 때에는 그 단결이 불가능하지만, 바야흐로 백성은 영주(대지주)에게 정치적으로 지배당하고 토지에 얽매어 착취는 당하였지만 신분상으로는 독립된 촌민이 되어 있었다. 그 때문에 그들은 같은 농노적 촌민동지로서 단결할 수 있었던 것이다.

---

52) 에도시대에 농민이 영주에 대항해 타지방으로 도망치는 일.

이 단결을 조직한 것은 대지주=무사에 지배당한 小지주였다. 小지주들은 동시에 지방 상인이기도하였고 어떤 자는 고리대금업자였다. 그들 역시 착취자였지만, 그들 밑에서 일하는 노예 또는 농노적 농민이, 장원영주나 지토(地頭), 나누시(名主)들의 이중 삼중으로 당하는 착취에 견디지 못해 반항한 형태며, 중간적 입장에 있었던 마을 小지주들도 그에 눌려 자연스레 이중 삼중의 지배를 타파하고자 아니할 수 없었다. 이것은 가마쿠라정권이 발판으로 삼았던 고케닌(御家人)의 힘을 약화시켰다.

이미 무사계급은 비교적 좁은 10町 내지 20町의 토지를 여기저기에 소유하여, 농노를 지배 착취하는 것이 아니라 一村, 一鄕을 한 사람의 영주의 집중된 권력아래 지배하는 것이 필요하게 되었다. 왜냐하면 일하는 민중스스로가 그러한 村이나 鄕으로 결합하기 시작했기 때문이다. 이 결합을 당시 '惣(そう: 한 마을 총체의 의미)'라 불렀다. 나누시적 半노예적인 小토지 소유에서 완전한 농노제에 따른 大토지 소유로의 역사적 발전은 멈출 수 없었다. 그것은 또 정치적으로는 半노예제 나누시층을 기초로 한 가마쿠라막부의 쇠퇴를 가져 왔다. 동시에 그것은 또 궁중귀족, 당시 언어로는 武家에 대해 쿠게(公家)[53]로 부른 계급의 한 단계 급속한 몰락을 의미한다.

그것은 첫째로, 그들의 노예제 직영지가 유지할 수 없게 된 것에 초래되었다. 거기에도 농노제로 발전된 농민과 그것을 지배하는 무사가 나타났다.

둘째는, 수호 지토(地頭)의 쿠게(公家) 영주권의 침해에 의해 초래되었다. 사회의 가장 하층에서 근로민중과 착취자의 투쟁이 계속되면

---

53) 조정에 출사한 사람.

이 민중을 지배하고 착취하는 자들 사이의 대립이 격해지게 된다. 그것은 하나의 예외도 없는 틀림없는 역사의 공식이라 할 수 있다.

이렇게 발전된 쿠게(公家)와 武家의 대립, 그리고 같은 武家계급 내부의 半노예제에 밀착된 자(가마쿠라정권)와 大토지소유로 전진하려 하는 자(足利高氏 등)와의 대립이, 어떤 형태를 취하고 어떤 방법으로 진행되었는가 하는 것은 정치사에서 다루어져야 할 것이다.

그 결과로서 쿠게(公家) 계급은 걷잡을 수 없이 몰락했다. 14세기 초, 무사계급의 내부 대립을 이용하여, 쿠게가 가마쿠라정부를 쓰러뜨리고, 한때 정권을 장악했지만(建武中興), 역사에 역행하는 노예주 정권은 1년 만에 몰락하고 농노제로 전진한 대영주들의 무로마치(室町)막부가 탄생하였다. 이것이 확립 될 때까지 40년간의 동란, 즉 남북조 전쟁이 계속되었다. 이것은 앞서 설명한 노예와 농노, 소지주들의 해방투쟁이 전국적으로 소용돌이치면서 그것을 이용해 대영주가 되고자 하였던 무사들의 세력다툼이었다.

이 난이 일어난 후 무로마치시대에는, 노예해방 농노의 자주성은 한층 높아졌다. 농촌에서는 '기합(寄合)'이라는 집회와 소(惣)가 널리 크게 발달하여 마을의 소지주를 중심으로 하는 농촌자치가 발전하였다. 수공업과 상업은 끊임없이 발달하여 지방 소도시의 형성이 진행되었다. 교토와 나라에는 연공이나 상품을 운반하는 '바샤쿠(馬借)'라는 교통운반 노동자층이 생겨났다. 그들은 무로마치 시대에 향촌의 단결을 더욱 굳히면서 더욱 강력한 해방운동을 전개했다. 그들은 악덕 영주에 반항해 가끔 도망가거나 흩어지기도 했지만 후에 더욱 적극적으로 무장봉기 했다. 이것을 '잇키(一揆)'[54]라 한다.

---

54) 영주들의 횡포에 대해 토착민들이 단결하여 궐기하는 일.

1426년 近江의 바샤쿠(馬借)가 부채 말소를 요구하며 一揆를 일으켜, 이것이 도화선이 되어 山城·奈良·伊賀·紀伊·和泉·河内 등, 近畿지방 거의 전 도시에서 일대 반란이 일어났다. 이것이 대반란(大一揆)의 시초라고 불리어진다. 그 다음 해에는 하리마국(播磨国)에서, 백성55)이 이 나라의 주인은 백성이라고 결정하고 무사를 추방한 적도 있었다. 이러한 대투쟁이 16세기 중엽까지 100년 이상이나 계속되었다. 이 사이에 민중은 마을의 자치를 더욱 발전시켜 한 지방의 연합자치정권을 싹틔우기도 했다. 1485년부터 7년간에 걸친 南山城의 농촌연합의 자치조직은 특히 유명하다. 이 무렵부터 민중은 여러 가지 자유를 쟁취했다. 그들은 자유롭게 스스로 무장하며 어떤 자는 무사의 하인이 되어 전쟁터를 전전했다.

훨씬 후의 일이지만, 오와리(尾張) 백성의 아들인 도요토미히데요시(豊臣秀吉)가 천하를 지배하는 일도 생겼다. 백성이 상인이나 직인이 되는 직업의 자유라든가, 출생지를 버리고 다른 곳으로 이동하는 자유도 갖게 되었다.

상업의 발전, 해외무역의 발전은 도시를 현저히 발전시켰다. 九州의 하카다(博多), 이세(伊勢) 内海의 야마구치(山口), 오노미치(尾の道), 효고(兵庫), 사카이(堺), 이세(伊勢)만의 구와나(桑名), 호쿠리쿠(北陸)의 돈가(敦賀) 등이 항구도시로서 번성하고, 지카에(近江)의 오츠(大津), 사카모토(坂本)가 비와호(琵琶湖)연안에서 京都로 들어오는 중요한 입구로서 발전했다. 특히 사카이는 류큐(琉球)56)와의 무역으로 부유해 졌으며 15세기 초에는 가옥 수가 1만 호에 달했다. 여기는 원래 京都의 어느 절의 장원(荘園)이었는데 15세기 후반에

---

55) 백성이라고 하면 在村의 지주나 자영농에서부터 영주의 소작농까지를 포함한다.
56) 규슈의 남방해상에 산재하는 수십 개의 섬들의 총칭. 지금의 오키나와県.

소민(莊民)중 유력자가 영주에게 바치는 연공을 청부로 맡아, 대관이 나 그 외 영주의 관리인의 지배를 받지 않고, 堺의 소민(莊民)이 자치를 운영했다.

이것이 더욱 발전하게 되어 사카이는 점차 영주에게 세금을 바치지 않는 자유 독립도시가 되었다. 16세기 중엽에 포루투칼인이 처음으로 다네가시마(種子島)에 총을 전했다. 그것을 놓치지 않고 재빨리 수입해 생산한 것도 사카이의 상인이었다.

그들은 이미 세계 상업전선에 참가했다. 그것이 또 사카이시(堺市)를 번영시켜 그 자치성을 높였다. 같은 시기 구아나와세츠히라노(摂津平野)의 중심인 히라노 등지에서도 자유도시의 싹이 텄다. 1568년 사카이와 히라노(平野)는 공동으로 오다노부나가(織田信長)의 신용자금 요구를 거절하기도 했다.57)

이러한 민중의 마을에서 도시로 퍼지는 투쟁, 생산력의 발전이 낡은 장원제를 결정적으로 무너지게 한 계기가 되었다. 한 마을에 영주의 장원이 뒤섞여 있다는 것은 이미 성립된 민중 앞에서는 있을 수 없는 일이었으므로, 통일된 촌락과 지방이 싹틀 수 있었다. 상품 경제의 발전은 넓은 지역을 하나로 묶었고, 민중자치의 발전은 오래된 지배 구조를 무너뜨려갔다. 公家는 계급으로서는 사실상 무너졌고, 무로마치막부도 역시 무너졌다.

무로마치정권을 세운 무사들은 가마쿠라시대의 고케닌(御家人)보다는 한발 앞선 농노주 대영주였지만, 그들은 엄하고 폭넓게 향촌을 지배하지는 않았다. 이 대영주들은 다이묘(大名: 넓은 영지를 가진

---

57) 原田伴「중세에 관한 도시의 연구」堺市丈.

무사) 라고 불렸지만, 모든 신하에 대해서 토지(그곳에 사는 농노가지 포함)를 녹봉으로 할당할 수 있을 정도의 대토지 소유자는 아니었다. 그들 부하 중에는 직속 신하로서 실제 토지를 부여받아 엄격한 주종관계를 맺고 있는 자도 있었지만, 아직은 대부분이 자력으로 소영지를 지배하는 무사였다. 따라서 그들의 무사와 끊임없이 새롭게 농촌에서 일어나는 무사(지주)가, 민중 운동을 이용해 자신의 영지를 확보해 가면서 주인에게 반항하는 것을 막을 수는 없었다. 하리마국 반란(播磨国一揆)도 그러한 것을 보여주고 있다.

한편 민중 자신은 낡은 지배를 무너뜨렸지만 아직 자신의 정권을 세울 정도까지는 이르지 못했다. 그것은 마을에서는 끊임없이 무사가 되고자 하는 지주와 농노의 경작농촌과의 대립이 계속되었기 때문이다. 山城의 자치조직 등도 그들을 위협하는 구식 무사의 힘을 밀어내자, 마을 안에서 권력을 쥔 지주들이 지배하게 되어 마을들은 다른 무사에게 정복당하고 말았다.

즉 농민은 옛 무사의 흩어진 지배권을 무너뜨렸지만 얼마 지나지 않아 그 후에 통일된 향촌을 지배하는 새로운 무사가 형성되는 것을 막을 수 없었던 것이다. 그리고 그 신흥 무사계급 중 뛰어난 자가 수많은 사람 혹은 한 나라 내지 수많은 나라를 완전히 지배하는 다이묘(大名)로 성장해 갔다. 예를 들면 도사(土佐)의 我部元親는 처음에는 마을의 소영주 무사에 지나지 않았으나, 같은 소영주 70여 명을 차례차례로 무너뜨리고 마침내 도사(土佐) 전체를 완전히 지배했다. 오다씨(織田氏)는 오와리(尾張)에서, 도쿠가와씨(德川氏)는 미카와(三河)에서, 둘 다 소영주로부터 일어난 것이다.

16세기 후반부터 100여 년간의 이른 바 전국시대는 그들 신구대소(新旧大小)영주 상호 간의 영지 쟁탈을 위한 전쟁시대였다. 전국시대 모든 다이묘(大名)들은 각자의 영토에서 그 영지를 가신들에게 나누어주고, 大家臣은 또 그것을 그 아래 신하에게 나누어주는 등의 경로를 거쳐 아래 사람은 윗사람에게 절대 복종하는 영토 내 중앙집권이 수립되었다. 신흥무사의 탄탄한 중앙집권권력이 수립됨과 동시에 민중이 싸워 쟁취한 자유는 모두 빼앗기게 되었다. 그들은 먼저 무장의 자유를 빼앗겼다. 그 중 가장 큰 규모가 도요토미히데요시(豊臣秀吉)의 유명한 가타나가리(刀狩り)58)이다. 그리고 이동의 자유, 직업의 자유를 점차적으로 몰수당하고 영주의 토지에 소속된 농노로서 엄격한 무사전제 아래 신음하게 된다.

또, 이 중앙집권이 성립 되어 가는 동안 무사계급은 직접 농업경영자로서 농촌에 머무는 것을 그만두고 다이묘는 평지에 큰 성을 짓고 그곳을 주소와 군사상 정치상의 本陣59)으로 정하고, 가신의 무사들은 성 주변에 살면서 전쟁과 국민지배를 전문으로 담당하게 되었다. 그들이 이렇게 할 수 있었던 것은 상품경제의 발전이 그 영토를 하나로 묶어뒀기 때문이기도 했다.

다이묘제가 발전하여 농촌자치와 자유로운 생산이 억압받았던 것은, 사카이(堺) 등의 자유로운 발달에 역시 지장을 주었다. 원래 사카이의 무역상인 들은 일본국내에서 생산된 농작물이랑 수공예품을 수출한 것은 아니었다. 그것들은 연공으로 몰수당했기 때문에, 자유로운 상품 생산이 어려웠다. 일본상인의 대외무역은 스페인, 포르투갈의 상품과 아시아대륙의 산물과의 중계가 많았다. 그리고 그들이 국내에 수입한 것은 무사들을 위한 무기와 사치품이었고, 일본에서

---

58) 1588년 豊臣秀吉가 실시한 농민으로부터 총기를 몰수한 일.
59) 무사들이 숙박하던 공인된 여관.

수출한 것은 소나 말과 같은 가장 중요한 생산수단이었으며, 또 노동
인력 그것까지도 노예로서 팔렸다. 이러한 무역은 국내 수공업 생산
을 재촉하여 농업생산력을 다지고, 농민의 자유를 높이는 힘은 약해
졌지만 그래도 외국무역이 발전하면 국내 생산력을 높일 가능성은
있었다. 그러나 그보다도 신흥 다이묘가 빨리 성장해 갔다. 그리고
사카이시의 자치도 결국 오다노부나가(織田信長)에 의해 무너졌다.

  바야흐로 자유로운 상업 활동의 길은 막혀 버렸다. 상인들은 다이
묘의 성 밑에 모여 그곳에 사는 무사를 위해 생활품과 군수품을 취
급하고 또 그들이 농촌에서 착취한 연공을 팔아 치우는 자가 되었다.
다이묘들은 상인을 성하(城下)에 불러 모으기 위해 지금까지 장원의
영주들이 장내 시장의 상인들로부터 세금을 거두었던 것을 폐지시키
기도 하고, 또는 그들의 권력이 미치는 한, 세키쇼(関所)를 폐지해
상품유통을 자유롭게 해 주기도 했다. 그 정도까지는 상업 발달을 도
왔지만, 그것은 어디까지나 다이묘들의 필요에 의한 발달이었고, 도
시와 상공업의 자유를 발달시킨 것은 아니었다. 사카이(堺) 시는 노
부나가(信長)에 의해 시가 고용한 군대를 해산당하고, 무장을 빼앗기
고, 히데요시(秀吉)시대에는 시민 중 주요 인물이 그의 성 아래 도시
인 오사카(大阪)로 이주 당했다. 이렇게 해서 상품경제, 상업의 발달
도, 자유로운 시민의 도시를 완전히 발전시키기에 충분치 못했고 신
흥 다이묘의 지배를 돕는 수단으로 바뀌었던 것이다.

  다이묘 세력의 기초는, 농민과 농노로 하여금 토지에 속박시키고
이를 착취하는 것에 있었지만, 이러한 농노제 사회를 봉건사회라고
한다. 그리고 영주가 신하에게 영지를 할당해 주고, 전 무사계급의
국민지배를 조직한 것이 봉건국가이다. 헤이안시대는 봉건제의 맥이
싹텄고, 가마쿠라시대는 봉건제가 성립하면서 노예제가 남아있었고

무로마치시대는 봉건제가 확립되는 그 말기부터 전국시대는 봉건제
도가 완성되어 갈 때이다. 이 봉건제의 발전에 따라 쿠게(公家)여성
은 계급으로서 의미를 잃게 되고, 武家의 여성은 남성의 專制아래 성
적인 가내노예처럼 취급당하자, 민중여성 또한 강력하게 그러한 영향
을 받게 되었다.

2. 무사계급의 가족제도와 여성관의 변화
-귀족의 여성-

아직 몸과 마음이 젊은 부부가 함께 벌어 생활을 지탱하는 동안에는 부부사이에 특별한 불평 없이 무엇이든지 서로 상담하며 살았다. 아이는 '어머니 아버지(おかあちゃん、おとうちゃん)'하고 부를 때 그 존칭어인 '짱(ちゃん)'조차도 붙이지 않고 예사로 부모를 불렀다. 그런데 뭔가 행운이 따르면서 이 부부가 재력가가 되고, 사람을 부리며 훌륭한 집에서 살게 되면 사정은 달라진다. 남편은 주인(主人), 처는 부인(奧樣)으로 만사가 主人의 독재로 시작되었다. 또한 주인은 첩을 두고 싶어 한다. 자식은 부모에 대한 호칭도 '어머님 아버님(御父樣 御母樣)'이 되고, '예의범절'즉 신분의 차별을 말과 태도의 형식을 통하여 표현하였다. 그래도 부모 세대는 여전히 맞벌이 시대의 부산물이 어느 정도 있었지만 자식 세대가 되면 가부장적 전제는 마치'자연법칙'처럼 되고 말았다.

이는 현대의 중산계층의 이야기와 같은 것이다. 예를 들면 이러한 변화가 계급으로 발생하고 있던 헤이안(平安)시대의 무사 사회와, 이미 지배자가 된 가마쿠라(鎌倉)시대 이후의 무사사회 여성지위의 차이였다.

13, 4세기 무사의 가족제도는 '총령제(惣領制)'라고 한다. 집에는 '총령'또는 '가독(家督)'으로 불리는 가장이 있었다. 그는 자신의 처자식, 또는 부모 등 직계 혈연자로 일가를 이루었다. 이 가족은 역시 하인(노예)을 부리고 있었다. 이것은 농지에 따라 가사 일을 하거나 어떤 자는 주인을 따라 전쟁에 나가는 자도 있었다. 이러한 가족 하나만을 따져 보면 그것은 소가족제지만 가장의 형제자매와 숙부 숙모 등은 분가해서 본가의 강력한 통제를 받아야 했던 것으로 대가족과 다름없었다.60)가장은 생전에 유언장을 작성하고 아들 딸 각각의 상속분을 정하였다. 그러나 많은 자식 중에서 반드시 장남만이 아니라 무(武)와 재능을 고루 갖춘 자를 뽑아 적자(嫡子: 惣領 家督이될 자)로 정하고 비교적 많은 재산을 상속받음과 동시에 다른 형제자매들은 모두 이 적자의 명령을 거역할 수 없었으며, 만약 거역하면 상속재산을 적자가 몰수할 수 있도록 하였다. 막부의 대리인으로서 맡지 않을 수 없었던 부담은 모두 그 상속재산에 비례해 적자에게 맡겨졌으며, 적자 혼자서 고케닌(御家人)61)역을 다해야 했다. 또 이 형제자매에게 나누어진 재산은 한 세대로 한정된 것도 있었고, 또는 본인과 그 자식의 2대까지로 한정 소유되는 경우도 있었으나 마지막 세대까지 상속된다고는 할 수 없었다.

여기서 재산이라는 것은 주로 토지와 노예이지만, 전자의 경우는 그 면적 외에 그것에 부속된 농노의 집수가 명시되어 있으며, 때로는 '在家三字'등과 같이 호수만 명시되어 있을 때도 있었다. 이것은 농노가 아직 半노예적으로 처분되고 있었음을 보여주는 것이다. 그리고 토지를 상속한다고 해도 토지 그 자체가 아니라, 토지를 이용하고, 이익을 얻을 수 있는 권리를 주는 것으로, 그 상속자가 자유롭게 그

---

60) 무사사회에서의 우선 상속은 분할상속이 실시되었다.
61) 가마쿠라시대에 장군과 주종관계에 있었던 장군직속의 무사.

것을 매매할 수 없는 경우가 많았다.

이러한 상속법에서는, '惣領'은 형제자매를 자신의 가족원으로서는 아니어도 그것을 가부장적적인 통제 하에 두도록 하였다. 본가의 二代째가 되면 부친의 형제자매와 '사촌'도 분가로서 어느 정도 통제할 수 있었다. 즉, 아직 반쪽 대가족적 관계가 유지되었던 것이다. 단 이것이 몇 세대나 유지되는 것이 아니라, 재종형제(육촌) 정도면 보통은 본가와의 관계는 희미해진다.

가부장인 아버지의 권한은 앞에서 언급한 상속법에도 나타나 있듯이 더없이 강했다. 아버지는 일단 자손에게 물려준 재산이라도 나중에 생각이 바뀌면 언제라도 되찾을 수 있었다. 이것을 "구야미카에시(悔還, くやみかえし)"라 한다.

또 앞장에서 서술한 친자관계를 끊는 '불효(不孝)' '간도(勘쓱: 의절)'는 이 시대에 더욱 더 많이 행해졌다. 어머니도 부모였기 때문에 아버지가 사망한 후의 어머니의 권리도 극히 강하였다. 아버지가 재산 처분을 하지 않고 사망한 경우는 어머니가 그것을 처분 할 수 있었다. 적자(嫡子)가 어린 경우에는 어머니가 그 후견인이 되는 것이 보통이었다.

게다가 유언장에는 가끔 "어머니의 뜻에 어긋나게 행동하면 어머니의 처분으로 어느 자손에게라도 나누어 줄 수 있다"고 정한 예도 있다. 예를 들면 1292년 어떤 문서에는 비구니인 '妙쭘'라는 여성이 죽은 남편의 유산을 물려받은 아들을 "아버지의 처분을 어겼다"고 하여 의절하고 그 재산을 회수하였던 예도 있다.

또 자식에게 그런 일이 없어도 어머니가 죽은 남편이 남긴 한 유언의 결정을 변경하는 일도 있다. 예를 들면 이즈모(出雲)의 호족 이즈모다카토키(出雲孝時)가 남동생 사다타카(貞孝)에게 전한 1324년의 문서에 보면, 사다타카는 전답 8정(町) 그 외의 재산을 자손까지 二代에 한하여 다스리도록 유언에 의해 정해졌지만, 어머니가 그것을 영구히 양도하도록 요구했으므로, 총령인 다카토키(孝時)도 그에 따라 사다타카에게 영구 양도하도록 하고 있다.

그렇다면 딸의 재산권은 어땠을까.

딸은 형제와 함께 아버지의 재산상속에 참여했다. 그 상속분은 嫡子외의 남자에 비해 극히 적은 것도 아니었다. 그렇지만 여자의 경우, 그것은 대개 본인 일대로 제한되었다. 결혼할 때 그 재산을 가지고 갈 수는 있었지만 그 후라도 부모는 그것을 '구야미카에시' 즉, 생각이 바뀌면 언제라도 변경할 수 있었다. 그리고 죽음에 임하면 당연히 생가의 총령(아니면 부모가 정한 사람)에게 되돌려 주었다.

부부의 재산은 모두 남편이 관리하였다. 남편에게 반역·살해·강도 등의 중죄가 있으면 처의 재산도 몰수당했다. 경죄일 경우에는 연좌(蓮座)는 면했다. 남편이 죽으면 아내에게도 재산상속권이 있었다. 그리고 앞에서 언급하였듯이 어머니로서 자식에 대해서는 대부분 가장적인 권리를 가지고 있었다.

재산권은 여성의 가정 내 지위에 대한 근본을 보여주는 것이지만, 가마쿠라시대 특히 그 전기에는, 봉건사회가 충분히 성장한 후세와 달리, 여성에게도 위에서 기술하였듯이 상당한 권리가 있었다. 재산권에 관련해 여자가 혼자 몸이 되거나 자식이 없을 경우는 양자를 들일 수 있었다. 이것은 고대법에는 없었던 것이다.

하지만 이미 여자는 남자에게 종속되어야 한다는 생각은 초기 무가사회에서도 강하였다. 남편의 중죄에 대해 아내가 같이 연좌하여 처벌받은 것은 그 한 예다. 재산권이 一代로 제한된 것도 여자의 독립을 막고자 한 의도에서였다. 전술에서 아버지 사후에 어머니의 권리가 강해진다고 했지만 그에는 중대한 조건이 따랐다. 그것은 재혼은 허용하지 않는다는 것이었다.

가마쿠라막부의 헌법 '貞永式目(1232년 제정)'에 관해, 그 근본정신을 호조야스토키(北条泰時)는 다음과 같이 말하였다. "이 법규는 '도리'를 적용시킨 것으로'결국 하인은 주인에게 충성하고, 자식은 부모에게 효도하며, 처는 남편을 받들고 따라서, 사람의 왜곡된 마음을 버리고 곧은 마음에 충실하면'곧 세상이 평화롭게 된다."고. 그리고 법규의 법문에서도 남편을 사별한 여자의 재혼을 매우 강렬히 비난하고 '後家(미망인)'은 만사를 버리고 망부의 후세를 기원하는 것이 당연한데, 홀연 정절의 마음을 잊는 것은 비난받아 마땅함에도 불구하고 재혼을 하면, 죽은 남편으로부터 물려받은 재산은 모두 자식에게 돌려줘야 한다고 정해져 있다. 따라서 어머니가 권리를 가지는 것은 재혼하지 않고 집에 머물러 있는 경우에만 해당되었다. 처는 남편과 사별 후는 재혼 따위는 염두에 두지 않고 남편의 명복을 기원하는 결의를 보이기 위해 여승이 되는 경우가 보통이었다.

이러한 것은 무사계급이 발생할 즈음에는 없었지만, 바야흐로 무사사회는 이미 처를 영구히 남편의 소유물로 취급하기에 이르렀던 것이다. 『고지단(古事談)』이라는 가마쿠라 시대의 서책에 총령이 어머니를 '불효' 한다고 하여 추방한다는 이야기가 있다. 그것은 미망인이 된 어머니가 다른 새 남자와 정을 통한 것에 분노했기 때문이다. 이 것은 드문 예이지만 그 정도로 어머니의 권리조차가 허용되지 않고 있음을 잘 나타내고 있다.

남자가 아내 외에 첩을 두는 것도 전대와 마찬가지였다. 그리고 간단히 버리는 예도 많다.

3세기 중엽에 완성된 『쥬쿤쇼(十訓抄)』라는 교훈적인 설화를 모은 책이 있다. 저자는 분명히 쿠게(公家) 계급인 자지만, 그 책에는 여성에 대해서 "처는 위로는 천황에서 아래는 서민에 이르기까지 남편의 마음과 같이 한다"라든가, "여자는 모두 부모의 처분에 따라야 한다."등으로 설교하고 있다. 이러한 사상은 사상의 계통으로서는 유교에 의거하고 있지만, 현실적으로 무가사회에서도 요구되어 왔던 것이다.

무가는 전쟁터를 돌아다니며 所領을 위해 싸움을 하는 자들이므로, 그 점에서도 여자보다 남자가 중시되었다. 『겐페이세이스키(源平盛衰記)』 등에도 무사는 아들을 가져야만 한다는 사상이 나타나 있다. 몽고가 습격해 왔을 당시, 막부는 규슈지방의 고케닌(御家人)에게 법령을 내려, 여자가 양자를 삼는 일을 몽고를 경계하는 동안은 금지시키고 있다.

이러한 것 등은 전사가 될 수 없는 여자를 경시하고 있음을 잘 드러내고 있다. 그리고 이것은 기간을 제한한 법령이지만 이러한 생각은 차츰 일반화되어 갔다.

봉건사회의 성장에 따라 상속법은 점차적으로 분할상속·총령제

(장남 상속제)에서 남자 단독상속으로 옮겨갔다. 14세기 무로마치 시대의 사료(史料)에도 역시 분할상속의 예를 볼 수 있다. 하지만 시대와 함께 점점 분할상속은 없어진다. 예를 들면 안제이국(安芸国)의 코바야카와(小早川) 家의 대대로 물려오는 양도증서가 있는데, 1258년 코바야카와시게히라(小早川茂平)의 양도증서는 총령제 분할상속으로 되어 있다. 그 손자 대 까지는 같으나, 다음 대인 시게카게(重景)부터 그 아들 시게무네(重宗)에게 주는 양도증서(1362년, 무로마치시대 초기)에는 단독상속이 되어 있다. 시게카케는 미래를, 예를 들어 비록 시게무네가이 여러 명의 자식을 낳는다 해도 재능 있는 아들 한사람에게 양도해야 할 것이며, 또한 자손에 이르기까지 한사람에게만 양도해야 함을 정하여 자손은 그것을 지켜갔다.

단독상속이 될 때까지, 여자의 상속은 전혀 인정되지 않았다.

앞에서 예를 들은 이즈모타카토키(出雲孝時)의 남동생에게 준 증서에는 8町의 토지 그 외의 것을 어머니의 요구에 따라 영구히 양도했지만, "단 남자가 없으면 몇 대가 지난 후에라도 총령에게 반납해야 한다."고 명시되어 있다. 여자가 상속에서 제외된 이유는 첫째 여자가 전사로서 부적당하다는 것, 둘째 여자는 결혼하기 때문에 비록 이것을 一代로 제한한다고 해도 역시 부부로 사는 동안은 남편에게 관리되어져 그만큼 한집의 所領이 줄어지는 것을 우려했기 때문일 것이다.

분할상속에서 단독상속으로의 이행은 무엇에 근거하는가. 분할상속에 의해 所領이 잘게 나뉘어져 집안의 세력이 쇠퇴하는 것을 막는다는 것이 단독상속이 되는 직접적인 이유이다. 양도증서에도 所領이 적기 때문에 모든 자식에게 분할할 때는 모두가 힘이 약해지기 때문에 단독상속으로 한다는 이유를 적은 책이 있다.

그러나 분할상속이 점차 재산을 세분화한다는 것은 모든 재산에 적용되는 것은 아니다. 자본주의 사회에서는 분할상속이 보통이다. (일본 旧민법의 가독(家督)상속제는 도쿠가와 시대의 무사상속법이다. 일본도 자본주의로, 나아갔는데 왜 분할상속이 되지 못했던가에 대해서는 나중에 기술하겠다). 자본이라는 재산은 분할되어도 또 다시 늘어난다. 자본주의 이전에도 도쿠가와 시대에도 무사와 농민은 단독상속이었지만, 쵸닌(町人)62) 사회에서는 그 전기에는 남녀 자식에게 분할상속이 행해졌다. 또 직접 생산자가 노예로 소유되어 노예 노동력을 가지는 것이 재산의 근본이 되었던 시대에 있어서도, 분할은 반드시 세분화되지는 않았으며, 노예제 전성시대에 있어서도 분할상속이 이루어 졌다.

분할상속에 의한 세대가 거듭될 때마다 재산이 세분화되어 간 것은 그저 봉건적 재산, 농노 농민을 속박하는 토지에 한해서였다. 토지는 급속히 불릴 수 없었기 때문이다. 그런데 13, 4세기에 노예제의 흔적은 점점 무너져 갔다. 그리고 무사의 근본적인 재산 형태는 토지가 되었다. 이러한 것이 분할상속으로 무사계급이 불이익을 받게 만든 근본 원인이다. 또 노예해방, 농노의 자주성의 증대, 그리고 표리 일체가 된 생산력의 발달, 이러한 것이 반노예적 소토지 소유를 없애고 농노제 대 토지소유를 발달시키고 있었다. 이 역사적 행보에 분할상속은 도저히 따라갈 수 없었던 것이다.

적자단독상속이 되자, 무가처럼 노동생산을 하지 않는 사회에서는 여자와 그 외 상속을 받을 수 없었던 자들은 따로 생활을 이어갈 수

---

62) 일본 중세 도시에 살면서 상공업에 종사한 사람. 시민.

단이 없었으므로, 모든 점에서 가장에게 완전히 종속되지 않을 수 없게 되었다. 이렇게 여자는 재물과 같은 재산적 존재로 되어 버렸던 것이다.

한편으로 봉건사회가 발전함에 따라, 주종관계가 사회질서의 가장 중요한 근본이 되었다. 그것은 이미 '貞永式目'의 법규에도 있듯이 신하의 주군에 대한 충성과, 처의 남편에 대한 복종과, 자식의 부모에 대한 효도가 도덕과 질서의 근본임을 잘 보여주고 있다. 무로마치시대의 소설과 가요 등에는 "친자는 一世, 부부는 二世, 주종(主従)은 三世"라는 속담이 보여 지고 있다. 친자는 현세만의 인연, 부부는 현세에도 내세에도 인연이 있으며, 주종은 전세 현세 내세 이렇게 3세의 인연으로 맺어져 있다는 것이다. 주종의 관계가 가장 중요시됨을 보여주며, 그것은 곧 부부관계에도 영향을 끼쳐 남편은 주인, 처는 하인이라는 식으로 인식되어 갔다 (그것이 훨씬 더 발전한 것이 도쿠가와시대이다). '부부는 2세'라고 하지만 남자에게 있어서 여자는 단지 이용해야 할 것에 지나지 않았다. 당시의 문학에도 이것이 잘 나타나고 있다.63)

남자에게 있어서 여자는 단지 그 정을 이용하는 것일 뿐이라고 한다면, 그것은 곧 남자에게도 인과응보처럼 대 갚음되어 왔다. "7명의 자식을 낳았다 하더라도 여자에게는 방심하지 마라"는 속담이 舞曲인 '景清'에 있다. 자신이 이용한 여자는 다른 사람이 이용할 지도 모르기 때문이라는 까닭에서였다. 무사는 오랫동안 함께한 부인조차도 신용할 수 없게 되었다. 15세기 이후 무사의 영토 쟁탈을 위한 전란시대에는 "죽이고 뺏는 강도는 무사의 수행"이라고 했지만, 자신이 강도라면 타인도 강도가 될 수 있으며, "남자가 집을 나오면 3명의 적

---

63) 쓰다소키치(津田左右吉)「문학에 나타난 우리 국민의 시상의 연구」.

이 있다."라고 했다. 그것과 "여자에게 마음을 주지 마라"라는 것은 무사 사회에 걸 맞는 격언일 것이다.

"여자에게 방심하지 말라"는 전국시대 다이묘들의 법규상에도 확실히 표현되고 있다. 다케다신겐(武田信玄)의 家法에는 "만약 부부가 한곳에 있어도 잠시도 칼을 잊어서는 안 된다."고 하였으며, 와베모토오야(我部元親)의 百箇条에는 "남자가 집을 비우고 여자만 있을 때에는 자토(座頭)64), 상인 등의 남자는 친척일지라도 절대 집에 들어서는 안 되며, 병이 났을 때도 친척 중에서 의논해 대표 한사람만 낮에 잠깐 병문안하는 정도는 인정한다."고 하였다. 이것은 스파이가 맹인이나 상인처럼 행세한 때문이기도 하겠지만, 어쨌든 "여자에게 방심하지 마라"는 법제인 것이다. 이 법은 또, 남자가 집을 비울 때도 여자의 외출도 금지시키고 있다.

전국시대 무사에게는 여자의 인격은 전혀 인정되지 않았다. 다테씨(伊達氏)의 법령에 이런 조항이 있다. 딸을 저당 잡아 돈을 빌리고 부모가 그 돈을 갚지 않았는데 사망했을 경우, 이미 딸이 결혼했다면 "딸의 남편이 빌린 돈을 갚든지 그렇지 않으면 남편이 아비에게 그 딸을 데려가라고 하던지 해"라고 하였다.

전국시대 무사들 사이에서는 딸은 오로지 정략결혼의 도구로 쓰였는데, 그 중 가장 유명한 일화가 오다노부나가(織田信長)의 누이동생 오이치(おいち)의 경우를 들 수 있다. 그녀는 22살 때 오빠인 노부나가(信長)에 의해, 近江의 호족인 아사이나가마사(浅井長政)와 결혼하게 되었다. 그리고 딸 3명과 아들 2명을 낳았다. 그런데 얼마 후 노부나가는 나가마사를 몰락시키고 말았다. 오이치는 남편과 함께 죽

---

64) 안마 등을 업으로 하는 맹인.

으려 했지만, 남편 나가마사가 친정으로 돌아가라고 하여 딸 셋만을 데리고 노부나가의 곁으로 돌아왔다. 그리고 노부나가에게 속아 장남의 처소를 알려주자 노부나가는 그를 죽이고 말았다. 그 후 36살이 된 그녀는 다시 오라비 노부나가에 의해 53세인 시바타카츠이에(柴田勝家)와 결혼하게 되었다. 그러나 1년 후 카츠이에는 도요토미히데요시(豊臣秀吉)에게 몰락당하고 말았다. 그 때 카츠이에는 그녀에게 히데요시에게 가라고 했지만 이번만큼은 그 말을 따르지 않고 남편과 함께 자살하고 세 딸만은 히데요시의 곁으로 보냈다. 그 딸 중 하나가 히데요시의 아내가 된 요도기미(淀君)이다. 무사 층이 어떻게 여자들을 다루었는가를 잘 알 수 있는 대목이다.

이는 전란시대 한 시기만의 일시적인 일이었을까. 아니 그렇지 않았다. 이 전란을 겪은 도쿠가와 무가 사회에 있어서도 여자는 마치 자식을 낳는 도구에 불과했다. 이것이 봉건지배자가 자신의 여자들에게 저질렀던 일이다. 궁중의 귀족계급은, 계급 상으로는 무로마치 말기에 사실상 없어졌다. 가마쿠라시대의 궁중남성들의 성적퇴폐는 전 시대보다 훨씬 심각했지만 여성은 이미 헤이안시대처럼 겉보기의 화려한 아름다움을 잃고 있었다.

가마쿠라시대에 阿仏尼라는 여성이 귀족 자녀를 키우는 심정을 기록한 「메노토노후미(乳母のふみ)」라는 것이 있다. 그것은 "여자는 어떤 일이라도 마음속으로만 생각해야 할 뿐"이며 그 심정을 밖으로 드러내서는 안 된다는 것이다. 그리고 어떻게 사람의 마음에 들 것인가를 적고 있다.

늦어도 무로마치시대 초기에 쓰여 진 것으로 보이는 「메노토소시(めのと草子)」라는 책은, 「乳母のふみ」와 같은 목적으로 쓰였겠지

만 전혀 다른 부분이 있다. "남자를 사모한다는 것은 별다른 것이 아니라 누구든 마음이 끌리지 않으면 안 되는 것이다.", "남들이 말하는 것을 따르면 좋은 일도 있을 것이다. 그러나 모두 나 몰라라 하는 마음이 되는 것 또한 가치 없는 일이다. 어떤 일이든 적당히 남에게 묻고 또 남이 말하는 것도 듣고 하면서 마음속으로 좋고 나쁨을 판별하는 것이 좋다.", "습자(習字)등도 서투르다 하더라도 그 순서를 바꾸지 않는 것이 좋다." 혹은 "대개 좋아하는 마음이 있다면 마음깊이 담아 두는 게 좋다. 아무 생각 없이 이것저것 손만 대고 달성하지 않는 것은 보기 흉하다."

이처럼 자주적이고도 적극적인 태도가 전체적으로 보여 지고 있는 것이다. 메이지(明治) 이전에 이 정도로 뛰어난 부인론은 찾아보기 어렵다.

이 글 속에는 " '히타타래65)' 만드는 법을 배우라"든가, "사무라이(무사)는 말채찍을 손에서 놓는 여유 속에서도, 가미시모66) 한 벌이라도 바느질하지 않는 여자는 없다."라든가 하여, 분명히 무사계급의 여성들에게 필요한 것을 배우라고 전달하고 있으며, 여기저기 주종관계에 대하여 설명하고 있다. 이 역시 무사사회의 유력한 관념이었겠지만, 한편으로는 여러 귀족계급의 의례에 대하여 지적한 부분도 있다. 이에 대해서는 보다 깊이 연구를 해 보고 싶다. 비록 쿠게(公家)계급에 관한 서적이라고 하나, 이것은 하급 公家가 무가계급과 결혼하는 일도 있었을 것이다. 더구나 이것은 여자가 아니면 쓸 수 없는,

---

65) 直垂: 옛날 의복의 하나. 원래는 서민의 평복이었으나 후에 무가의 예복이 된 것으로 소매가 넓고 가슴에 끈이 달려있으며, 입을 때는 아랫단을 하의 속에 집어넣음.
66) 에도시대 무사 예복의 하나. 같은 빛깔의 가타기누(肩衣: 소매 없는 윗도리)와 하카마(袴: 치마와 비슷한 바지) 로 이루어짐.

꼼꼼하게 다룬 여성들의 일에 대한 지혜가 담겨져 있으며, 전체적인 주장이 여성이 쓴 글로 생각된다. 만약 그렇다면 이것은 일본여성의 자각적 역사의 중요한 자료가 되는 것이다.

이 「유모(めのと)·소오시(草子)」의 예의범절 작법부분을 모방하면서도 그 근본정신은 완전히 딴판인 책이 있다. 그것은 무로마치 후기에 쓰여 진 「마음속의 유산(身のかたみ)」이라는 서적이다. 그 책에서 보면 "남자와 마주 앉아 있을 때도, 어제 오늘을 알리는 종소리에도, 제행무상을 알라", 그리고 "여자는 大六天魔王의 권속으로 남자의 불도에 지장을 주기 위하여 여자로 태어난다."라든지, "남자는 三世諸仏의 化現으로 상벌이 바르며, 자비의 마음이 한결같으니 소홀히 해서는 안 된다. 仏보살이 옆에서 받들고 있다고 생각하여야 한다."라고 하였다.

이것은 『온나다이가쿠(女大学)』보다 더한 것이다. 이 책은 이치조 카네라(一条兼良)라는 최고급 귀족이 쓴 것이라는 설이 있지만, 몰락해 간 귀족 여성관의 서글픈 말로를 짐작할 수 있다.

4. 무로마치 · 센코쿠시대의 민중여성의 생활 및
   종교 · 예술

봉건제의 발전은 국민여성을 어떠한 상태로 두었을까. 그녀들이 국민으로서 무사계급으로부터 받은 압박과 투쟁은 본장 1절에서 설명했다. 가마쿠라시대에는 인신매매가 있었다는 것은 앞서 말했지만, 인신매매 시에 우선 팔려 간 것은 여성들이었다. 딸을 저당 잡힌 경우에 대한 다테씨(伊達氏)의 법령을 앞서 예로 들었지만, 그에 의해서도 궁지에 몰린 경우 백성 중에서도 우선 여자가 먼저 희생당한 사실을 알 수 있다.

그러나 민중사회에서는 그 근로생산과 투쟁의 동지로서, 여성은 다른 어떤 계급에 있어서 보다도, 남성에 대한 자주성을 가지고 있었다. 13, 4세기의 민중 여성의 상태를 보여주는 사료는 없지만, 그보다 훗날 봉건제가 한층 진보한 시대에 있어 조차도 민중여성은 더욱 활기에 넘쳐 있었다. 그것은 『교겐(狂言)』에서 엿볼 수 있다. 『狂言』은 15세기의 近畿지방의 민중사회의 산물이다.

「모라이무코(貰い聟)」에서는 농민인 남편이 매일 술만 마시므로 처가 이에 항의하다 이혼을 당했다. 갈 곳이 없었으므로 친정 부모

곁으로 돌아가지만, 부모는 일단 집으로 돌아온 이상 두 번 다시 남편 곁으로 돌아가지 않겠다는 확인을 받은 후 여자를 집으로 들였다. 후에 남편이 방문하였다. 부모는 딸을 돌려보내지 않겠다고 하나 남편은 꼭 데려 가겠다며 고집을 부렸다. 그 때 처가 남편의 옆으로 다가가 앉으며 "아버님 제사 때는 오겠습니다." 부모는 뒤에서 "부모를 밟아 쓰러뜨리고 가거라."하며 분개한다.

『狂言』에서 이혼은 언제나 남자 쪽에서 한다. 여자는 불량한 남자를 용서한다. 민중사회에도 남녀평등은 없다. 그렇지만 여자와 남자는 주종의 관계와는 다르다. 남자는 술에 취한 나머지 이혼한다고 말한 부인에게 취기가 가시고 나서 보면 슬퍼하며 데려오기도 하고 여자 또한 기뻐하며 돌아왔다. 「우치사다(内沙汰)」에서는 남편이 토지문제로 상대 남자 측을 소송 하려하자, 상대남자와 정을 통하고 있던 처는 "올바른 것(理)이 옳지 못한 것(非)이 되는 것이 지금의 현상이다."라하며 무가의 재판을 비판하고, 남편에 대해, 내가 재판관이 될 테니 당신이 소송의 변론을 연습 해 보라며 연습을 시킨다. 이에 남편은 처를 향하여 당신은 소송 상대방인 남자를 편애한다고 화를 내며 처를 의심한다. 부인은 그렇게 의심이 되면 상대방 남자 집에 가겠다고 나가 버린다. 여기서는 처의 적극성을 보여줄 뿐만 아니라, 여성의 현저한 정치적 성장이 드러나 있다.

혹은, 「하나코(花子)」에서는 남편의 간통을 간파하고 남편을 몰아 세우고는 용서를 빌게 하는 일도 있다. 이 역시 남편이 처 외에 다른 여자를 두는 경우를 보여주고 있지만, 무가처럼 그것을 당연한 권리라고는 하지 않고 있다.

이렇게 『狂言』에 나타난 남녀관계를 거론하자면, 여러 가지 있지만, 거기서 결론지을 수 있는 것은 민중들 간에는 건전한 인간애가 끊임없이 넘쳐흐르고 있으며, 여자의 자주성이 짓밟히지는 않고 있다. 사회원리가 가부장권으로 일관되어 있기 때문에 그 건전함은 가끔 깨어지기도 했다는 것일 뿐이다.

『狂言』의 시대보다 조금 후인 전국시대에 민중여성은 어떤 생활을 했을까. 도시의 부유한 상인들이 첩을 거느린 일은 무사 등과 같았다. 그러나 무가의 여성 같지는 않았다. 부인은 남편의 조수로 가끔 남편보다도 유능한 일손으로서, 중요한 지위를 차지했다.

농민 사회에서는 어떠했을까. 농사를 짓는 농민에 대해서는 단지 빈곤한 생활 외에는 여성의 지위를 시사할 만한 사료(史料)는 좀처럼 찾아보기 힘들다. 가난은 가정생활을 파괴한다. 낙태와 막 태어난 아이를 산실에서 죽인다. 후세의 마비키(間引)[67]는 전국시대에도 있었던 것 같다. 기독교 선교사가 그 피로움에서 민중을 구하기 위해, 육아소를 설치한다든지, 신자의 결혼식 땐 반드시 자식의 양육을 소홀히 하지 않겠다는 것을 맹세하도록 하기도 하였다.

16세기 중엽 기독교가 전해지면서 순식간에 九州·中国·近畿의 각 지역에 수많은 신자를 갖게 된 일은 일본여성사에 매우 중요한 의미가 있다. 이에 대해 말하기에 앞서 불교와 여성의 관계를 간단히 보아 두자.

7세기에 불교가 전해 졌지만 그것은 오로지 귀족사회를 위한 것이었고, 그것도 종교라기보다 귀족의 정치적 지배, 그들이 국가를 지키

---

67) 자식이 많아 생활이 어려운 부모가 낙태를 하거나 신생아를 죽이거나 하여 인위적으로 자식을 제한하는 행위.

고 천황 및 귀족을 병이나 재난으로부터 지키기 위해 기원하는 수단
이었다. 奈良시대 '行基'가 처음 민중에게 설교를 했지만 박해를 당했
다. 그리고 민중에게 파고든 불교도, 단지 현세의 불행은 전세의 죄
의 대가라는 것일 뿐, 민중의 내세의 구제조차도 설명하지 못했다. 8
세기말, 천태종과 진언종이 궁중의 각별한 보호 속에서 성행했지만,
그것 역시 귀족 딸의 치통에서부터 크게는 국가지배의 평안까지 기
원에 의해 낫게 한다는 것이, 실제 사회적인 일이었다. 여기서는 교
의로서는 현세의 선행에 의한 내세의 구제, 즉 성불(부처가 되는 것)
이 성행했다. 하지만 이 불교는 귀족여성조차도 여인의 성불은 불가
능하다고 하였다. 여인은 '五障'이라고 하여, 법천 그 외 五種의 부처
는 될 수 없다는 즉, 성불은 불가능하다는 것이다. 앞서 「身のかたみ
(몸의 유산)」에서 인용한 "여인은 다이로쿠텐마오(大六天魔王)의 권
속으로 남자의 불도에 지장을 주기 위하여 여자로 되어 태어난다."라
는 것이 그 이유였을 것이다. 불교는 성욕을 절대적으로 배척한다.
그리고 남자야말로 성의 퇴폐의 근원인데 불교는 -유교도 그렇겠지
만- 그것을 모두 여자 탓으로 돌린다. 여기서 여자에게는 '오장(五
障)'68)이라는 말이 나왔을 것이다.

헤이안시대 중엽부터 죠도슈(浄土宗)가 시작된다. 그것은 타력본원
(他力本願)의 구제를 설명하고, 아비타를 염불해야만 모든 자가 성불
한다고 했다. 호넨(法然)은 그것을 확실히 말하고 있다. 여기에서부
터 여인성불도 가능한 것으로 인식하기 시작했지만, 그것은 하루에
수 만 번이나 염불을 외고 아비타경을 일생동안 10만 권을 읽지 않
으면 왕생할 수 없기 때문에 -이들 숫자는 단순히 많은 양을 나타내
는 것만이 아니라 실제로 끊임없이 염불하고 독경하는 것을 필요로

---

68) 여자가 가지고 있다는 다섯 가지 장애. 그로인해 여자는 범천(梵天), 제석(帝釈),
마왕(魔王), 전륜성왕(転輪聖王), 불신(仏身)이 되지 못한다고 함.

했다- 별로 할 일도 없는 귀족여성으로, 몰락하는 계급을 피할 수
없는, 이제 세상은 끝이라는 부득이한 감정으로 해서, 다만 내세의
구제를 기원하는 인간이 아니라면, 여인성불은 불가능했던 것이다.
그러므로 불교에 의해 구제 받기 위해서는 현세의 생활을 떠나 비구
니 승이 되는 길밖에 없었다.

가마쿠라시대가 시작된 13세기에 신란(親鸞)은 진종(真宗)을 주창
하고, 니치렌(日蓮)은 법화경을 주창하여, 둘 다 '어리석은 남편과 어
리석은 부인(愚夫愚婦)', 백성, 상인, 어부의 여자까지 성불할 수 있
다고 설교했다. 더구나 그것은 여성 독립의 인격을 인정하는 것이 아
니고 여성이 삼종(三従)69)의 미덕을 지키며, 그 위에 염불을 통하여
여러 종파의 신앙을 계속할 때 비로소 성불 할 수 있었던 것이다. 여
기에서 니치렌은 "여인은 예를 들어 등나무와 같고, 남자는 소나무와
같아, 등나무는 소나무를 떠나면 조금도 지탱할 수 없다." 그래서 "여
인은 현세뿐만이 아니라 내세에서도 남편을 따라야 한다."고 까지 말
하고 있다.

가마쿠라시대의 신흥불교도 그 본질은 신흥무사의 종교였고, 여인
성불론은 무사사회에 있어서 여자의 남자로부터의 예속을 구원하지
않았을 뿐만 아니라, 그것을 종교의 권위로 강화시켰던 것이다. 같은
시기 선종(禅宗)을 시작한 도겐(道元)은 이론상으로는 남녀 간에 어
떠한 불평등도 인정하지 않았다. 하지만 선종은 대지주인 무사를 상
대로 했으므로 민중의 구제에 도겐의 남녀 평등관이 실제로 발전되
지는 못했다. 그것은 도겐이라는 천재적인 불교학자가 생각하는 논리
속에만 존재하는 평등관이었다.

---

69) 자식으로서 부모를 따라야 하고, 아내로서 남편을 따라야 하고, 남편이 사망하면
    적자(嫡子)를 따라야 한다.

즉, 불교는 실제로 여성과 남성과의 평등, 그 독립의 인격을 인정하지 않았으며, 내세의 구제에서 조차도 민중여성에 대해서는 충분히 인정하지 않았다. 불교에 의해 여인이 구제 받기 위해서는 매일 근로하며 생산하는 생활을 버리고 종교에 기의하지 않으면 안 되었다. 종교의 입장에서 보면 이러한 상황에 기독교가 들어왔던 것이다.

이 시대에 들어온 기독교 즉 크리스천은 유럽의 중세 봉건사회를 기초로 한 것으로 그 가르침에는 봉건적인 요소도 있었다. 하지만 그 것은 신 앞에서 인간평등을 주장하는 것이었고, 일하면서 남자도 여자도 모두 함께 구원받을 수 있는 것이었다. 여자의 五障이라든가 三從이라는 사상 따위는 기독교에서는 전혀 찾아 볼 수 없었다. 중세 유럽의 기사도정신에 의해 기독교도 여자는 약한 존재라고 인식했지만, 그것은 여자가 남자에 대한 종속의 이유일 뿐만 아니라, 한편으로는 남자는 여자를 보살펴 주어야 한다는 의무를 초래했던 것이다.

1561년 어떤 포르투갈인 선교사가 호고(豊後)에서 예수회로 보낸 편지에 다음과 같은 글이 있다. ─그가 개척한 生月 섬에 있는 교회당은 600명 이상을 수용할 수 있는 넓이지만, 농민들은 일을 시작하기 전 새벽과 일이 끝난 밤 두 차례 모여들었다. 아이들은 낮에 왔다. 많은 사람이 모였기 때문에 교회는 부인만이 자리를 차지하고 남자는 마당에 거적을 깔고 앉았다─ 이에 의하면 좋은 자리는 먼저 여자에게 주어지고 있다. 보통의 경우라면 남자가 교회 내에 자리를 차지하고 여자가 마당에 거적을 깔고 앉게 했겠지만 기독교에서는 그 반대로 부인을 위했던 것이다.

기독교 신자가 여자를 존중하는 예를 보여주는 다음과 같은 이야기가 있다. ─기독교 박해가 심했던 도쿠가와 초기의 일이다─ 하카다(博多)의 기독교 신자 부인 아라키(荒木)스잔나는 나가사키부교(長崎奉行)에게 붙잡혔지만, 어떠한 고문에도 신앙을 버리지 않고 오히려 부교(奉行)에게 "부교는 도리도 모르는 사람으로, 여자에게서 태어났으면서 여자를 괴롭히는 큰 죄를 범하고도 뉘우침이 없다."고 공격했다. 헤이안(平安)말기에 천태종의 스미노리(澄憲)가 여인은 모든 부처의 어머니이기 때문에 남자보다 훌륭하다고 설교한 것과 비슷하지만, 그것은 단지 치장에 지나지 않는다. 이것은 부인 스스로 목숨을 건 외침이었고 크리스천의 여성관이었다.

크리스천은 여자의 정결뿐 아니라 남자의 정조도 엄하게 요구했다. 부부가 서로 영원히 사랑하며 결코 이혼하지 않는 것을 요구하였으며 남자가 첩을 두는 일 등은 절대 금지시켰다. 이 또한 일본의 어떤 종교 종파에도 없는 것이었다. 결혼식은 교회에서 행해졌다. 이것은 신 앞에 평등한 남녀의 신성한 맹세였다.

천주교가 이혼을 금지하는 것은 현대에 있어서는 비판받아야 할 점이다. 하지만 16세기의 일본에서는 그것은 남성의 방자한 행동을 금지한 것이고 여성에게는 큰 복음이었다. 크리스천이 처음으로 일본인에게 남성의 정조를 그리고 일부일처의 순결을 가르쳤다.

더욱이 크리스천은 결혼에 대해 부모가 자식에게 강요하는 것을 금지하였고, 반드시 본인들 간의 사랑을 필요로 했다. 기독교 신자인 민중은 '조(組)'내지 '강(講)'이라는 신도의 신앙 및 생활상 서로 돕기 위한 조직을 가졌는데, 그 하나인 '산타마리아組'의 규칙에는 조직원이 범해서는 안 될 규칙 제 2 · 3 · 6조를 들고 있는데 그 내용은 다음과 같다.

" 2조. 부부의 이혼,
   3조. 아이의 동의 없이 결혼시키는 일,
   6조. 첩을 두는 일"

이것이야말로 불교나 유교는 물론이고 그 외의 어떤 봉건도덕에서
도 생각하지 못한 정반대적 것들뿐이었다. 결혼이 본인 당사자 간의
애정에 따른다는 것은 민중사회에서는 어느 시대에 있어서도 대체로
행해졌던 일이기는 하지만, 봉건제 아래에서는 부모의 권리가 강하여
부모에 의한 강제도 종종 있었던 것이나, 기독교는 그것을 확실히 금
지시키고자 하였다. 또한 이 규칙에는 "낙태와 살인"의 금지, 또 "어
린이를 매매하는 일"에 대한 금지가 있으며, 어린이에 대한 보호를
요구하고 있다(교회에서는 아동에 대한 교육도 열심이었다). 그리고
이 규칙에는 처는 남편을 따라야 한다든가, 자식은 부모에게 효도하
라는 등과 같은 사항은 어디에도 없다.

'조(組)'는 신도의 자립적·민주적 조직이었고, 조장은 민주적으로
선출되었다. 그것은 이 시대 一向宗의 '강(講)'등에서도 시행하였던
것으로 민중 사이에 민주적 단결을 조장하는 것이었다.

교회에서는 집단적인 결혼식을 행하였다. 1557년 부활제 때, 호고
(豊後)의 한 교회에서 그러한 결혼식이 행하여 진 것이나, 그 외에도
예가 있다.70)

이와 같은 종교가 일반민중 사이에서 특히 여성들의 열렬한 신앙
을 얻었던 것은 그야말로 당연한 것이었다. 도쿠가와이에야스(德川家

---

70) 岡田章雄「농민생활과 기독신앙」「생활과 사회」所收), 橫井保平「切支丹과 여
   성」역사교육 12의 3, 참조.

康)의 고문이었던 하야시라잔(林羅山)은 기독교는 일부일처제(一夫一婦)를 설득하므로 愚夫愚婦는 이에 판단을 내리지 못하고 갈팡질팡하게 된다고 매도하고 있지만, 민중을 愚夫愚婦로 폄하하면서 떠들어대어도 그것은 민중의 건전한 남녀관계를 발전시키고, 여성을 남성이 가지고 노는 상대라는 관념으로부터 해방시키는 것이었다. 그런 까닭에 무사사회에서도 기독교는 많은 여성들에게 신앙의 대상이 되었다. 다이묘(大名)인 기독교 신자는 스페인이나 포르투갈과의 무역에서 이익을 얻고자, 혹은 정략상의 겉치례 적인 신앙도 있었지만, 무사계급 여성들의 신앙은 진실로 강한 것이었다. 다이묘의 부인으로서는 호소가와타다노리(細川忠興)의 처 '가라샤(ガラシャ)'의 굳건한 신앙과 정결한 이야기는 유명하다.

기독교가 가르친 것은 민중사회에서는 이제야 비로소 알기 시작한 것이지, 그 때까지 반대적인 일이 행하여졌던 것을 의미하는 것은 아니다. 일부일처제(一夫一婦) 아래 일하는 농민에게 있어서는 사실 첩을 가진다는 것은 있을 수 없었다.

이 시대의 시민농민 여성이 武家도덕과 정면으로부터 대립되는 기독교를 믿을 자유가 있었던 것과 마찬가지로, 그 외 다른 일에서도 여러 가지 자유를 누렸던 것으로 생각한다. 이 시대의 미술을 보면, 일본의 미술사상, 그때까지 없었던 또 그 동안 도쿠가와 시대에도 없었던 자유롭고 느긋한 웅대한 기운이 넘쳐나고 있다. 시중의 풍속을 그린 회화를 보면, 여성도 후세의 우키요에(浮世絵)에 그려진 여자들처럼 한번 보면 알 수 있듯이 퇴폐적인 남성의 향락적 대상으로서만 생각되는 것과 같은 것은 없다.

서민 농민여성이 주저하거나 거리낌 없이 그 정열을 표현할 수 있

었다는 것은 '오쿠니가부키(お国歌舞伎)'에도 잘 드러나 있다. 이는 본래 이즈모다이샤(出雲大社)의 무녀였다고 생각되는 이즈모노오쿠니(出雲のお国)라는 여성이 시작한 것으로, 대화나 小唱을 통하여 노래하면서 그에 맞추어 춤을 추며, 또 창작도 하는 것이다. 마을 광장에 넓은 관람석과 무대를 설치하여 밝고 명랑하게 연주되었다. 오쿠니가부키(お国歌舞伎)는 남장을 하고, 다른 남자 배우는 여장을 하였다. 오쿠니가부키(お国歌舞伎)가 교토에 나타나 일세의 인기를 풍미한 것은, 17세기 초에 도쿠가와가 세키가하라(関が原) 전쟁에서 승리하여 전국의 지배권을 막 쥐었던 시기로, 전국(戦国)시대라고는 할 수 없지만 전국시대 민중들 사이에 널리 퍼진 자유로운 기운을 예술로 표현한 정점적 시기였었기 때문이다.

전국시대는 또한 춤이 대단히 유행하던 시기였다. 풍류무용·염불무용 등 여러 가지 춤을 남자도 여자도 무리를 이루어 집단으로 추었다. 염불무용에서의 창(唱)의 문구는 종교적인 것이었지만 사람들은 그보다는 춤 그 자체를 즐겼다. 풍류 무용은 아름답고 화려한 모습으로 춤추었으며, 저(咀)는 대개 사랑을 그 내용으로 하였다. 여자의 사랑 고백과 여자에 대한 호소와 어긋난 사랑, 잠시 동안의 이별의 아픔 등을 표현한 것이 咀다. 그리고 '야야코오도리(ややこおどり, 갓난아기 춤)'라는 것도 있다. 이것은 '갓난아기' 즉 어린 소녀 아이의 춤이었다. 오쿠니가부키(お国歌舞伎)는 '야야코오도리(ややこおどり)'에서 발달한 것이다. 『嬉遊笑覧』 71)

이러한 집단적인 춤이 자유롭고 밝게 행하여졌던 것 -만주사변 이후 일시적으로 도쿄의 마을 마을에서 도쿄 가락에 맞추어 춤춘 것과 같은 자포자기식과는 다르다- 그야말로 민중의 사회적 산물이었다.

71) 일본근세 무용사.

그리고 거기에서 천재 오쿠니가부키(お国歌舞伎)와 새로운 무대 예술로 발전시켜 갔던 것이다.

기독교와 오쿠니가부키(お国歌舞伎), 그것은 마치 금욕주의와 향락주의라는 정반대적 양극처럼 보인다. 그러나 그것은 금욕주의도 퇴폐도 아니며 여러 자유를 쟁취한 민중의 밝고 건강한 생활과 연결된 것이며, 또한 그것을 더욱 발전시키고자 한 두 개의 마음이 표현된 것이었다. 하지만 민중의 자유가 봉건 지배자에 의해 빼앗긴 것처럼 기독교도 여성 가부키도 금지당하면서 기독교는 비장한 투쟁 속에 무너졌고, 여성은 '산타마리아 組의 규칙'이 아닌, 고닌구미(五人組)와 그 고닌쿠미쵸(五人組帳)의 봉건가족 도덕에 꼼짝없이 묶이게 되었다. 가부키는 대중적인 관람석 연극에서 여자배우가 전혀 등장하지 않는 극장연극이 되었고, 밝고 명랑한 시민의 사랑에서, 어두운 유곽의 사랑이나 봉건적인 주종의 의리가 주가 되는 연극으로 왜곡되어 갔던 것이다.

제5장

봉건제의 완성과 가족제도

1. 에도(江戸)막부·제번(諸藩)의 봉건제 완성

역사란 항상 탄탄대로만은 아닌 것 같다. 16세기에 일본의 국민 혹은 여성이 싸워 쟁취한 독립자유의 싹은 또다시 거대한 봉건영주 의, 그것도 과거보다도 더욱 심한 專制하에 압도되어 버리고 말았다. 1600년 영국에서는 이미 시민계급에 의한 공화(共和)혁명이 일어나 기 약 반세기 전 이었고 일본에서는 1600년(慶長 5년), 세키가하라 (関が原)전투에서 도쿠가와이에야스(德川家康)가 승리하여 에도막부 를 열면서, 전국을 물 샐 틈 없는 봉건지배 체제로 예속시켰다. 여러 다이묘는 도쿠가와막부에 충성을 맹세하고 그 領国의 지배를 보증 받고, 일반무사들은 막부의 하타모토(旗本)[72] 혹은 고케닌(御家人) 이 되었으며, 또 여러 다이묘의 가신(藩士)이 되어 城下에 모였다.

막부의 여러 번(藩)은 농민을 농노로 해서 토지에 묶어두고 그들 을 착취하여 존재하였다. 이미 도요토미헤데요시(豊臣秀吉)가 세력을 얻은 때부터 죽음에 이르기까지 전국 경지에 대해서는 겐치(檢地)가 행해졌다. 겐치(檢地)란 경지의 면적과 인구 및 수확량 등을 조사하 여 영주들이 국민으로부터 얼마만큼의 연공을 거두어들일 것인가를

---

72) 상급의 家臣.

정하는 것이었다. 그때 「一地 一作人」제를 원칙으로 하여, 하나의
경지에는 한 명의 경작인 만을 인정하고, 그것을 혼바큐쇼(本百姓)로
겐치쵸(檢地帳)에 실어, 연공 그 외의 영주에 대한 일체의 부담을 혼
바큐쇼(本百姓)가 부담하도록 했다. 혼바큐쇼(本百姓) 아래에서 일하
는 사람들은 실제적인 경작인 이라 해도 겐치쵸(檢地帳) 이외의 사
람들로, 소위 영주의 안중에도 없는 사람처럼 취급되었다, 그들은 법
제상의 촌민(村民)이 아니었다. 마을의 入會地에서도 그들은 촌민과
동등하게 이용할 수 없었다.

    겐치쵸 이외의 백성은 前代로부터 혼바큐쇼의 노예적 하인으로, 이
들은 주인으로부터 토지를 나누어 받아 경작하고 주인에게 연공을
바치며, 또 主家의 노동에 복종해야 하는 자들이었다. 또 그 일부분
은 대백성의 분가가 본가로부터 토지를 할당받을 때 함께 나누어 받
은 자들도 있었다. 하여튼 그들은 법제상 그 主家 혹은 本家에 예속
되어, 영주에 대해서는 직접적인 어떠한 관계도 갖지 않았다. 하지만
이와 같은 백성의 숫자는 적지 않았다. 마을 주민 대부분은 논밭을
합쳐 1町(60間, 약109미터)전후의 경작지에서 일하는 농민이었다.

    그 가운데 소수의 대지주와 예속농민 ─지주라고 해도 토지의 소유
권은 영주인 다이묘나 막부가 가지고 있었고, 그 지주적 농민도 다른
농민과 마찬가지로 영주의 노예로서, 농노적 농민이 또 다시 그 아래
예속농민을 갖고 있었던 것이다─ 이 존재하는 것에 지나지 않았
다.73)

    농민은 히데요시(秀吉)시대에는 이미 그 마을을 떠나 다른 곳으로
이주하거나, 농업을 그만두고 상공업으로 전환하는 것이 허가되지 않

---

73) 古島敏雄 「근세일본농업의 구조」 참조.

았다. 이것은 곧 일정수의 농민을 토지에 묶어 두지 않으면 영주는 연공을 확실히 거두어들일 수 없었기 때문이다.

마을의 지금까지의 자치조직은 형태는 그대로였지만, 내용 그 자체는 완전히 변해버렸다. 마을에는 쇼야(庄屋, 関西지방에서의 명칭), 혹은 나누시(名主, 주로 관동에서의 명칭)라고 불리는 村長이 있었다. 이는 혼바큐쇼(本百姓) 중에서 선출되어, 영주에게 그 지위를 인정받은 자들이었지만, 이미 15, 6세기에는 마을을 대표하는 사람이 아니었다. 이들은 영주가 국민을 지배하기 위한 최 말단의 역할을 하는 관리들로, 영주를 위해 마을 주민들로부터 연공을 거두어들이고, 마을 사람들을 감독하는 것이었다. 그래도 도쿠가와 시대 초기에는 촌민과 하나 되어 영주의 惡政에 맞서 싸우는 진정으로 촌민을 대표하는 임무를 수행하는 일도 종종 있었다. 그러나 나중에는 형식적인 선거조차도 이루어지지 않아 세습되기에 이르렀다. 소야(庄屋)나 나누시(名主)이외의 소토(組頭어르신, 또는 長百姓이라고도 함) 및 百姓代라고 하는 마을의 관리도 있었다. 이들도 백성의 선거에 의해 선출되었는데 나중에는 사실상 세습되게 되었다.

마을은 전체로서 영주에 대한 부담을 지고 있었다. 年貢을 백성 한 명 한 명에게 부담시키는 것이 아니라, 마을 전체를 단위로 했다. 그것을 마을의 관리가 村民 한 명 한 명에게 나누어 부담하게 하였다. 이 시대의 村은 대개 지금의 大字部落에 해당하는 것으로, 도쿠가와 시대에 연공(年貢)을 거두어들이는 방법이 마치 최근의 전쟁 중에 농민의 공출을 부락단위로 할당하였던 것과 흡사하다. 이렇게 함으로써 마을 주민 전체에 연대 책임을 지도록 하여 영주는 그 착취를 더욱 견고히 했다.

마을에서는 도쿠가와 시대 초기에 더욱이 '고닌쿠미(五人組)'라고 하는 제도가 만들어졌다. 이는 집 근처의 5채를 한 조로 해서 연공을 거두어들이는데 것인데, 조원이 연대책임을 지도록 해 組內에서 범죄자가 나올 경우에는 조원 전체에게 죄를 묻도록 하였다. 조원이 경작지를 버리고 도망을 가거나 할 때는 다른 조원이 도망간 사람의 몫까지 연공을 받치지 않으면 안 되었다. 고닌쿠미는 고닌쿠미쵸(五人組帳)를 만들어 組사람들끼리의 이동이나 그 이외의 일들에 대해서 항상 기록하게 했다. 그리고 고닌쿠미쵸의 첫 머리에는, 막부나 다이묘의 人民에 대한 법령이나, 고닌쿠미쵸의 연대책임에 관한 일, 그 이외의 명령이 쓰여 있어, 조원들은 끊임없이 이러한 것들을 기억하지 않으면 안 되었다.

고닌쿠미쵸를 이웃지간에 서로 돕는 조직이라고 공무원 출신 학자들은 말하지만, 그것은 어디까지나 서로 돕는 조직이 아니라, 연대책임으로 서로를 강제하고 서로를 감시 감독하게 하는 조직이었다. 조내에 범죄자가 있어도 그것을 빨리 밀고하는 자는 연대책임에서 자유로울 수 있었다. 고닌쿠미쵸는 봉건지배의 조직세포라 할 수 있는 것이다. 그 核은 가부장제의 '家'라 하겠는데, 이에 대해서는 뒤에서 언급하기로 한다.

17세기 중엽 무렵에는 막부 領이나 다이묘 領에서도, 전체 인구의 약 80%를 차지하는 농민은 이와 같은 마을제도, 고닌쿠미 제도에 묶여서, '연공상납에 전념하는 마음가짐'을 강요당했다. 이런 가운데 보통 백성은 대개 부부와 자식 5, 6명이 한 가족으로 一町 전후의 논밭을 경작했다. 공업에는 칼·검이나 농기구를 만드는 수공업과 건축이나 건축에 관련된 도구들, 그리고 몇 몇 지방에서는 예를 들면 교토의 니시진(西陣)과 같은 견직물 공업이나 혹은 酒造·製菓 등에 종사하는 독립적인 장인이 있었다. 그러나 인구의 70%를 넘는 농민 경제의 근간은 대체로 자급자족에 의해 이루어졌다. 의류도 농민 스스로가 명주나 마를 재배하여 실을 뽑아 옷감을 만들어 입었다.

이렇게 해서 농민가족은 아침부터 밤까지, 부모에서 그 자식에 이르기까지 대대손손에 걸쳐 혹사당해야 했고, 그 논에서 수확한 쌀의 40%에서 60%의 양을 그 해의 연공으로 영주에게 받쳐야 했다. 그 이외에도 무수히 많은 명목의 雜稅가 있었다. 주요 街道의 마을에서는 막부의 관리나 다이묘의 여행을 위해, 짐을 나르는 인부나 말을 제공하지 않으면 안 되었다. 그 이외 토목공사의 인부로도 동원되었다. 백성을 살수 없도록 그렇다고 죽지도 않도록 年貢을 거두어들이는 것이 정치의 비결이라고 도쿠가와이에야스(德川家康)는 말했다. 또한 백성은 참기름과 같아 짜면 짤수록 더 나오는 법이라고 했다.

1649년(慶安 2년), 막부가 농민에게 선포한 慶安 포고문에는 "백성은 분별이 없고 미래에 대한 생각도 없는 무지한 것들로, 가을이 되면 쌀이나 잡곡을 처자식에게까지 마구 먹게 한다"고 백성을 매도하고, 항상 기근을 생각하여 쌀은 먹지 말고(그것은 연공으로 받치게 했다) 나뭇잎이나 광저기의 잎, 콩잎도 버리지 말고, 거기에 잡곡을 섞어 죽을 만들어 먹도록 하였으며, 아침 일찍 일어나 밤늦게까지 일하여 그저 연공상납에 지장이 없도록 해라, 담배는 영양가도 없고 불조심에도 해가 되니 피우지 마라는 등, 그 이외의 모든 작은 일에까지도 국민의 생활을 통제하는 규율을 정했다. 또 가난한데다가 자식까지 많으면 연공으로 바칠 쌀을 먹어치우게 되니 그럴 경우에는 자식을 빨리 남의 집에 보내어 버려라,

아름다운 부인이라 할지라도 일을 하지 않으면 빨리 이혼하라고도

명했다. 무사의 입장에서 보면 백성은 단지 그들에게 바칠 연공을 생산하는 도구에 지나지 않았기 때문에 부부나, 처자식간의 애정은 그들에게는 별 문제가 되지 않았던 것이다.

국민을 이와 같이 지배하고 착취하기 위해서 국민의 무장을 금지하고, 지배계급인 무사만이 두 자루의 칼을 허리에 차도록 했다. 그들은 비록 아무리 최하위의 무사라 할지라도 백성이나 쵸닌(町人)이 무례하다고 생각되면 칼로 베어버릴 수도 있었다. 즉 칼로 베어버리는 일이 허가되었던 것이다. 그리고 사회는 구석구석까지 신분제도로 얽매여 있었다.

무사와 평민, 이 두개의 근간을 이루는 신분에 차가 있다는 것은, 무사는 칼로 베어버릴 수 있는 일이 허가되고 있음에서도 분명히 드러나듯이, 평민에 대해서는 무한의 절대적 권력을 휘둘렀다. 무사와 평민 사이에는 사용하는 말에서도 완전히 달랐다. 편지 수신인에 사용하는 '도노(殿)'나 '사마(樣)'와 같은 글자를 사용하는데 있어서 신분에 따른 엄격한 차별이 있었다. 의복과 주거에 있어서도 무사와 평민 간에는 완전히 구별되어 있었다. 평민은 소수의 예외를 제외하고는 비단옷을 입는 일도 2층집을 짓는 일도 허가되지 않았다. 死後 비석의 높이나 형태까지 신분에 의한 차별이 존재했다. 이와 같이 평민은 태어나면서부터 평민으로, 무사는 태어날 때부터 무사로, 이것은 前世로부터의 인간의 숙명이었으며, 武家님들 앞에서는 절대로 고개를 들어서는 안 된다고 하는 노예정신이 뿌리박히도록 강요당했다.

이 무사와 평민이라고 하는 기본신분을 지키기 위해서, 같은 평민이라 할지라도 직업에 따라 농·공·상이라는 3계급의 신분을 두었다. 그렇지만 이 3계급의 세계에서는 실제로 상하의 구별이 있었던 것은 아니다. 다만 무사는 농노·농민의 착취를 근간으로 하고 있기 때문에 農을 제일 소중히 하고 工은 무사를 위한 기구를 제작하기 때문에 그 다음으로 하고, 商은 아무것도 생산하지 않으면서 이익을 얻기 때문에 그만큼 무사의 수익전체가 줄어들게 되니, 商을 무사는 제일 미천한 것으로 생각했다. 工과 商은 대개 쵸(町)에 사니까 쵸닌 이라고 일컬어졌다. 그리고 농민과 쵸닌간의 결혼이나 그 이외의 모든 신분의 변동을 가져올 만한 일은 원칙적으로 금지되어 있었다.

農·工·商 각각의 내부에 있어서도, 세세한 신분격식이 만들어졌다. 名主農·組頭 등 마을의 관리와 本百姓(平百姓)과 「小前」 (소작인·농업노동자)등 3개의 신분이 있었다. 소작인 중에는 처음부터 檢地帳이외의 백성이었던 경우 이외에도, 16세기 무렵부터는 본래 本百姓이였으나 몰락해서 부농의 소작인이 되는 경우의 사람들도 점점 생겨났다. 이들은 신분상으로는 平百姓이기는 하나, 또 '小前', '수탄(水呑)'으로서 백성보다는 한 단계 아래인 한 사람들로, 村民으로서의 공민권(公民權)을 갖지 않는 사람들로 취급되었다. 쵸닌이라도 자신의 가옥을 갖는 사람과, 남의 집에 세를 들어 사는 사람과는 여러 가지로 신분상의 차별이 있었다.

평민 아래에는 '천민'이나 '비닌(非人)'이라 불리는 사람들도 있었다. 이들은 고대 노예의 자손들로 소나 말의 도살이나 가죽의 세공에 종사했던 사람 혹은 평민에서 몰락한 사람들이었다. 말이나 소와 관계된 직업에 종사하는 사람들이 지배계급으로부터 특별히 천시 받은 것은 나라(奈良)시대부터의 일이었다. 이들은 마치 인간 이외의 사람과 같이 하나의 신분으로 고정되어 특별한 장소에서 그들만의 부락을 만들어 생활했다. 이들을 사회 전체로부터 공간적으로도 차별한 것은 16세기의 다이묘制가 생겨나기 시작할 무렵부터이다.74)

차별초기에는 무사들에게 중요한 말의 안장이나 갑옷을 만드는데
쓰이는 가죽을 가공하는 일에 종사한 사람들로 때로는 중시되기도
하였다. 그러나 봉건제도가 완성된 도쿠가와 시대에는 차별구조가 확
립되었다.

계급지배가 행해지고 있었던 곳에서는 어떤 형태로든 이와 같은
제도가 만들어진다. 예를 들면, '민주적'이라고 하는 미국에서 조차도
흑인들을 특별히 경멸하며 때로는 말로는 표현할 수 없을 만큼 잔혹
한 박해를 가하기도 한다. 이는 지배당하고 착취 받는 계급에게 자신
들보다도 더욱 더 아래의 핍박대상을 갖게 함으로써, 지배당하는 사
람들이 가질 수 있는 지배자에 대한 불만을 피하기 위하여 이와 같
은 특별한 정책이 지배계급에 의해서 만들어졌던 것이다. 남편은 부
인을 꾸짖고, 그 부인은 하녀에게 분풀이를 하고, 그 하녀는 다시 고
양이에게 발길질을 해대는 것으로, 어느 정도의 위안을 삼는다고 하
는 것은 웃어넘길 이야기이지만, 이는 고양이가 아닌 훌륭한 인간,
그것도 무사나 자본가와 그 이상의 귀중한 인격을 가진 사람을, 압박
을 받고 있었던 국민을 분풀이의 대상으로써 특별히 차별하고자 했
던 것이다. 사회경제상의 계급지배가 법제상의 신분제도로 용인되던
완성기의 봉건사회에서는 특히 이 같은 차별은 노골적이었다.

평민에게 이 같은 신분차별을 만든 무사계급 자신들에게 있어서도
이와 같은 원칙은 적용되었다. 將軍·大名·藩士는 모두가 태어나면
서부터 將軍·大名·藩士이고, 그 신분이나 가문, 격식은 절대로 움
직일 수 없었다. 13代 將軍 家定은 아마도 선천성 매독에 의한 저능
으로 신체도 허약하여 조금은 大正 天皇과도 닮은 곳이 있었지만, 그
래도 장군가에서 태어났기 때문에 천하를 지배하는 장군이 될 수 있

---

74) 前揭「중세에 있어서 도시의 연구」.

었다. 최하위급 무사의 자식은 영원히 최하위적 신분의 무사였던 것
이다. 무사의 신분등급은 모든 藩에서 16, 7계급에서 20계급 정도까
지 있었다. 大名이라도 복잡한 문벌·격식의 상하가 정해져 있었다.
왜 이 같은 신분등급이 행해졌는가 하면 그 이유는 간단하다. 무사는
자자손손 대대로 무사신분으로 세습되면서 농민·쵸닌 신분의 국민
을 지배·착취해야 한다. 모든 것을 선조대에서 정해진 대로 행하지
않으면 안 되었다. 따라서 무사 계급내부의 신분·가문도 고정시켜야
했다.

이와 같은 사회관계를 유지하기 위해서는 생산의 새로운 발전이
있어서도 안 되며, 생산 그 자체도 질적으로나 양적으로 선조 대대로
행하여 온 그대로의 단순한 재생산이 아니면 안 되었다. 자급자족의
소농민 경제는 봉건사회의 근본이었다. 그 위에 五人組, 村, 藩, 그리
고 일본전체가 성립되었던 것이다. 이들 마을은 다른 마을과는 교류
가 없는 자급자족하는 마을이었고, 藩은 또 藩나름으로 다른 藩과의
자유로운 교통을 인정하지 않았다. 이와 같이 일본 전체적인 쇄국은
완성된 봉건국가에서는 피할 수 없는 것이었다.

대륙의 청조(淸朝)에서도, 한반도의 조선에서도, 봉건국가는 모두
쇄국이었다. 일본의 쇄국에 대한 직접적인 동기나 원인에는 여러 가
지가 있겠지만, 그 근본 원인은 앞에서도 언급한 바와 같이 자급자족
의 봉건경제를 지키려고 하는 데에 있었다. 국제무역의 이익은 히데
요시(秀吉)나 이에야스(家康)에게도 필요했다. 그러나 그들의 지배권
이 강화되자, 그것은 오히려 방해가 되었다. 국제통상이 국내의 상공
업 계급과 그들의 부를 강화시켜서는 곤란했기 때문이다. 그래서 국
제통상을 통제하고, 그 이익을 자신들만이 취하고자 고심하였다. 그
렇지만 그들의 뜻대로 만은 되지 않았다. 어쩔 수 없이 통제를 강화

하고, 무역을 점점 축소시켜 나갔다. 그 끝이 결국은 쇄국이었던 것이다.

특히 외국과의 교류에서 새로운 생산과 함께 새로운 사상이 들어오게 되면서, 지배계급은 곤란에 처하게 되었다. 앞장에서도 언급한 바와 같이 기독교는 무가지배의 원칙과는 정면으로 충돌했다. 이는 비록 무역에서 얻는 이익을 포기한다 할지라도 기독교의 숨통을 완전히 끊어 놓지 않으면 안 되는 것을 의미했다. 히데요시시대에서부터 박해가 시작되어, 도쿠가와시대 초기에는 그 박해가 절정에 달하였다. 여성이 이러한 박해에 맞서서 얼마나 용감히 싸웠는지 그 實例는 무수히 많지만, 지금 여기서 그 예를 들 필요는 없을 것이다.

신앙의 자유를 수호하고 봉건착취에 반대하여, 1637년 10월, 시마바라(島原)·아마쿠사(天草)의 국민들은 기독교 교도뿐 아니라 불교 신자, 그리고 남녀노소를 불문한 5만4천 명이 일제히 무기를 들고 봉기했다. 그러나 국민은 만천하의 大軍을 상대로, 더구나 무사계급은 네덜란드에 의탁해 뛰어난 성능의 대포를 사용하여 해상으로부터 국민의 군대를 공격하였기 때문에, 결국 반년 가까운 분전 끝에 국민군은 전멸 당하고 말았다. 무사는 기독교 교도들이 외국인의 손발이 되어 나라를 팔아먹는다고 하는 유언비어를 퍼트렸지만, 사실은 그들 자신이 자유 국민에 대한 착취와 지배를 지켜내기 위해 외국인에게 자유 국민을 죽이도록 부탁한 것이었다. 현재 일본의 자본가나 정부 공무원들도 마찬가지라 할 수 있다. 지배계급에게 있어 애국심이라는 것은 아직 요원한 것이었다. 단지 애국심처럼 보이는 것은 그들의 착취와 지배에 대한 애정에 지나지 않았다.

13세기 몽고가 쳐들어 왔을 때 무사의 태도도 그러했다. 九州·四

国・中国 근처의 무사는 자신의 영지가 위험에 처할 경우에는 몽고에 맞서 싸우는데 열심이었으나, 近畿지방의 관동 무사들은 이런 대사변에도 전혀 동요하는 일이 없었다. 그리고 몽고군에 맞서 싸운 무사들은 전후의 포상문제를 둘러싸고 서로 싸우기까지 했다. 보상을 바라는 애국심, 이와 같은 것이 애국심이라고 한다면, 이 애국심 또한 얼마나 하찮은 것인가.

시마바라(島原)국민의 패배, 이것은 기독교인 한사람의 패배가 아닌, 전국민의 패배 즉 봉건지배의 전면적인 승리를 의미했다. 그 전란 후, 막부는 쇄국령을 내리고, 곧 바로 그 慶安포고문을 선포하여 봉건지배체제를 완성시켰다

물론 그 지배는 많은 모순으로 가득 찬 것이었다. 상업 내지 상품경제의 상당한 발전이 있어야 비로소 막부의 전국적 지배가 가능한 것이다. 또 막부는 지배를 강화하기 위해서 諸다이묘의 산킨코타이(參勤交代)[75]제도를 만들어 정하기도 했지만, 이것은 교통로의 발달이나 상업유통의 발달이 없으면 불가능하였다. 단순한 재생산만으로 이루어지는 농업, 이 역시 가능한 일이 아니었을 뿐 아니라, 그렇게 되면 금방 막부나 諸藩도 재정난에 빠지고 말았다. 따라서 새로운 논의 개발, 내지는 농업기술의 발달, 혹은 견직물, 絹糸布 등의 수공업의 장려, 옻, 種油, 설탕 등을 상품으로 판매하기 위한 농산물의 장려, 한마디로 말해 소위 식산흥업(殖産興業) 정책을 취하지 않으면 그 재정을 유지할 수 없게 되었던 것이다. 이 같은 사실은 옛날 방식 그대로의 농업・농민생활을 계속할 수 없게 만들었다. 도매업자나 상인은 발달해 가면서 부를 쌓아, 부농과 빈농으로 분화되어 가는 것을 막을 수 없었다. 무사계급은 농민에 대한 착취를 한층 강화할 수밖에

---

75) 江戸시대에 大名들이 幕府에 1년 간격으로 출사하던 제도.

없었는데 이는 농민의 거대한 저항과 부딪치게 된다. 발달하는 생산력은 농민들에게 村里를 넘어 단결을 유도하여 혁명적인 큰일을 추진할 수 있도록 했다.

도쿠가와 시대 300년간이 바람에도 흔들리지 않는 나뭇잎처럼 천하태평처럼 보인 것은 그저 표면적인 것일 뿐, 그 아래에서는 심한 모순과 대립과 투쟁이 소용돌이치고 있었다. 봉건제도의 완성은 결국 그 몰락의 시작을 의미하기도 했다. 그 봉건전제를 유지하는 하나의 지주로서, 엄격한 가부장의 專制 가족 제도가 만들어져 여성의 남성에게로의 전무후무한 예속이 강제되었다. 이에 역행해서 민중 속에서는 새로운 가족제도와 여성의 지위향상이 싹트게 되었던 것이다.

2. 무사의 가족제도와 여성관

봉건제가 완성된 도쿠가와시대의 무사는 어느 면으로 보나 이미 생산자가 아님은 물론, 농업의 경영자도 아니었다. 그들은 주군에게서 봉록으로서의 일정의 토지와 그 토지를 경작할 농민과 함께 하사받아서, 그 농민을 착취하였다. 그리고 주군으로부터 봉록을 받는 대신에 주군에 대하여 충의를 다하고, 그 領国의 지배를 지키기 위해 군인으로 종사, 주군의 일꾼으로서 행정에 종사하며, 그 이외의 의무도 져야 했다. 그리고 앞에서 자세히 언급한 바와 같이, 전 무사계급이 국민을 농노의 신분으로 영원히 묶어두기 위해, 무사 자신들의 봉록이나 지위도 모두 선조 대대로 '가문'에 의해 결정되도록 했다. 그리고 집안을 대표하는 것은 남자로 한정되고 있었다. 여자는 이미 봉록에 대해서는 아무런 권리도 없었으며, 남자의 단독 상속제는 움직일 수 없는 사실이었다.

봉건적 질서는 여전히 안정되지 못하였으며, 무사들 간에 서로 '칼로 찌르고 빼앗는 강도짓은 무사의 관습'이라 하여, 타인의 領国에 들어가 칼로 베고 빼앗고 강도짓을 일삼던 전국시대에는, 남자의 단독상속이라고 해도 반드시 장자의 상속은 아니었다. 자식 중에서 실력 있는 자가 상속을 하도록 되어 있었다. 하지만 바야흐로 영지 쟁탈전이 끝나, 사회전체가 엄격한 가문이나 신분제 위에서 질서를 잡게 되자 남자 長子에게의 단독 상속제가 시작 실시되었다.

신분제도의 관념은 모든 방면에서의 귀천, 상하의 구별을 짓는다. 사·공·상 천민의 구별은 말할 것도 없고, 스승과 제자도 주종관계와 같았으며, 상점에서도 반또(番頭, 지배인), 데다이(手代, 종업원), 데찌(견습공) 등 3개의 신분이 생겨났다. 같은 점원이라도 선배와 후배 간에는 신분적 차별이 있었다. 사람이 두 명 이상 모이면 언제나 신분의 상하 구별은 생긴다. 가문이라든지 사회적 지위 등으로 차별 짓는 것이 불가능하면, 나이 차이로 구별을 하였다. 一家에서도 부모와 자식은 임금과 신하와 마찬가지로 신분 차별이 있었고, 형제자매 지간에도 형과 동생 언니와 누이동생을 長幼의 질서로 차별 지웠다. 이와 같이 장자는 상속에 있어서 절대적으로 우선권을 갖는 자였다.

장남 혼자서 집안의 봉록을 상속하여 집안을 대표하는 것을 장자의 가독상속(家督相続)이라고 한다. 그리고 무사계급에게는 家禄 이외의 재산은 없었다. 가구나 刀劍 등 그 이외의 動産이라고 할 만한 것이 어느 정도 있는 것은 당연하겠지만, 그것은 재산이라고 할 만한 것들이 아니고, 그 중에서 특히 가치 있는 것들은 이 또한 집안의 보물로써 가장이 장자에게 물려주었다. 따라서 무가의 가족 가운데 장남 이하의 남자 및 모든 여자에게는 전혀 재산이 없었다고 할 수 있다.

즉, 평생 가장의 신세를 지지 않으면 안 되었기 때문에 장남 이 외는 장남이 집안의 봉록을 상속받은 후에는 귀찮은 존재들로 여기게 되었다. 그들은 분가하는데 있어서도 자유가 없었다. 고급 무사들은

사실상 봉록의 수입 중에서 어느 정도를 차남들에게 나누어주고 분
가를 시킬 수도 있었지만, 어디까지나 本家의 가장의 통제 하에 있었
다. 다이묘이라 할지라도 그 일족에게 사실상 영지의 일부분을 나누
어주고 분가시킨다고 해도, 이는 막부에게서 공식적인 독립된 일가로
인정받을 수 없는 비밀이었다.

　무사사회에서 모든 사람은 가문을 떠나서는, 좀 더 엄밀히 말하자
면 가문의 봉록 없이는 존재할 수 없었다. 무사가 문벌을 중시하거나
조상을 공경하는 것은 사실 가문의 봉록을 귀히 여기기 때문이었다.
그러므로 예를 들면 아버지가 百石의 봉록을 받고 있을 때 자식이
공을 세워 새로이 주군으로부터 百五十石의 봉록을 받게 된다면, 그
자식은 아버지가 돌아가신 후에 아버지의 대를 잇지 않고 새로운 一
家를 창립했다. 왜냐하면 아버지의 대를 이으면 봉록을 백 석밖에 받
을 수 없었기 때문이다.76) 조상숭배의 미풍이나 가족주의라고 하는
것도 내실은 이와 같은 저급한 물질주의에 바탕을 두고 있었다.

　그 봉록은 주군으로부터 받는 것이었다. 따라서 신하는 그 주군에
의지해서만 살아 갈 수 있었다. 戦国時代에는 주군의 지위 그 자체가
신하인 무사들의 용기나 재능에 달려 있었다고 하는 것은 누가 보더
라도 지극히 명백한 사실이었으므로, 주군에 의지하지 않고서도 실력
있는 무사는 살아갈 수 있다는 생각을 하기도 했다. 즉 자신의 창끝
의 공명으로 살아가고자 하는 생각도 있었던 것이다. 그렇지만 도쿠
가와 시대에는 그럴 수 없었다. 주군을 떠나「로닌(浪人)」으로는 편
히 살아 갈 수 가 없었기 때문인데, 여기서 주군의 은혜라는 것은 무
사에게 있어서는 자연법칙과도 같은 것이었기 때문이다. 신하의 주군
에 대한 절대적 복종, 무한의 충성이 무사사회에 있어서는 최고의 원

---

76) 中田薫「法制史論集」第一巻.

리인 것이다.(그 근저에는 농노가 영주에게 절대적으로 복종하지 않으면 안 된다고 하는 봉건지배의 원칙이 있었다).

그 군신의 관계는 곧바로 가문에 있어서 가장과 가족의 관계로 옮아간다. 군주가 신하에 대해서 무한의 전제권력을 가짐과 동시에 가장은 가족에 대해서 절대의 전제권력을 가졌다. 家長은 봉록을 물려받음으로써 가족전체에 대한 군주(봉록을 보장해 주는 것)및 조상(봉록의 대를 잇는 것)의 양쪽을 대표하게 되고, 군주의 권력과 권위 그리고 조상혼의 권위까지를 함께 갖게 되는 것이었다.

이와 같이 가장인 아버지는 하늘이고, 임금이며 조상의 신령이었다. 가족은 가장의 은혜로 살아갈 수 있는 부하였던 것이다. 아버지는 자식과 의절하거나 때로는 죽일 수도 있었다. 아버지의 대를 이을 미래의 가장인 장남만이 중시되면서 그 이하의 남자형제들은 귀찮은 존재들로 푸대접받았다. 그렇지만 그들도 남자였으므로 양자로 간다든지, 혹은 형이 빨리 죽는다든지 하여 가장이 되는 경우도 있었다. 즉 그들 남성은 가장의 예비군으로서, 또 무사로서 공을 세울 기회가 있을지도 모르기 때문에 어느 정도는 인간다운 대접을 받기도 했다.

그런데 여자는 절대로 가장이 될 수 없었고, 봉록을 물려받을 수도 없었다.[77] 따라서 무사의 눈으로 보면 여자는 인간이 아니며 가족도 아니었다. 막부의 법으로는 하타모토(旗本)[78]들은 남자가 태어날 때는 반드시 막부에 신고를 하였으며, 출생 후 곧바로 신고를 하지 않으면 나중에 죠부토도케(丈夫届)[79]를 해 두지 않으면 안 되었

---

77) 將軍이나 大名의 궁정에서 일하던 官女들은 어느 정도봉급을 받았지만, 이는 아주 특수한 예외였다.
78) 江戶시대 장군직속의 무사로서 봉록 만 석 미만 오백 석 이상으로 장군을 배알할 자격이 있는 사람.

다. 그러나 여자는 이와 같은 신고가 필요 없었다. 여자는 가족원도
아니었다.

　"녹여(緣女)라고 해서 딸에게 데릴사위를 들이는 것은 온당한 일이
지만, 여자는 혈족이 아니라는 사실은 익히 성현(聖賢)의 가르침이시
니, 따라서 혈통이 끊기는 것이 두렵다면 자신의 딸은 다른 인연을
찾게 하고 동성의 양자를 구해야 할 것이다." 이것은 18세기후반 大
商人家의 가훈이 기록되어 있는 가직요도(家職要道)라고 하는 책에
서 인용한 것으로, 무가의 여성관이나 가족관이, 죠닌들에게도 영향
을 주었음을 알 수 있다. 봉록이 모든 것이었던 무가에서는 봉록을
물려받을 수 없는 딸이 집안의 혈통에 들어가지 못하는 것은 당연한
일이었을 것이다.

　그럼 혈통도 인정받을 수 없는 무가의 여성은 어떤 존재이었을까.
여자는 아기를 낳는 도구이자, 남편의 아이를 양육하는 유모였다. 단
지 그것 뿐이었다. '배는 빌려 쓰는 것' 이라고까지 할 정도였다. 봉
건영주의 모범이라 일컬어지는 '名君'인 우에스기타카야마(上杉鷹山)
는 자신의 손녀가 결혼 할 때 "남자가 부인을 맞이하는 것은 대를 이
을 자식을 낳기 위함이니, 남편이 첩을 몇 명을 거느리든 간에 결코
질투를 해서는 안 된다. 오로지 대를 이을 자식을 많이 두게 하는 방
법만을 바라며 자신보다 좋은 여자가 있으면 그 여자를 남편에게 권
하는 것이 부인된 사람의 도리다"라고 훈계했다.

　따라서 일부다처제는 무사에게는 부끄러운 일 이기는커녕 최고의
가족 도덕이었다. "첩 없이는 가당치도 않다"라고 오규소라이(荻生徂

---

79) 건강하게 자랄지 어떨지 모르기 때문에 신고하지 않았는데 건강하게 자랐기 때문
　에 신고한다는 형태의 문서.

徠)는 말했으며, 도쿠가와이에야스(德川家康)의 遺法으로 전해지고 있는 '성헌백개조(成憲百箇条)'에는 "천자(天子)에게는 12명의 비(妃)를, 제후에게는 8명의 빈(嬪)을, 대부(大夫)에게는 5명의 장(嬙)을, 선비에게는 2명의 첩을, 그 이하는 필부(匹夫)이니라"라 하여, 그 신분에 따라 첩의 수가 정해져 있었으며, 본처와 첩 간에 대우를 달리하는 법을 여러 가지로 정하고 있다. 이는 실제 법률은 아니었지만 이러한 관념이, 이에야스의 신성한 권위[80])에 의해서 지켜졌다. 본처와 첩 간에는 '군신(君臣)의 신분'이라는 신분의 구별이 있었다. 첩은 '첩봉공(妾奉公)'으로 성적노동으로 간주되었지만, 실제로 본처와 첩의 권리에 차이가 있었던 것은 아니었다. 첩에게도 간통죄가 있었으며, 첩의 자식이라 할지라도 남자라면 본처 자식의 여자보다는 우선해서 상속권이 있었다. 이는 旧민법에서도 마찬가지이다.

11대 장군 家斉의 女官은 40명으로, 그 중 16명이 낳은 자녀가 모두 55명이었다. 무사히 성인으로 성장한 사람은 그 반수에도 미치지 못하는 25명으로 30명은 어려서 죽었다. 정말 금수와도 같은 성관계를 말해주는 것이다. 그러나 무사는 일부일처제야 말로 짐승과도 같은 것이라 한다. 맹렬한 양이론자(攘夷論者)인 미토(水戸)의 아이자와마사시(会沢正志)는 말하기를 "서양인은 짐승과 같다. 왜냐하면 그들은 일부일처제로 부인이 자식을 낳지 못해 대를 이을 자식이 없게 되어도 첩을 두지 않기 때문이다"라 하였다.

'가문'을 위한다는 명분 아래서는 무사들은 어떠한 일도 마다하지 않았다. 12대장군 히데타다(秀忠)는 본처 외에도 여러 명의 첩을 두었다. 그 첩들이 임신을 하면 모두 낙태시켜 버렸다. 배가 다른 자식이 많아 후에 가문에 혼란을 초래할 수 있는 근원을 막기 위함이었

---

80) 그는 신군(神君)또는 신조(神祖)라고 하여, 東照権現이라는 신이었다.

다.

봉건적인 '忠'과 '가문'의 질서를 지킨 다이묘도 여러 명의 첩을 두
었다. 그리고 그 첩이 임신을 하게 되면 자신에게 자식이 생길 경우
형의 자식이 대를 잇도록 하는데 어려움이 있다는 이유로 모두를 낙
태시켜 버렸다. 대를 잇기 위해 첩을 두었는가 하면, 가문을 위해서
는 첩의 자식을 낙태시키는 등 구실이란 얼마든지 만들 수 있는 것
이었다. 그런데 또 이런 일도 있었다. 어떤 하다모토(旗本)가 대를
이을 자식을 얻기 위해 첩을 두었다. 다행히도 남자아기가 태어났다.
그런데 그 하다모토는 첩이 살아 있으면 가문에 혼란을 가져올 수도
있을 것이라 생각해 그 첩을 죽였다. 이것을 무사계급에서는 정말로
남자다운 행동이라고 칭송했다고 한다. 다이묘의 수필집 「甲子夜話」
에 나오는 이야기이다.

이 책의 마지막 이야기에는 '배는 빌려 쓰는 것'이라는 생각을 더
욱 노골적으로 드러내고 있다. 아니 빌리는 것조차도 아닌 도구에 지
나지 않았다. 빌리는 것이라면 주인에게 되돌려 주지 않으면 안 되겠
지만, 여성은 생명까지도 소유 당하는 것이었다. 남자가 없으면 집안
의 봉록을 물려받을 사람이 없어지므로 따라서 가문이 멸망하게 된
다는 무사들에게는 분명히 일부다처제는 필요한 것이었다. 그러나 이
것은 히데타다(秀忠) 등의 모든 무사들이 여색을 탐하는 구실이 되
기도 하였다. 결국에 가서는 여자는 자식을 낳는 도구조차도 아닌,
남자의 비인간적인 성욕의 대상이 되어 버리고 말았던 것이다.

무가의 여성에게 인격이란 존재하지 않았다. 여자는 어린 시절에는
아버지 밑에서, 성장하면 결혼해서, 아니 결혼해서라기보다는 다른
집안의 자식을 낳기 위해 보내어져 남편 밑에서, 그리고 남편이 죽으

면 장남의 家禄에 의지해 살아갔다. 따라서 '三從'이라고 하는 것은 이 시대 무가의 여성들에게는 보다 현실적 문제로서 나라(奈良)시대와 같이 법률의 문서나 혹은 도덕적 요구에 그치는 것이 아니었던 것이다. "여자는 별도의 주군을 갖지 않고, 남편을 주군으로 생각하라."는 『온나다이가쿠(女大学)』의 도덕도 단순한 유교사상에 그치는 것이 아니라 실제적으로도 남편은 주군이었던 것이다.

따라서 또 여자아이를 키울 때 여자아이가 한 명의 인간으로 성장하는 것은 무사들에게는 생각할 수조차 없는 일이었다. 도쿠가와이에야스(德川家康)의 교훈으로 전해지는 말에, "여자아이는 인형놀이를 시키고, 婚姻을 배우도록 하며, 남자아이에게는 軍事를 배우도록 해라"라고 하였는데(『玉音妙』), 소녀시절부터 다른 사람의 아내가 되는 것만을 생각하도록 길러졌다. "여자아이의 나이가 7세를 지나면, 매사 온화하고 우아하게 또 평상시의 놀이에서도 여성스러운 것만을 하게하고, 햇볕을 쬐지 않도록 하며, 비에 젖지 않도록 하며, 남자아이를 놀이 상대로 하지 마라"고 하는 것이 여자아이의 양육법이었다.

위의 글은 19세기 중반 무렵, 도쿠가와막부 말기에 구미제국과의 통상이 다시 재개되었을 때, 근대서양의 병학자(兵学者)로서 뛰어나며, 정치적으로도 상당히 근대적 식견을 갖고 있었던 사쿠마쇼잔(佐久間象山)의 『죠시쿤(女子訓)』에서 인용한 것으로, 사쿠마(佐久間)조차도 이와 같았던 것이다. 도쿠가와시대의 죠쿤쇼(女訓書)에 대해서는 내가 본 것만으로도 30종 이상이 있으며, 거의 모두가 위에 기술한 내용과 마찬가지였다.

무사계급 처녀들의 사랑에 대한 이야기라고는 없다. 그녀들은 집안에 갇혀 비에도 젖지 않고, 햇볕에 쪼이는 일도 없이, 『죠시쿤(女子

訓)』이나 '女誠'등을 암송하고, 잘 하면 『겐지모노가타리(源氏物語)』등을 배웠으며,81) 예의범절, 즉 노예로서의 정신을 언어 행동적 형식으로 나타난 것을 배웠던 것이다. 사랑할 기회도 없었다. 그리고 부모가 정한 혼처에 본인의 의사를 묻는 일조차도 거의 없이, 묻는다고 해도 싫다고 거부할 수 없는 상태로, 만나 본 적도 없는 남자에게 한 집안의 며느리로 보내졌던 것이다. 우에스기타카야마(上杉鷹山)도 이렇게 다른 집으로 보내어진 여자가, 시아버지 시어머니의 마음에 들기란 그리 쉬운 일이 아니라고 동정은 하고 있지만, 그 쉽지 않은 일을 끝까지 참고 견디지 않으면 안 되는 것이 武家의 여성들이었다.

그런데 결혼해도 다이묘(大名)의 처(妻)는 거의 반 정도는 과부와 마찬가지였다. 왜냐하면 그녀들은 막부에 대한 인질로서 에도(江戶)의 저택에 살도록 하였으며, 남편인 다이묘는 산킨코타이(參勤交代)라고 하여 1년은 에도에서, 1년은 영지를 오가며 생활하도록 했기 때문에, 항상 남편과 같은 지붕 아래에서 지내는 것은 불가능했다. 보통의 무사라 해도, 에도에서 근무하기도 하고 領地에 내려가 근무하기도 했기 때문에 본처도 에도 혹은 영지에 살기는 해도 부부동거는 결혼 기간의 반 정도에 해당하는 기간이었으며, 더구나 남자들은 가는 곳마다 첩을 두었던 것이다.

부부의 재산제도는 남편이 전권을 쥐었다. 여자가 시집 올 때 여러 도구를 장만해 오거나 혹은 고급 무사라면 '화장품값'이라고 하여 어느 정도의 재물을 가져오는 일도 있었지만, 이는 모두 남편이 관리하였을 뿐만 아니라 남편이 소유하였다. 남편에게 만약 어떤 죄가 있어

---

81) 집안에 따라서는 源氏는 음란한 행위로 배척되거나, 또는 집안에 따라서는 것이 '女德'을 쌓는 것으로 생각되기도 했지만, 대체로 배척되는 경향이 강했다.

재산을 몰수당하게 될 경우, 처가 가져온 것과 구별 없이 모두 몰수
당해 버렸다. 이혼할 때는 여러 도구류는 되돌려 주었는데, 예를 들
면 치카마츠몬자에몬(近松門左衛門)의 「槍の権三重ねかたびら」에는
주인공이 다른 남자와 가출한 처 '오사이'와 헤어질 때, 그녀가 가져
온 여러 도구를 되돌려주는 장면이 나온다.

부부사이에서 태어난 아이는 특히 사내아이는 가문의 것으로 엄마
는 아이를 키우는 유모와 마찬가지였다. 가마쿠라시대 무가의 어머니
가 가졌던 힘은 이 시대 무사의 어머니에게서는 찾아 볼 수 없었다.
「갑자야화(甲子夜話)」에 나오는 이야기처럼 자식을 낳은 후에 그
어미를 죽여 버리는 일은 예외 중의 예외라고 할 만큼 극히 드문 일
이라 하겠으나, 이러한 예외가 생길 만큼 아이와 엄마는 별개적인 존
재였던 것이다.

이혼에 대해서는 여자 쪽에서 이혼을 요구한다는 것은 도저히 상
상 할 수 없는 일이었다. 이혼은 남편의 집안과 부인의 집안(즉 남편
및 시아버지, 시어머니와 부인의 實父)과의 상담으로 정해졌다. 상담
이라고 해도 남편 쪽에서 이혼을 요구하면 부인의 집안에서 이를 승
낙할 것인가 거부할 것인가를 논의할 뿐이었다.

어디를 보나 武家의 여성들은 인간으로서의 최소한의 자유와 자부
심도 모두 빼앗긴 존재였다. 남자에게 예속되는 것은 물론이었고, 집
안의 어떤 노예도 이보다 더 노예적이지는 않았을 것이다. 따라서 武
家의 여성을 이러한 상태로 묶어 두기 위해 수많은 교훈서가 쓰여
졌다. 그 전형이 바로 『온나다이가쿠(女大学)』라 하겠다. 『온나다이
가쿠』은 유명한 유학자 가이바라에키켄(貝原益軒)의 저서로 불리고
있는데 과연 사실인지는 의심스럽다. 그렇지만 도쿠가와시대 중기에

본서는 에키켄(益軒)의 권위와 더불어 세상에 널리 유행되었다.

『온나다이가쿠』의 안목은 여성에게 三從의 길을 강요하고, 특히 남편을 하늘처럼 섬기고 따르며 두려워하고 삼가 조심하여 천벌을 받지 않도록 하라는 것을 중심으로 하여, 시아버지 시어머니, 작은 시부모들을 잘 섬겨라, 질투하지 말라, 말을 삼가 하라는 둥이 쓰여 있다. 그 결론에서 말하기를 "무릇 부인의 마음에 있는 나쁜 병은 순순히 순종하지 않는 것, 화내고 원망하는 것, 사람을 비난하는 것과 질투하고 시기하는 것, 지혜가 없음에 있다 하겠다.

이 5가지의 병은 10명중 7, 8명에게는 반드시 있고, 이것이 여자가 남자에 미치지 못하는 부족한 점이라 하겠다. 특히 지혜가 얕으므로 하여 이 5가지의 병은 생겨난다. 여성은 음성이고 陰은 밤으로 어둡다. 따라서 여자는 남자에 비해서 어리석고 무지하다. 아이를 키우지만 정에 치우쳐 교육에는 좋지 않다. 이처럼 어리석은 까닭에 어떤 일이든지 자신의 몸을 낮추어 남편을 따라야만 한다"고 쓰여 있다.

메이지(明治)시대 초기에 후쿠자와유키치(福沢諭吉)는 "일본은 여성에게는 지옥과도 같다"고 말했는데, 이는 바로 이와 같은 武家사회의 여성에게는 어떤 과장도 없는 문자 그대로의 지옥 바로 그 자체였다 할 것이다.

3. 농민의 가족

무사가 농민과 쵸닌(町人)을 영원한 농민과 쵸닌으로 묶어두고자 하는 근본적인 사회관계는, 농민과 쵸닌 간의 가족관계 또는 여성의 지위 문제에 있어서도, 무가계급의 예법 등과 같은 방향에서 끌고 가고자 하였다. 이는 첫째, 당시의 생산관계 그 자체에서 직접 초래되는 것이었고, 다른 한 면은 지배계급 내의 제도나 관념을 모범으로 하여, 이를 국민대중들에게도 강요함으로써 나타났다.

앞에서도 자세히 언급한 바이지만, 무가는 농민들로부터 거두어들인 공납(貢納)으로 생활하게 되므로 그 공납을 바칠 농민가족을 농촌에 묶어 두는 일은 무가에게 있어서는 절대적으로 필요한 것이었다. 따라서 촌락제(村落制)나 고닌쿠미(五人組制) 등이 만들어지면서 직업의 자유, 이동의 자유 등이 금지되었다. 더욱 도쿠가와 막부의 권력이 강화되자, 막부는 토지의 매매나 저당을 금지하고, 토지를 가족에게 나누어주는 일을 제한하였다. 그 제한에는 여러 가지 자세한 규정이 있었지만, 대체로 나누어주는 토지나, 할당 뒤에 남은 토지 모두가 1町 이하가 되는 것을 금하였다.

이것은 사실상 대다수의 백성에게는 분할의 금지를 의미하는 것이었다. 이 같은 사실은, 이 법을 따르려면 최소한 2町 이상의 토지를 갖고 있지 않으면 나누어 줄 수가 없었는데, 대다수의 백성은 2町 이상의 경지를 갖고 있지 않았기 때문이다. 당시의 생산력 및 착취관계 하에서는 농지면적이 1町 이하가 되면 그 농민은 연공을 바치기가 어려워진다. 18세기 초의 농업서(農業書)에 의하면, 논 一面당의 수확량은 쌀 한 가마니에서 한가마니 다섯 말 정도다. 만약 논을 8面, 밭을 2面 정도 갖고 있다고 해도, 거기에서 수확할 수 있는 쌀의 생산량은 잘해야 쌀 열 가마니 남짓이다. 그 중 年貢으로 50%를 바치고 나면 5, 6명의 가족이 먹을 수 있는 식량이 겨우 나온다. 이런 형편에서 흉작이나 무슨 일이라도 생기면 —실제로 나쁜 일이 자주 일어났다— 생활은 바로 엉망이 되어 버리고 말았던 것이다. 따라서 무사가 비교적 안정적으로 年貢을 거두어들이기 위해서는 1町 이상을 경작하게 하는 것이 이상적이었던 것이다. 경지가 잘게 쪼개져 농민이 생활할 수 없게 되면, 그 토지는 곧 농민의 손을 떠나 부농(富農)인 중간 착취자의 손에 들어가게 될 것이고, 이는 곧 무사의 수입을 줄어들게 하였다. 이를 방지하기 위해서도 分地나 토지의 매매는 제한 또는 금지될 수밖에 없었다.

이는 막부의 법령이었지만 여러 藩에서도 같은 법령이 공포되었다. 하지만 토지의 매매나 저당의 금지는 좀처럼 실행 가능한 일이 아니었다. 여러 형태로 그 법령은 지켜지지 못했다. 토지를 자신의 것으로 지켜낼 수 없을 정도가 된 농민에게 있어, 토지를 자녀에게 나누어준다는 둥의 일은 당연히 꿈도 꿀 수 없는 일이었다. 따라서 보통의 농민가족은 집안의 경지를 떠나서 생활한다는 것이 불가능했다. 다른 직업을 찾고자 해도 직업의 자유도, 이동의 자유도 없었다. 도망친다고 해도 가 보았자 일할 수 있는 곳이라고는 없었다. 이는 사

람을 고용하는 수공업이 거의 없었기 때문이었다. 그러므로 농민가족
은 싫든 좋든 집과 토지에 묶일 수밖에 없었다.

또 1町 전후, 혹은 그 이하의 경지라도 심한 착취를 견뎌내기 위해
서는 그 당시의 농업기술로는 5, 6명의 가족노동을 필요로 했다. 이
렇게 생산을 위한 사정상 또는 법령이 농민을 항상 일가족으로 뭉치
게 했다. 그리고 그 가족을 대표하는 사람은 무사의 가족제도를 본뜬
아버지였던 것이다. 무사 영주의 모든 정책과 법령은 아버지의 가장
권을 강화하는 데에 모아졌다. 즉 무사의 농노지배라고 하는 봉건전
제를 지키기 위해서 그 봉건전제를 본뜬 가부장 전제의 가족제도가
농민들에게도 강요되었던 것이었다.

가장인 아버지는 專制者로서 모든 권력을 가족에게 휘두를 수가
있었다. 자식에게 불만스런 일이라도 있으면 그 아버지는 자식을 칼
로 베어버릴 수도 있었다. 무사의 평민에 대한 불만이 있을 경우 칼
로 베어버릴 수 있는 특권이 평민에게 있어서도 부모가 자식에 대해
갖는 특권이었던 것이다. 반대로 자식은 부모를 때리기만 해도 사형
에 처해졌다. 처나 딸자식은 종종 인질로 붙잡혀 있거나 팔리거나 했
다. 이와 같은 사실도 가부장제가 시작된 이후로 일상으로 행해졌던
일이다. 그러나 도쿠가와 시대처럼 손쉽게 딸자식을 팔거나 인질로
보내거나 한 적은 없었다.

어떤 지배자라고 해도 공공연히 부모가 자식을 파는 일을 인정하
지는 않았다. 적어도 법령상으로는 금지되어 있었지만, 도쿠가와 막
부에는 공공연히 이를 인정했다. 인신매매를 금한다고 하는 추상적인
법령은 있었지만, 이는 외국에 팔아버리거나 하는 경우를 금지한 것
으로, 자신의 딸자식을 유녀로 팔거나 혹은 부농의 집에 장기간에 걸

처 인질이라는 형식으로 파는 것 등은 공공연히 인정되고 있었다. 특히 지배자는 딸자식을 팔아서라도 연공을 바치도록 했다. 慶安의 포고문에는 "연공이 부족하면, 예를 들면 쌀을 두 가마니 정도 빌려 연공을 낼 것이며, 그 이자가 쌓여 재산을 날리면 처자를 팔아…"라는 등의 글이 대수롭지 않게 쓰여 지고 있다. 딸이 유녀로 팔려 가는 증명서에는 '연공 상납의 어려움으로'라는 글이 종종 보인다. 이러한 기록이 가능했던 것은 어떠한 가책도 없었기 때문이었을 것이다. 이처럼 아버지는 자식에 대해서는 어떤 일을 해도 무관하였기 때문에, 원래 나쁜 인간이 아니었던 사람들도 나쁘게 되어 가는 것이다.

연공을 내기 전에 쌀밥을 지었다고 하여 일가족을 물 감옥에 가두는 일조차도 17세기말에 있었다. 시름을 덜 방법이 없는 아버지는 홧김에 술을 마시고 딸을 팔거나, 처나 딸자식을 때리거나 발로 걷어 차거나 하였다. 더구나 법은 이를 인정하였을 뿐만 아니라 '효'라는 미명 아래 자식은 부모에게 어떠한 일을 당해도 묵묵히 감내하는 것을 훌륭한 일이라 칭찬하였다. 때문에 "자비도 없는가, 나의 아버지는 귀여운 자식을 팔아 술을 마신다"(兵県庫加西郡誌)라는 기록도 있으며, '호랑이 아버지'라는 말도 있다.[82]

지배자의 입장에서 보면 국민의 인정은 단지 그들이 국민을 착취하기 위한 도구에 지나지 않는다. 慶安 포고문에 자식이 많아서 생활이 어려운 자는 얼른 남에게 자식을 주어버리라고 명하고 있는 것에 대해서는 앞에서도 언급했다. 이를 무사는 농민을 애호하여 농민의 생활에 대한 세세한 부분까지도 염려하고 있다고 해석하는 역사가가 東京大学 등에 있었으니 실로 놀랍지 않을 수 없다. 도사(土佐)의 名大臣으로 불리는 노나카겐잔(野中兼山)은 화장(火葬)에 대해서 자식

---

82) 拙稿「近世農民社会の女性」.

이 부모의 신체를 태우는 것은 인정상 별로 좋지 않다고 하여 이를 금지하였던 자인데, 바로 이 사람이 농민이 혹시 연공을 바치지 않을 때는 그 자식을 인질로 잡으라는 법을 만들어 실행했던 자이다. 그 이외에도 五人組帳의 서문에도 이러한 법을 실었던 사람도 있다.

또한 가족 한사람의 범죄에 대해서 가족 전원이 연대책임을 지도록 했다. 민중봉기 지도자들과 그 가족들은 대개 이러한 연대책임으로 곤경에 빠졌다. 기독교 교인은 가족의 연대책임 정도가 아닌 자손 7대에 이르기까지 '類族'이라 하여 일상생활 일체를 철저히 감시당하고 속박 받았다. 또 대체로 무거운 형벌에는 재산의 몰수도 동반되었으므로 가족의 생활이란 성립될 수도 없었다.

연대책임 이외 부모는 자식과 의절 '간토(勘当)'·'구리(久離)'하는 일이 허용되었다. 또 친척간의 인연을 끊는 '의절(義絶)'도 있었다. 이는 오사카시에서 있었던 일인데, 가족이나 친척의 범죄에 대해 연대책임을 지는 것을 피하기 위해 너무 나도 자주 자식을 죽이거나 의절하는 경우가 많아서 마을의 관리들조차도 이를 '비 윤리(不仁不慈悲)의 극치'라고 한 적이 있다. 가족제도를 지키기 위한 제도가 오히려 부자와 친척 간의 사이를 멀어지게 하고 가족제도를 파괴하고 있었던 것이다.[83]

자식에게는 효행에 대한 설교나 강제가 이루어졌다. 불효자는 엄벌에 처한다는 식의 협박성 법령이 공포되어 五人組帳의 序言에도 효행을 장려하는 글을 반드시 싣도록 하고, 에도나 오사카 등지에서는 불효한 자식은 감옥에 넣어 개심토록 할 것이니 언제라도 데리고 오라고 부모에게 권장하는 일조차도 있었다. 한편 효자나 절부(節婦)에

83) 大阪市史.

대한 표창도 빈번히 행하여 졌다.

　도쿠가와 5대 장군 쓰나요시(綱吉)는 개띠로 개를 귀여워하였는데, 그 때문에 개를 괴롭히는 사람은 모조리 감옥에 넣거나 혹은 사형에 처했다고 하는 악정으로 유명한 장군이다(이와 비교할 수 있는 유일한 예는, 12세기의 시라가와(白河) 천황이 모든 살생을 금했다고 하는 것 이외에는 세계 어디에서도 찾아 볼 수 없는 것이다). 그 쓰나요시가 스루가국(駿河国)의 농민인 고로(五郎)의 효행을 칭찬해 연공을 면해 주고, 儒臣(교육도덕에 관한 일을 관장하는 관리) 하야시 다이가쿠노카미(林大学頭)에게 명해서 그의 전기를 만들어 이를 출판하게 했다. 이를 필두로 막부와 여러 藩들에서도 효행에 대해 자주 표창 하였다. 2, 3가지 예를 들어 보자.

　지쿠젠(筑前)의 효녀 '고야'라는 여자는 어릴 때 현미 한 가마니 값으로 인질로 들어가 17년 동안이나 남의 집에서 일하게 되었는데, 그래도 부모를 잊지 않았다. 호고노쿠니(豊後国)의 히노데번(日出藩)의 효자 큐스케(九助)는 모친이 완고한 사람으로 자식에게 억지를 부리고 항상 지팡이로 자식을 때렸다. 그래도 큐스케는 말대꾸 한마디 하지 않고 그 모친을 섬겼다. 처를 맞이하여 부부가 사이좋게 살았는데, 모친이 처를 마음에 들어 하지 않자 처와 헤어지고, 모친이 마음에 들어 하는 아주 못난 여자를 처로 맞이했다. 너무나도 못생겼기 때문에 근처의 사람들도 그를 불쌍하게 생각했지만 큐스케는 한마디 불평도 하지 않고 부인과 사이좋게 지냈다. 그렇지만 이 여인도 모친이 마음에 들어 하지 않아 결국에는 이혼했다. 세 번째 처도 모친의 마음을 상하게 하여 여러 번 이혼할 것을 요구받았지만, 큐스케는 때로는 꾹 참기도 하고 때로는 달래기도 하면서 세월을 보내는 동안, 결국 처도 모친을 정중하게 섬기게 되었다고 한다. 또 같은 히

노데(日出)의 효자 토미지로(富次郎)의 경우도, 성질이 급하며 난폭
하여 폭음까지도 하는 어머니를 잘 섬겨 처를 2명까지 내어 보냈는
데, 끝까지 어머니를 잘 섬겼다고 한다.

이런 이야기는 독자의 고향 향토지 어디에서도 찾아 볼 수 있을
것이다. 정말로 이러한 효자들의 끝없는 고통과 인내는 동정의 눈물
을 자아내게 하지만, 이는 너무나 비참한 가족의 모습이 아닌가.

모든 결혼은 부모가 결정하는 것이 원칙으로, 딸이나 아들들의 자
유로운 연애는 '불의(不義)' · '밀통(密通)'으로 간주되었다. 갓 태어
난 어린아이를 두고 부모들이 약혼자를 정하여 자식이 성장했을 때,
이를 따르지 않으면 안 되었다. 당시 결혼연령은 여자는 13, 4세로
월경이 시작되면 바로 남의 집 며느리가 되었다. 다만 연애를 하는
것에 대한 금지는 농민 사이에서는 실제로는 상당히 느슨했기 때문
에 여기에 대해서는 나중에 언급하기로 하겠다.

사회규정상으로는 막부의 법령에도 "남편 없는 여자와 밀통하다"라
는 문구가 있다. 이 법령은 부인 있는 남자의 간통을 벌하는 것이 아
니라, 부모의 허락 없이 남녀가 정을 통하는 것을 금하는 것이었다.
반대로 부모가 혼담을 정한 후에 그 딸이 이에 따르지 않고 다른 남
자를 사랑한다면, 이는 간통과 같은 죄로 부모는 그 딸과 남자를 칼
로 베어 죽여도 무죄였다(御定書百箇条). 딸은 부모와 부모 간의 약
속이라면 "이혼은 나중의 문제다. 우선은 결혼할 수밖에"라고 처음부
터 비극을 각오하면서도 절대적으로 어쩔 수 없이 복종하였다. 「히나
노후시(ひなのふし)」 등의 민요집이나, 메이지 초기에 가족에 관한
민간의 습관을 모은 『全国民事慣饂類集』에도 이 같은 관계를 나타
낸 것이 상당히 많이 나온다.

결혼에 있어서는 신분제에 의한 여러 가지 제한이 있었다.

첫째, 다른 영주에 지배를 받는 사람과의 결혼은 전국 어디에서도 금지되었다. 관동지방과 같이 '하타모토'나 작은 '다이묘'의 영지가 서로 뒤섞여 있는 곳에서는 실질적으로는 영주가 다른 마을끼리 서로 마주 보고 있어, 그 촌민들 간의 결혼을 금지할 수는 없었지만, 원칙적으로는 금지되어 있었다.

둘째, "농가는 시정의 쵸닌(町人)과는 결혼하지 말라"고 하는 것이 봉건적 결혼의 원칙으로서 설교되고 있었다(百姓ぶくろ). 법령으로 이를 명확히 금지하는 곳도 있었고(예를 들면 越後나 大隅), 농민은 언제까지나 농민이어야 하는 신분상의 원칙으로 보아도, 농민과 시중 쵸닌들과의 결혼은 불가능했다.

셋째, 무사와 평민과 천민, 이 세 신분 간의 결혼은 절대로 용납되지 않았다. 「武家諸法度」에는 貴賤이 서로 다른 사람과 결혼하는 나쁜 풍속은 모두가 절대로 금지되어야 하는 일 이라고 하였다. 戰國시대부터 노부나가(信長)·히데요시(秀吉)시대에 이르는 동안 신분이 다른 사람간의 통혼도 어느 정도 행해지고는 있었지만, 이 시대에 와서는 일체 금지되었다. 그러나 이러한 풍속도 에도시대 중기 이후가 되면 실제로는 상당히 느슨해 졌다.

결혼이 가능한 상대방의 범위에 관한 제한은 이상과 같았지만, 결혼을 성립시키는 절차상에 있어서도 여러 가지 제한이 있었다. 그 최대의 것이 前項에서 언급한 부모가 결혼상대를 정하는 것으로, 이와는 또 다른 사회적 제한이 있었다.

첫째, 정식적인 결혼에는 부부가 될 양가의 가까운 친척들의 동의가 필요하였고, 둘째, 반드시 중매인을 사이에 세워야 했다. 셋째, 名主·組頭 등 마을의 관리 및 五人組의 입회하에 결혼식을 올리지 않으면 안 되었다. 넷째, 한층 더 심한 예로는 "영지內라고 하더라도 緣組, 養子 등을 주고받을 시에는 마을의 관리를 거쳐 영주에게 원서를 내고 지시를 받으라"고 정한 곳도 있었다.

이러한 제한이나 속박은 결국 농민을 농노로서 그 일정수를 유지하고자 했던 영주의 농노지배의 결과라 할 수 있는데, 한 술 더 떠서 다이묘들은 마치 소나 말의 번식을 꾀하듯이 농민의 결혼도 다루었던 것이다.

마츠타히라사다노부(松平定信)는 막부의 정무를 담당하는 최고책임자로 '관정의 개혁(寬政의 改革)'을 시행하고, 또 그 의 藩(奧州, 白河)에서 정치를 잘 한 '名君'으로 유명한 사람이다. 그는 너무나 가혹한 착취를 몇 대에 걸쳐 당한 농민이 결국에는 자식을 먹여 살리는 일이 불가능하여, 領內 인구가 감소하는 결과를 초래하자 이를 막을 수 있는 비책을 생각해 냈다. 그의 영지는 에치고(越後)에도 있었는데, 에치고의 여자들이 아이를 잘 낳는다고 하여 권력의 힘으로 억지로 여인들을 시라카와(白河)로 끌고 와 領內의 청년들에게 강제적으로 할당시키고 아이를 낳도록 했다. 또 호고(豊後)의 臼杵藩에서는 혼담을 담당하는 관리를 두어 국민의 결혼을 간섭했다. 그 간섭 내용에 대해서는 구체적으로 알 수 없으나, 臼杵藩의 인구감소 사정상, 그리고 그 외 여러 가지 일로 미루어 보아, 이는 인구를 늘리기 위한 필요에서 藩이 領民의 결혼을 강제한 것일 것이다. 이와 같은 무수한 압제에 저항해 민중봉기가 일어나게 되면서 그 폐지도 요구하게 되었다.

무사는 자신의 딸마저도 아이를 낳는 도구로 밖에 보지 않기 때문에 하물며 국민은 年貢을 낳는 도구로 가축과 마찬가지로 생각하였다. 定信이나 臼杵藩의 경우는 극단적인 예이긴 하지만, 이와 같은 원칙이 마을과 가족내부에까지 관철되어 앞의 二項에서 언급한 여러 가지 결혼에 대한 제도가 만들어졌던 것이다. 자식의 결혼을 부모가 정하고 이에 마을 관리가 관여하는 것 또한, 결혼이란 것을 一家 및 마을의 일손 주고받기 식으로 생각했기 때문이었다.

이렇게 남의 부인이 되어서도 남편의 專制下에 놓이게 되는 것은 필연적이었다. 무가여성의 '三從', 남편을 하늘같이 섬기라고 하는 원칙은 일반 국민들에게도 똑 같이 강요되었다. 막부 재판의 실례에 의하면, "부인에게 가당치 않은 일이 있었기 때문에 그 부인을 칼로 베어 죽인 남편은 무죄이다. 그 '가당치 않음'이란, 부인의 급한 성격이 남편에 대하여 여러 가지 험담을 하거나, 논에 벼를 베러 간 남편이 점심을 먹기 위해 너무 일찍 돌아왔다고 게으른 사람이라 욕을 해댔다"고 하는 것뿐이다. 이처럼 부당하고도 가당치 않은 일이 많았다. 남편 이외 정을 통한 남자가 있으면 이는 극형에 처해졌으며, 남편이 부인을 칼로 베어 죽이는 것도 자유로웠다. 즉 무사는 평민에 대해서 '칼로 베어 죽이는 것이 허가'되었듯이, 평민의 부모 자식 간, 부부 간에도 똑 같이 적용되었던 것이다. 부인은 남편의 집에서 아무리 일을 해도 자신의 재산을 가질 수 없었다. 가령 결혼할 때 부농의 여식일 경우, 논과 밭을 지참해도 이는 남편 것으로 간주되었으며 남에게 양도하는 일도 불가능했다. 남편에게 죄가 있어 재산이 몰수되는 일이 발생할 때에는 부인이 가져온 재산도 함께 몰수되었다. 이는 무사 계급도 마찬가지였다.

게다가 며느리는 무한의 인내심을 갖고 시아버지나 시어머니를 섬기지 않으면 안 되었다. 막부의 諸藩은 "처자식에 얽매여 부모에게 소홀히 하는 것은 짐승만도 못한 짓"이라 하여, 시아버지나 시어머니에 대한 무한의 인내를 요구, 섬기도록 강요했다. '貞婦'에 대한 표창도 '孝子'에 대한 표창과 더불어 빈번히 행해졌다. 또 부부 간에 금슬이 좋아도, "싫증이 난 것도 아닌데 이별합니다. 부모 때문에"라는 비극 같은 일도 일어났다. 이는 앞에서도 말한 「孝子伝」에서도 볼 수 있는 일이며, 播州인 加古川에서 공놀이를 하면서 부르는 노래 중에 남편이 집을 비운 사이 못된 시어머니에게 죽음을 당한 '방년 17세의 오이치'라는 며느리와, '방년 25세의 미키치'의 애정을 그린 노래 등에서도 찾아 볼 수 있다.

그밖에도 며느리의 고단함을 노래한 민요나 센류(川柳)[84] 등에도 상당히 나타나고 있다. 이것들은 못된 시어머니 개인의 성격문제가 아닌, 인간성을 짓밟는 가부장제의 필연적인 결과물이었다. 또한 '孝子' '貞婦'의 전기를 보면, 효자였던 九助伝처럼 시어머니가 못된 사람인 경우가 꽤 많다. 그 어머니들도 젊은 시절에는 훌륭한 정녀이자 효자였을 것이다. 그러나 너무나도 가혹한 신산고통(辛酸苦痛)을 몇 십년간 겪다 보면, 그 성격은 삐뚤어져 성격파탄자가 되면서, 젊은 며느리나 아들을 괴롭히는 것으로 자신이 겪은 수십 년간의 고통을 보상받으려 하게 되는 것이다.

이와 같을 진데 부인에게 이혼의 권리가 있을 리 없고, 이는 오로지 남편 쪽에서만 가능했다. 남편은 '우리들 사정으로', '마음에 들지 않아서', '가풍이 맞지 않아서'등 3줄 반 정도로 쓴 간단한 이혼장을 들이밀기만 하면 그것으로 이혼이 성립되었다. 이는 정당한 이혼사유

---

84) 17자로 된 단시. 에도 중기에서 句를 단락 짓는 제약도 없는 口語詩로 유행 되었다. 인정·세태·풍속을 날카롭게 파악, 유머· 풍자·기지 등을 특색으로 한다.

없는 추방(무인이혼 無因離婚)이었다. 이와 같은 경우는 남편뿐만 아니라 시아버지 시어머니에 의해서도 얼마든지 행해졌으리라는 것은 지금까지 언급해온 바에 의해 분명히 알 수 있을 것이다. 이혼장이 없는 한, 혹시 처가 남편의 집을 도망쳐 나와 몇 년이 지났다고 해도 결코 이혼은 성립되지 않았다. 따라서 여자는 다른 남자와의 결혼은 물론이고 사랑하는 것도 금지되어 있었다. 이에 대한 단 하나의 구원 방법은 가마쿠라 마츠가오카(松が丘)의 도케이지(東慶寺)나, 우에노쿠니(上野国) 新用郡의 만도쿠지(万德寺)로 도망쳐 들어가는 것뿐이었다. 이 두개의 절은 흔히 엔기리데라(縁切寺: 속세와의 인연을 끊는 절)라고 불리었다. 이 절에 여자가 들어오면 절은 관계자들을 불러 이야기를 해보고 집으로 돌려보내던지 그것이 불가능하다면 여자를 비구니의 형식으로(머리는 자르지 않아도 되었다)절 안에 머물게 했다. 그리고 3년이 지나면 비로소 여자는 남편과의 관계가 완전히 끊어져 재혼도 할 수 있게 되었다. 東慶寺는 에도의 주민, 특히 무사 집안의 여자들이 많이 피신하여 들어왔던 곳으로, 센류(川柳)에도 이런 이야기가 자주 등장하고 있다. 예를 들면, "화가 나서 무턱대고 가마쿠라를 향해 떠나왔는데, 가마쿠라에서는 가츠오(다랑어)도 먹어 보지 못하고 3년을 보내고 있구나[85]. 머리도 깍지 않은 비구니가 되어 이혼장을 받아 들고 원통하여 찾아가네, 마츠가오카." 헤이안·가마쿠라시대의 사원은 일종의 성역으로 간주되어 여기로 도망쳐 들어온 사람은 범죄자라 할지라도 그 이유를 불문, 그 사람을 보호할 수 있는 ―실은 노예로 삼는 것에 불과하지만― 권리를 인정해 주었는데, 엔기리데라(縁切寺)도 그 같은 일종으로 에도시대까지도 남아있었다. 사방으로 꽉 막힌 봉건제도하에서, 조금이나마 한숨을 돌릴 수 있는 작은 창구와 같은 것으로 종교와 결합되어 만들어 진 것으로, 이는 실제적으로는 널리 이용되었던 것이 아니라, 하나의 위선적인

---

85) 가마쿠라는 가츠오의 명소로, 비구니는 생선을 먹을 수 없었다.

제도에 불과하였다.

에도시대에 얼마나 이혼이 많았는지에 관한 확실한 숫자가 물론 있을 리도 없지만, "부인과 다다미는 새것일수록 좋다"라든지, "부인은 입는 옷과 같아서, 몇 번이라도 바꿔 입어도 괜찮다"는 식이었고, 또한 그렇게 실행되어, 거의 모든 「孝子伝」에 나오는 이야기처럼, 부모 때문에 자신의 처와 두 번 이혼했다든지 3번 이혼했다든지 하는 식으로, 마치 부인과 이혼하는 횟수가 효도의 척도인양 생각되던 시대에 '우리들의 사정으로 라는 이유로 처를 쫓아내고, 그 후 얼마든지 후처로 맞이할 사람이 있었던 시대 —예를 들면 효자 큐스케(九助)의 이야기처럼, 호랑이 같은 시어머니가 사는 곳에 3번째 부인이 시집갔다고 하는 것은 지금 사람들에게는 도저히 납득이 가지 않는 일일 것이다— 당시와 같은 사회에서 '부부 간이란 늘 헤어질 수 있는 존재' 이었기는 하지만, 그래도 여전히 이혼이란 쉽사리 할 수 없는 두려워 할 사항이었음은 충분히 단정할 수 있다.

메이지시대 초기, 일본에서 처음으로 이혼과 결혼에 대한 통계가 생긴 1883년(메이지 16년), 인구 1,000명 당 결혼률은 9.01%, 이혼율 3.39%로, 이혼은 결혼의 1/3 이상이었다. 그 후 일본의 근대화가 진행됨에 따라 이혼의 횟수가 적어지면서, 1930년경에는 결혼률은 8.0%정도, 이혼율은 그 1/10 정도인 0.9%정도였다(이에 대해서는 다음 장에서 자세히 언급하기로 한다). 이를 거꾸로 생각해 보면, 메이지유신 혁명 전의 이혼율은 50% 정도는 되었을 것으로 추정된다. 예를 들면 결혼률은 인구 1,000 명당 13%~14%에 달하였고, 이혼율은 7%~8%는 되었을 것으로 추정된다. 적어도 이혼이 결혼의 40%는 되었던 것이다.

　이것이 가문을 무엇보다도 중시하는 가부장제의 실제의 모습이었
다. 너무나도 무참히 가족이 파괴되고 있는 상황이 아니고 무엇이겠
는가. 계급의 불평등이 시작됨과 동시에 남녀의 불평등과 가부장제도
시작, 봉건제의 완성기에 이르러서는 결국 그 절정을 보게 되었던 것
이다. 그렇지만 돌이켜.보면, 그와 같은 세상의 관습, 부자간의 불화,
부부 간의 잦은 이별, 그리고 많은 모순 등으로 하여 가문은 항상 파
괴되어 가고 있었던 것이다.

4. 쵸닌(町人)의 가족

전 인구의 약 80%를 점하는 사회의 가장 기본적 계급인 농민과 모든 사회의 지배자격인 무사계급에 있어서의 가족제도, 그리고 여성의 지위가 앞서 언급한 바와 같은 이상, 신흥 쵸닌계급에 있어서도 가족제도나 여성의 지휘는 무사적인 봉건가족제도나 여성에 대한 예속을 피할 수는 없었다. 그렇지만 쵸닌사회에 있어서는 그 경제상의 특수 조건이 어느 정도 무사적인 관습들을 다소는 완화시켜 주었다. 특히 에도시대 전기에는 그러했다86).

18세기 중엽까지는 쵸닌계급의 발전기였다. 쇄국으로 인해 상업의 자유로운 발전이 곤란해지자, 도시의 자립 또한 허용되지 않았으며, 상업은 끊임없이 압박을 받았다. 그렇지만 막부나 諸藩은 現物로 연공을 거두어들이고, 이것을 에도 혹은 오사카, 특히 오사카로 수송하여 연공을 내다 팔아서 그들의 필수품을 사들이지 않으면 안 되었다. 또 앞서 언급한 바와 같이 막부나 諸藩은 그 재정을 꾸려나가기 위해 어느 정도의 소위 식산흥업정책을 펴지 않을 수 없었다. 이와 같은 사정으로 에도시대 전기에 商工 쵸닌은 급속히 발달하게 되었다.

---

86) 本節은 拙稿 「明治維新と女性の生活」에 의함.

오사카 落城 12년 후인 1626년에는 오사카(大阪)의 인구가 약 28만 명으로 에도에서는 무가와 그 봉공인을 제외하면 약 15만 명 정도였지만, 그 후 80년 정도 후인 元禄시대에는 오사카에는 약 30만 명, 에도에는 35만 명, 교토에도 거의 같은 수의 인구가 있었으며, 30년 후인 18세기 전반에는 에도는 쵸닌만으로도 약 55만 명, 그 외에 무사나 승려 神官 등이 약 30만 명을 넘어서, 모두 85만 명 이상의 인구를 갖는 초거대도시가 되었다. 이 자체가 이미 불건전한 것이었음을 암시하는데, 이는 뒤에 언급하기로 한다.

이와 같은 발전기의 쵸닌을 오사카의 쵸닌출신 문학자 이하라사이가쿠(井原西鶴)는 여러 각도로 그려내고 있다. "세상에서 가장 중요한 것은 금전이다. 최근 30여 년간 諸国의 발전상을 보고 깨달은 바이다"(『世間胸算用』). 그 당시 쵸닌은 자유롭게 독창력을 발휘하여 새로운 장사, 또는 제조 등을 비롯해 능력과 근면성으로 富를 획득할 수 있었다. 따라서 쵸닌들이 "부모에게 물려받은 재산으로 살아가는 것은 무사가 위패(位牌)를 갖고 사는 것과 마찬가지"라 하여, 선조로부터 물려받은 俸禄에 무릎을 꿇고 집안에 구속을 받으면서 살아가는 무사를 비판하였고, 스스로 독립 자영하는 쵸닌인 것을 자랑으로 여겼던 것이다(『西鶴織留』).

쵸닌사회에서는 무사와 같은 장남 혼자만의 가독상속(家督相続)이란 없었다. 상속은 부모의 유언으로 자유롭게 이루어졌다. 따라서 딸이 대를 잇거나 재산의 대부분을 상속받는 경우도 있었다. 하지만 보편적인 '재산분배의 대법칙'은 예를 들면 "은 천 관의 재산이 있을 경우, 장남에게 사백 관과 居宅을 물려주고, 차남에게는 삼백 관과 따로 집을 마련해 물려주었으며, 삼남에게는 백 관과 함께 다른 집의 양자로 보내기도 하였다. 또 딸이라면 삼십 관의 지참금에다 이십 관

정도의 가재도구를 준비하여 자신의 집안보다 못한 집안에 시집보내는 것이 좋다"고 사이카쿠(西鶴)는 『세켄무나잔요(世間胸算用)』 기술하였다.

즉 봉건제의 한가운데 있는 쵸닌사회에서도 상속에 있어 형제지간에 평등하다고는 할 수 없지만, 그래도 단독의 가독상속이라고 하는 것은 없었다. 家父長專制는 쵸닌사회도 마찬가지로, 부자는 첩 또는 기생 등으로 처자식을 울리기도 하였지만, 무사나 富農들만큼 심한 것은 아니었고, 특히 부인=주부의 위치는 一家에 있어 하나의 기둥으로서 중요한 역할을 담당했다. 부인이 결혼할 때 가져온 지참금에 손을 대는 남자도 있었지만, 이는 당연한 권리로서가 아니라 어디까지나 불법부당(不法不當)한 일로 인식되었다(막부의 법제가 남편을 벌할 때 처의 재산도 몰수하는 것은 같았지만, 쵸닌들 간에 있어서의 관습은 재산권을 인정하고 있다).

사이카쿠(西鶴)가 그린 쵸닌은 大商人으로, 보통 쵸닌에 해당되는 일은 아닐지도 모르지만, 사이카쿠는 쵸닌사회의 전형, 그 이상형을 그리고 있었기 때문에 그가 그린 중류 이하의 상인이나 職人(匠人)의 부부생활을 봐서도 무사사회와는 달리 부인에게도 상당한 정도의 발언권이 있었다는 것을 알 수 있다.

그러나 이와 같은 쵸닌의 생기 넘치는 세계는 곧 쇠퇴했다. 그것은 쵸닌의 도시나 상업이 무사가 농민으로부터 거둬들인 연공과, 그 중앙집권의 지배와 착취에 기생하는 것이었기 때문이다.

에도는 그곳에 모인 2, 30만 무사들의 사치스런 소비와 그 연공의 처분으로 인해 급속히 팽창한 도시였다. 오사카는 상업도시, 쵸닌들의 도시로 불리었지만, 그들이 취급하는 상품 중 가장 중요한 것은 諸藩의 쌀과 그 이외의 연공품과 藩의 통제 하에 놓인 각지에서 생산한 특산품이었다. 이는 농민이 연공을 내고 남은 생산품을 자유롭게 처분하거나, 자유로이 생산한 수공업제품을 쵸닌이 사들이거나 또 스스로 제조하거나, 혹은 널리 판매하는 것은 아니었다. 諸藩의 城市도 모두 마치 작은 에도 같았다. 교토(京都)는 니시진직물(西陣織物)이라 하는 공예적인 사치품 수공업이 발달한 도시였는데, 이곳도 오랜 정치도시로서 번성한 곳이었다.

대도시는 이 같이 대량으로 모집된 연공을 둘러싸고 급속히 상업인구가 증가하였지만, 그 연공상품은 어느 정도 이상은 증가하지 않았고, 이 상업은 곧 한계에 부닥치게 되었다. 인구도 급속히 수포처럼 부풀어 올랐지만, 어느 정도에서 그 증가는 멈춰버렸다. 18세기 중엽부터 전 봉건사회의 조직 그 자체가 완전히 동맥경화에 걸려, 인구도 증가하지 않게 되었지만, 이와 동시에 대도시의 인구증가도 멈추게 되었고, 오사카(大阪) 등은 18세기 후반부터 도리어 인구증가가 내리막길로 접어들었던 것이다.

게다가 막부의 諸藩은 어느 정도 이상의 상업 발달을 끊임없이 압박했다. 요도야타츠고로(淀屋辰五郎)와 같이 너무 거대한 부를 축적하게 된 자들에게는 트집을 잡아서 이를 제거해버렸다. 지방 특산품도 상당할 정도의 발전을 이루게 되면 이를 곧 藩이 전매하도록 했다. 17세기 후반에 도사번(土佐藩)에서 시작된 종이의 전매 등은 그 좋은 예라 하겠다. 따라서 상업이라도 막부 諸藩의 무가와 결탁한 소수의 大쵸닌만이 특권을 가지고 상권을 독차지하게 되었다. 이들은 영업상의 특권을 갖는 무리들끼리 조직을 만들어 막부의 보호를 받으며, 그 특권을 일정하게 나누어 갖고 특권을 갖지 않는 자의 자유

로운 상업을 통제해 나갔다. 비교적 자유로운 상업에서 이와 같은 봉
건적 독점과 통제로의 이동이 시작되었는데, 이는 마침 사이가쿠(西
鶴)가 활동하던 시대였다. 이와 같은 상업은 바로 모든 작은 상업에
도 그 영향을 미치게 되었다.

　1721년에 막부는 옷감·도구·서적은 물론 일체의 상품, 과자류조
차도 새롭게 고안해 판매하는 일을 엄격히 금지했다. 그리고 여러 쵸
닌들과 職人(匠人)에게 각자의 조직을 만들어, 서로 감시하게 하고,
새로운 독창적인 것을 만드는 자가 있을 시에는 그를 조합에서 제명
시키거나, 또는 막부에 고소하게 했다. 조합원의 숫자는 막부에서는
한정을 두지 않았지만, 조합에서는 인원의 한정을 두었다. 이로 인해
현존의 상품, 쵸닌, 직인(職人: 匠人)만을 공인하고, 이들 만을 보호
함과 동시에 그 이상의 질적·양적으로의 모든 독창적인 발전을 용
납하지 않았다. 쵸닌의 철학이라 불리는 '心学'이 이때부터 번성하게
되는데, 이는 상업이 무사를 위한 물자를 집산하는 한, 인정은 하지
만 그 이상의 자유로운 발전은 인정하지 않은 것으로, 이는 즉 막부
의 정신과도 같았다.

　수공업 장인이라도, 목수 그 이외의 건축 관계나 가구제조 방면에
서 가장 빨리, 이어서 다른 匠人에서도 「기모이리」(肝煎)라는 막부
에서 임명한 세습 감독이 생겨났는데, 이들은 보통의 匠人위에서 독
재적 권력을 휘두르고, 또 모든 장인은 장인의 우두머리인 오야가타
(親方)에게 복종하도록 했다. 즉 오야가타(親方: 우두머리 장인), 직
인(장인) 및 도제(徒弟: 견습공)라는 신분제가 굳어지게 되었던 것이
다.

　이와 같이 하여 상공업의 자유로운 발전은 억제되었고, 그것이 특

권이 되면서 그 특권은 무가의 봉록(지교: 知行)과도 같은 세습재산
이 되었다. 가게의 경영에 있어서도 주인과 부하(家来), 지배인(番
頭), 手代, 견습공(뎃치: 丁稚)의 신분제가 굳어지면서, 이들을 고용
한 이들도 父子 대대로 그들을 섬기는 사람을 더 중시했다. 이는 새
로운 지식보다는 옛날부터의 관습을 더 중시했기 때문이다.

이미 쵸닌사회에서도 부모에게 물려받은 유산으로 생활하는 것을
무사가 선조의 봉록에 의지하는 것과 같은 일이라 하여 비판할 수만
은 없었다. 그들도 무사와 마찬가지로 조상으로부터의 상업적 특권에
의지해 생활하였고, 따라서 家長専制는 점차 강해져 갔다. 여자는 혈
연에 속하지 않는다고 하는 것은 聖人의 법령이라 하여 쵸닌에게도
설파되었다. 자식의 효행이 강제되면서, 앞에서도 언급한 江戸·大阪
의 마을법령처럼, 불효자를 감옥에 넣어 개심 시켜 주겠다는 등의 이
야기가 빈번히 일컬어 졌다.

중기이후 번창한 쵸닌家의 가훈이나 商人訓을 보면 "우선 가장은
제일 먼저 조상의 제사를 잘 지내라, 부모로부터 물려받은 가업을 소
중히 해라"는 사항 등이 요구되고 있다.

결혼상대를 부모가 정하는 것은 초기에도 그러했지만, 그래도 초기
에는 연애도 비교적 자유로웠던 것은 사이카쿠의 '호색물(好色物)'을
보아도 알 수 있다. 이것이 사이카쿠보다 조금 늦은 치카마츠(近松)
의 시대가 되면, 사이카쿠와 같은 소재를 다루면서도 사이카쿠라면
분명히 '사랑' 혹은 '호색(好色)'이라고 할 것을, 치카마츠는 '불의(不
義)'라 하여, 그 불의가 의리 즉 봉건적 규율과 충돌하면서 비극이
되었다. 이는 두 작가의 개성 혹은 계급성(近松는 무사출신인 듯하
다)에 의한 견해차이일 뿐만 아니라, 현실사회의 두개의 역사적인 상

을 각각 반영하고 있다.

의리와 인정의 모순은 치카마츠가 즐겨 다룬 소재인데, 그 해결 아닌 해결로서 치카마츠는 애인들을 情死시키고 있다. 유녀와 쵸닌의 情死는 대개 남자가 돈에 몰리게 되면서 일어나는 경우가 많지만, 『万年草』나 『生玉心中』에서는 부모가 강요하는 결혼에 반대하여 情死에 이르게 된다. 『長町女割腹』에서도 부모가 허락하지 않는 사랑을 비난받아 죽게 된다. 혹은 다른 사람의 처가 불의를 저지를 생각은 아니었지만 외부의 우연한 사정으로 하여 불의를 저지르게 되고, 변명하기 곤란한 국면에 놓이게 되면서 결국 情死, 또는 정사와 같은 죽음을 선택하게 된다. 여기서는 해방된 사랑의 기쁨이란 없고 단지 사랑이 패배하는 모습만이 그려져 있다.

결혼이 본인들끼리의 일이 아니라, 부모와 부모 간의 거래에 의한 것이었다는 것은 무사나 농민사회에서와 마찬가지였다. 그래도 쵸닌 사회에서는 종종 본인들의 맞선이 이루어지기도 했다. 이는 무사사회에서는 볼 수 없는 일이었다. 농민은 대개 마을에서 보통 알고 지내니까 새삼스럽게 맞선을 볼 것도 없었다. 부모와 부모간의 거래로 이루어지니까 중매쟁이가 생겨나 남녀 兩家에 소위 중매할 만한 곳을 쭉 늘어놓고, 그것도 사례금(지참금의 10%정도의 시세)을 목표로 하는 직업적인 중매쟁이가 사이카쿠의 소설에도 자주 등장하고 있다. 부모에게 있어서도, 본인에게 있어서도, 결혼이란 "일생에 한번의 商事로 손해를 보게 되면 다시는 만회할 수 없는 일"로 생각되어 여러 가지 거래가 이루어졌다.[87]

결혼이 본인들끼리의 계약이라고 하는 것이 근대자본주의의 결혼

---

87) 『織留』『日本永代藏』『本朝桜陰比事』 등.

관이라면, 결혼은 집안의 대를 잇기 위한 것이라 하는 것이 봉건무사의 결혼관인데, '일생일대의 商事'라고 하는 쵸닌사회의 결혼관은 봉건주의보다도 자본주의적인 사고에 가깝다고 할 수 있었다. 이 같은 생각도 중기이후가 되면서는 점차 흐려져, 앞에서 인용한 가직요도(家職要道)의 설교가 쵸닌사회에서도 통하게 되었다. 부인은 옷과 같은 것이어서 몇 번이나 갈아입어도 상관없지만, 형제는 그렇지 않으므로 부인 때문에 형제에게 소홀히 해서는 안 된다고 하였다. "시집온 날 밤에 옷은 며느리를 떠나보내었다"(川柳). 시집오자마자 옷다가 경솔하다 하여 시어머니가 며느리와 이혼하게 했다는 의미다.

상업은 아무리 고정적이라 하더라도, 봉건적 토지소유에 비하면 어떻든지 흥하고 쇠퇴하고 하는 경우가 있고, 개인의 능력이나 근면함이 그 흥망을 좌우하는 면이 컸기 때문에, 쵸닌의 家業은 무사의 '家祿'이나 농민의 '家産'만큼 사람을 묶어 두는 힘은 없었다. 개인의 인격은 어느 정도 존중되어 후기에 와서도 어느 정도의 분할상속도 볼 수 있다. 그러나 근본적으로 이 역시 지배계급의 제도나 사고방식에 의해 지배되었음은 말할 필요도 없다. 이혼에 있어서도 간단하게 여자를 쫓아낼 수 있었다고 하는 것이 센류(川柳)나, 그 외의 에도(江戸)문학 등에 상당히 보여 지고 있다.

제6장

농민(百姓)과 쵸닌(町人)

여성의 생활

1. 정신생활, 노동, 의식주, 건강

여성은 가부장제도 아래서 다만 가족원만으로 존재하도록 강요당하면서 사회적으로는 아무런 독립성도 갖지 못했다. 독립된 사회인이 아닌, 단순히 상대를 따르는 존재로 인식되어 왔기 때문에, 자신의 생각대로 행동하고 판단한다는 것은 생각할 수도 없었다. 오히려 그러한 행위는 남자에게 있어서는 장애물이었다. 그래서 여자의 교육이란 있을 수 없었다.

무사계급이 '백성은 어리석을수록 좋다'고 하였지만, 마찬가지로 그들에게 있어 여자도 어리석을수록 좋았던 것이다. 『온나다이가쿠(女大学)』 외에도 여성에 대한 교훈서(訓書)에는 여자는 적령기가 되면 시집을 가서 아이를 낳고 양육하여야하기 때문에 여자의 갈 길에 대한 마음가짐이 필요하다고 하였다. 그것은 여자가 남자를 받들면서 바보와 같은 노예생활을 하도록 훈련하는 것이지, 여자의 능력을 신장시키는 것은 아니었다. 무가사회나 부호의 딸이 집안에서 여자 하인만을 상대하면서 '햇빛도 보지 않고 비도 맞지 않는' 상태로 얌전하게 조용히 살아간다면 애초부터 인간교육의 근본수단과 기회를 빼앗기고 있는 것과 같은 것이다.

에도(江戶)시대 중기 이후, 쵸닌(町人)가정의 딸은 대게 샤미센(三味線)을 배웠다. 그것은 즉 대부호나 무사에 대한 여자시중의 하나로 봉공을 위한 것이었다. 그렇기 때문에 '조금 익혀두면 좋다'는 이유로 부모는 딸에게 무리하게 강요하였기 때문에 소녀들은 교육이 없는 쉬는 날이 무엇보다 가장 좋다고 하였다. 「우키요부로(浮世風呂)」에는 소녀가 교육이 있을 때마다 꾸지람을 듣자 그에 반항하는 모습 등이 재미있게 그려져 있다. 이것은 소녀가 원하는 생활과는 완전히 다른 동떨어진 것이었다. 샤미센(三味線)의 긴 찬불가인 「쿠로가미(黑髮)」는 12, 3세의 소녀들이 배운다고 배웠지만 그 내용에 대해서 무슨 말인지 의미조차도 확실히 알지 못했다. 다만 암기할 뿐이었던 것이다. 그것은 무가에서 백성에게 법령이나 설교를 암기시키고 그에 대한 일체의 비판도 없이 맹종하도록 하는 것과 다를 바 없었다.

그런 까닭에 소녀들은 그 음악이나 문학에 자기의 속마음을 표현하지 않았다. 와카(和歌)로 말하자면 '카모(かも-일지 모른다)' '케리(けり-그랬다고 한다)' 등의 말을 나열한 것과 마찬가지로, 샤미센은 스승인 명장의 흉내 내기에 지나지 않았다. 여자는 사회를 알지 못하고 인간에 대해서도 알지 못한 채, 소위 놀이로서의 예능만을 강요당하였으므로, 문학예술의 능력도 그다지 발달하지 못했다. 에도시대 여류문학자 중에는 카모노마부치(賀茂眞淵)문하의 재원(才媛)으로 인정된 여성이나 가인(歌人)이 몇 사람 있었지만, 그것도 여자가 보기 드문 일을 하므로 신기하게 느낄 뿐, 우키요부로의 놀림감의 한 종류로 보았다. 하이쿠(俳句)세계에서는 여류 하이쿠인은 모두 여승이 되었으므로, 즉 세속의 성을 초월한 여성이라는 형태를 취하였다.

18세기 후반부터 여러 번(藩)에는 테라고야(寺子屋)88)라는 서당이 성행하였는데, 그것은 그 무렵 봉건사회가 완전히 봉착되어가는 과정에서, 가는 곳 마다 백성들에 의한 큰 봉기가 일어났으므로 그를 다스릴 하나의 수단으로, 아이들에게.

"사람으로 태어나면 부모님께 효도하고 나라의 법을 거슬리지 않으며, 윗사람을 존중하여 받들고, 대관(代官)의 명령을 따르며, 가직(家職)인 경작을 해야만 한다고 수긍하여 마음으로 받아들이도록."

하기 위함이었다. 위의 인용문은 오카야마(岡山)번이 수습소를 세울 때 그 취지서에서,

"원숭이와도 같은 농민들의 자식에게 글자를 익히게 하고 주산도 가르쳐주면 이를 고마운 일로 생각할 것이다."

라고 하였다. 농민을 원숭이에 비유하고 놀리면서 은혜를 위장한 것으로 교육이라고는 할 수 없는 것이었다.

테라고야와 같은 서당은 이시카와켄(石川謙)씨의 「일본근세교육사」 「일본서민교육사」 등에 의하면 18세기 후반에는 전국에 250개소 정도가 되며, 19세기 중엽에는 3,800개소 정도에 이르렀다. 시작은 도시 쵸닌들이 그 자제에게 주산을 가르치기 위하여 쵸닌 스스로가 만든 것이었으나, 후에 번(藩)의 명령으로, 이상의 서술한 바처럼 그 목적이 뒤바뀐 것이었다. 즉 자유로운 시민교육이 늘어나자 곧 바로 봉건적인 교학(教学)지배의 수단으로 이용되었던 것이다. 따라서 그 교과서는 상인들이 세운 사립의 절 병설서당에서는 「쇼닌오라이

---

88) 주로 절에 병설된 기관으로 읽기, 쓰기, 산수, 수판 등을 가르친 서민을 위한 교육기관으로 한국의 서당에 해당하는 교육기관이라 할 수 있다.

(商人往来)」처럼 설교가 없는 실용적인 교과서였지만, 「만사쿠오라이(滿作往来)」 등의 농촌용 교과서를 보면,

"모든 농가는 사계절을 하루도 쉬지 않고 일하고, 몸에는 목면누더기를 걸치며, 쌀은 윗분들이 내린 식사라 생각하고 보리 좁쌀 피 밥 속에 야채를 듬뿍 넣어 먹어야 할 것이다. 그 맛이 쌀에 뒤지지 않으니, 쌀밥을 목숨을 위해 조석으로 먹는다면 도리어 부스럼이 생겨 단명을 재촉할 것이다."

라 하여 그야말로 염치없고 뻔뻔스럽게 쓰고 있다.

테라고야와 같은 서당조차도 여자는 거의 가지 못했다. 도시에서는 「여필지남(女筆指南)」이라는 여자만을 전문으로 가르치는 곳도 있었지만, 지방에서는 극히 한정된 부농의 여자들만이 배울 뿐이었다. 그것은 「일본교육사사료(日本教育史史料)」에 있는 옛날 번(藩)의 보고서에도 나와 있다. 나가노켄(長野県)의 「아즈마츠쿠마군시(東筑摩郡誌)」에 의하면 군내(郡内)의 테라고야에 취학한 사람 수는 다음과 같다.

기간	남	여
1818년~1829년	571명	131명
1830년~1843년	658명	176명
1861년~1863년	681명	85명
1865년~1867년	1,221명	159명

본 표는 다만 분세이(文政), 분큐(文久), 케이오(慶応)의 각 연호 시기의 것을 모은 것이지만, 남자는 매년 그 수가 비약적으로 증가하고 있다. (1861년에서 3년간의 숫자가 그 전과 거의 같아 보이지만, 전의 구분은 14년간의 숫자인데 비해 이것은 3년간의 것이다.) 그러나 여자는 그 수가 늘었다고 할 만큼은 증가하지 않고 있다. 아마도 일부 여성들에게 한정되었기 때문일 것이다. 게다가 여기서 배운 것은 「온나이마가와(女今川)」, 「죠시츠고쿄(女実語教)」, 그 외 「온나다이가쿠(女大学)」처럼 여성에 대해 부드럽게 쓴 교훈서도 있었지만, 「女実語教」는 철저하여,

"여자는 지옥의 사신이다. 얼굴은 보살을 닮았으나 마음은 야수와 같다."

는 식으로 기록하고 있다. 민중여성들은 이와 같이, 이성·판단력·지식·정조 교육도 받지 못한 채 오히려 미신을 믿고 거기에 깊이 빠져 들어갔다. 신앙의 자유란 없었다. 백성은 믿든지 안 믿든지 상관없이 불교 교파 중의 어느 사원인가에 소속되는 신자가 되지 않으면 안 되었다. 그것은 기독교를 단속하기 위해서였고, 불교사찰(仏寺)은 사상경찰의 역할을 하였던 것이다. 농민은 생사(生死), 결혼 등 호적의 이동에 대해서는 일체 절에 보고함으로써, 결국 신자(즉 기독교인이 아님)라는 신분증명서를 받아야만 했다. 이렇듯 특권을 쥐고 있었던 승려는 어느새 종교가가 아니었다. 예를 들면,

"절의 중이 노름에 져서, 있을까, 달아날까, 절을 팔까."

라는 민요처럼, 야유를 받을 만큼 절은 노름의 근원지가 되고 있었다. 백성은 그 속에서도,

"모든 불행을 학정(虐政)때문으로 생각하지 않고, 일신의 불행 또는 인과를 불도의 교화를 통하여 해결하고자 집착하였다."

고 한다. 미신은 일본 민중여성을 강하게 사로잡았다. 점(占)을 본 다든지, 오미쿠지(おみくじ)89) 등의 운명 판단을 위시하여, 여우 표정, 개 표정 등의 혈통적 미신, '히노에우마(丙午)90) 등의 태어난 해에 관한 미신, 그 외에 헤아릴 수 없을 정도로 미신적 주술이 많았다. 주술이나 부적으로 병이나 그 외 근심이나 재앙을 피하고자 하였으며,

"보통 가정집의 대문이나 기둥에는 가는 곳마다 이것저것 불상을 종이에 그려 붙인 볼품없는 그림을 붙여 놓았으며, 이것은 여행자들을 놀라게 하였다."

"미신 속에서, 나를 위한 권위를 이끌어 내고 다신(多神)숭배나 우상숭배 습관을 교묘히 주권자에 대한 경외로 바꾸어 놓았다."

"백성지배를 위한 효과 있는 하나의 형태로 악용하여, 민중을 미신에서 눈 뜨지 못하도록 하였고, 더욱이 한층 더 그것을 양성화시켰다."

는 것이 일본 등, 동양의 전제주의라고 1863년 영국공사 올콕은 비판하였는데 그야말로 명언이라 하겠다. 다이묘(大名)나 천황이야말로 백성들의 조공이나 연공 등에 의해 양육되고 있음에도 불구하고,

---

89) 신사나 절에 참배 했을 때 참배자가 신불의 뜻에 의해 길흉을 점치기 위해 뽑는 제비.
90) 병오년. 이 해에 태어난 여성은 남편의 수명을 줄인다는 미신이 있음.

다이묘나 천황 덕분에 백성이 살아간다는 미신을 지켜나가기 위해서는, 언제나 국민생활의 구석구석까지 미신을 스며들게 하지 않으면 안 되었다. 현대는 그러한 미신이 조금 복잡하게 얽혀 있을 뿐이다.

여성은 가족적·사회적·정신적으로 이처럼 협소하고 거의 식물과 같은 존재로 여겨졌으며, 더욱이 평민여성은 백성으로서 해야 하는 격한 노동과 더불어, 그야말로 원숭이처럼 아니, 오히려 원숭이보다 못한 생활을 하지 않으면 안 되었다.

"남편은 농사를 짓고 아내는 밭을 일구어 부부가 함께 열심히 일해야 한다. 그러면 용모와 자태가 아름다운 처가 되지만, 남편을 소홀히 하고 차를 마시고 놀기를 좋아하는 아내는 마땅히 이혼해야 한다."

라는 것은 매번 인용되는 에도시대 초기 「케이안후레쇼(慶安ふれ)書」의 일절로, 아내가 열심히 일하는가 안 하는가 만으로 이혼을 당해도 할 말은 없었다.

"아침에는 새벽별을 보고, 또 저녁에는 저녁별을 보며, 낮에는 들가에서 물을 긷는다."

는 노래는 이른 아침부터 밤늦게까지 경작(耕作)을 시작으로 누에치기, 베틀 짜기, 육아, 가사 등 가정 내에서 가장 빨리 일어나 가장 늦게 잠들면서 쉴 틈 없이 일해야 했던 여성들의 일과를 사실적으로 말해준다. 봄이 되면 새끼 꼬기, 베틀 짜기 등의 여러 가지 일이 있었으며,

"산속에 사는 부녀는 남편과 함께 여러 가지 일을 하는데, 몸에는 헝겊을 걸치고 팔을 걷어 부치고…, 소와 말을 이끌어 무거운 짐을 실어 나르며, 머리에 짐을 얹거나 아니면 등에 짊어지고 있으니 그 일이 남자에 못 지 않네."

라 하였다. 마침내 겨울눈이 녹아 사라지면 동시에 여인은 밭일을 시작하고 곧 종자를 뿌렸던 것이다. 여름이 시작됨과 동시에 모심기, 이어서 풀 뽑기, 그리고 거의 동시에 보리 베기가 시작되었는데, 이 무렵에는 '조석으로 밥을 거르는'것은 보통이었고,

"이른 아침에 집을 나와 이슬이 마르기 전에 풀을 베고, 밭에 들어가면 남녀가 물속에서 일하니 앉을 곳도 없이 종일 서서 일하고, 일어서면 다시 엎드리고, 낮이 되어서야 아침밥을 먹고 숙소에 돌아와도 목욕을 하는 것은 드문 일로, 대게는 물에서 손과 발을 씻고 엷은 햇살이 있을 동안에 저녁을 먹었다. 종일 서서 보리를 쳐서 가루로 만들어 다음 날 건조시켜…, 매일 밤 12시가 지날 때까지 일이 그치질 않아, 조금 꾸벅 졸려고 하면 짧은 밤이 금세 지나고 일어나려고 하니 이 덧없는 짧은 잠에서 깨면 뼈마디마디가 저려 아프니 몸이 굳어 마치 천정의 판때기 같다."

라 하였다. 모심기나 풀베기는 특히 부인의 일이었다. 진흙탕 속에 정강이까지 빠져, 종일 허리를 구부리고 하는 노동이 과연 어떠했을까, 이러한 노동은 임신 중에도 강행되었다고 한다. 한 여름에도,

"땀을 따로 닦을 수건도 없이, 옷소매에 헝겊을 덧대어 그 끝으로 닦고, 잠깐 사이라도 일의 진척을 도모한다.(加賀藩農政史考)"

라 하였다. 가을 추수 등의 일거리에 대해서도 일일이 나열하기란 쓰기에도 모자란다 하였다. 그리고 사이사이에 양잠을 하는 곳에서는 '누에 속에서 자고 깨기'를 한다 하였다. 겨우 거두기가 끝날 무렵에는 밤일이 남아,

"밤마다 망태를 짜고, 새끼를 꼬며, 연공을 걱정하며, 부녀자는 꼰 명주실로 천을 짜기 위해 손톱 뿌리를 찔러대며, 추운 밤에도 옷은 얇고, 기름이 부족한 자는 소나무를 태워 불을 밝히지만, 베틀 짜기의 괴로움은 여자 아이라 하여도 면할 수는 없다."

라 하였다. 19세기 초의 이나(伊那)지방의 「연중행사식법(年中行事式法)」에는 농업기술의 발전도 농민의 혹독한 노동을 조금도 줄이지 못하였으며, 배부르게 먹이는 일도 허락되지 않았다고 전한다.

이처럼 노동의 일한 결과는 거의 모두 연공으로 빼앗겼으며, 앞에서 언급한 것처럼 쌀은 윗분들이 내린 식사라고 운운하는 「만사쿠오라이(滿作往来)」 또는 「케이안후레쇼(慶安ふれ書)」에 쓰여 진 설교는 실제로 행해지고 있었던 일이었다. 당시 농정가(農政家)들은 농민의 식사를 '두려워해야 할 것'이라 지적하고(「民間省要」), 이는 백성이 쌀을 '아낌없이 처자에게 먹인다.'는 것은 바보 같은 어리석음의 증거라 하였다. 그 중에서 조금이라도 차별할 수 있는 한 여성은 언제나 최악의 것을 가질 수밖에 없었다. 주거에 대해서는,

"경망한 백성은 굴속에 있어야 한다. 관통하는 집은 일체 사용할 수 없다"

라고 막부의 「간토우햐쿠쇼가사쿠호(関東百姓家作法)」에는 서술

하고 있다. 그래서 외국인들은 농민들의 집을 보고 '너무 초라하여 작은 집은 연필로도 그릴 수 있겠다[91]'라 하였다.

일본인들은 이런 환경 속에서 자랐났으므로 새삼스럽게 이상하다는 생각도 하지 않았으며 가난에 마비되어 있었던 것이다. 아니 시킴을 당하고 있었던 것이다. 농가의 부엌에 대해서는 같은 외국인 관찰자는 이렇게 서술하고 있다.

"연기는 굴뚝으로 통하지 않고, 그것은 음기(陰気)처럼 속에서 얽혀 자욱하게 끼어 있다."

그 속에서 여인들은 연기에 목메어 눈물을 흘리며 잡곡으로 죽을 끓이고 있었던 것이다.

복장은 나누시(名主)외에는 깃, 띠 등도 모두 목면으로 한정되어있으며 소매나 길이까지도 제한되었고, 색은 보라색이나 붉은 색을 사용해서는 안 되었다. 이 같은 극단적인 생활고 속에서도 노동생활에 의해 겨우 조금 나아진 백성의 생활 향상에 대해 막부의 여러 번(藩)은,

"근래에 와서 백성이 머리에는 기름을 칠하고, 상투를 매는데도 끈을 사용 한다는 것은 괘씸하기 짝이 없는 사치다. 머리를 새끼로 묶는 것이 전통적인 풍습이다"

라고 강요하였다.

---

91) 겐펠「江戸参府紀行」, 올콕「대군의 수도(大君の都)」그 외.

신발이나 하나오(はなお)[92]의 색깔과 재료에 이르기까지 세세하게 규칙을 정해 두었다. 결혼식이나 장례식 등에 초대하는 손님의 수, 그 요리의 종류와 양에도 법령의 규칙이 있었다. 농촌의 단 하나의 즐거움인 신사제례의 본오도리(盆踊り)[93]에도 '연극 같은 가짜 흥행물을 개최하다니 괘씸한 일이다' 등의, 그야말로 잘도 생각해 낸다고 할 정도로 구석구석까지 속박하여 간섭 하였다.

끝없는 과로, 영양결핍, 최악의 주거, 이러한 것은 당연히 병을 일으켰다. 18세기경 농민들 사이에서 독특한 병이 발병했다는 사실은 「민칸세이요(民間省要)」 등 에서도 볼 수 있지만, 여성이나 어린이, 노인에게 만성결막염이 극히 많았던 것은 네덜란드인 의사였던 툰벨이 특히 주목하였던 사실이다. 나중에 기술하겠지만 매음제(売淫制)가 최고로 발전한 이 시대에는 '색기가 없는 자는 없다'고 할 정도로 매음이 전국에 만연하여, 유명한 의사 시볼트 등의 추정에 의하면, 전 국민의 100명 중 90명은 매음에 걸려 있었다고 한다. 또 천연두나 홍역은 일본의 풍토병으로까지 생각하여, 일생에 한 번은 걸리는 것이 당연하다고 보았다. 어린이의 기생충 감염은 100명이면 100명 모두에 해당하였고, 배가 아프다 하면 우선은 기생충 때문이라고 생각했다. 두부 백선이 많은 것에 놀란 외국인도 있었다. 이런 사실에 대하여, 어떤 공공의 치료나 설비가 있었던 것도 아니었고,

"병이 쉽게 걸리는 수족을 가진 약한 자라 할지라도, 남자는 새끼를 꼬며 오히려 베를 짜서 짚신 등을 만들어 일을 하고, 여자는 목면을 짜서 오늘의 생업으로 삼으면 먹고 살지 못할 것도 없다."

---

92) 왜 나막신이나 일본 짚신 따위의 발가락 사이에 끼우는 끈.
93) 盂蘭盆斎날 밤에 여러 사람이 모여 노래에 맞추어 추는 춤.

라고 하면서, 봉건영주는 백성들을 무참히도 내팽개쳐둔 채 돌보지 않았다.94)

그리고 또 임신 7개월의 몸으로 모심기와 같은 몸을 구부려 하는 노동이나, 발과 허리를 차게 하는 노동을 하는 모친에게, 산전 산후의 휴양이란 있을 리 없었다. 그 무렵에는 전술하였듯이 결혼연령이 빨랐으므로 아이를 10명 이상 낳는 다산이었다. 과연 아이들이 무사히 자랄 수 있었을까? 일본인의 생활이 현재를 포함하여 전 역사를 통해 가장 풍요했다고 하는 쇼와(昭和)공황 이전인 1927년에도, 출산아 1,000명에 1세 미만의 사망이 141.7명이나 되었다. 이것은 영국의 약 2배, 미국의 2배 이상이라는 높은 수치다. 이로써 유추해 보면 이상에서 기술한 바와 같은 생활 속에서 사망률은 아마도 출생 1,000명에 150명이나 200명은 될 것으로 보인다.

그 뿐만이 아니라, 병이나 젖의 부족으로 사망한다면 그런대로 낫다. 신생아의 반 이상은 태어나자마자 그 자리에서 죽임을 당했다. 1850년대에 카즈사(上総)지방의 사망률은 1,000명 당 500명 이상으로 특히 차남 이하는 750명 이상이나 되었다(「民政史考」). 더구나 어떻게든 키워보겠다는 어머니의 안타까운 마음은 여러 지방에 있는 '아이를 편안하게 하는 관음(子安観音)'이나 '아이를 기르는 지장(子育地蔵)' 신앙에 잘 드러나 있다.

농가의 어머니들은 논밭 일을 나올 때는 어린 아기를 상자에 넣어 어린 형제에게 지키도록 한다든지, 기어 다니는 아이를 밭 옆의 나무에 끈으로 묶어 두고

---

94) 1818년, 庄内藩 2郡의 5人組帳 중.

"배가 아파도 약도 주지 못하고, 마치 개나 고양이가 새끼를 키우듯, 일에 매달려 노심초사 연공을 내기 위해 애를 태우며 일을 한다."

라고 무사출신의 인정 있는 학자들조차 기술하고 있다(「世事見聞錄」) 이러한 모든 사실에 대한 결과는 무엇인가? 시볼트의 연구에서는 '일본인은 나이와 함께 약하고 작아져 간다.'는 사실을 확실히 하고 있다. 젊은 여성도 일찍부터 늙어 버렸다고 한다.

"15~17세 소녀가 아침에 우물가에 나와서 물을 긷다, 올라오는 두레박에 얼굴을 비추어 보면 19~20세 넘은 이가 거기 서 있네."

라는 노래가 그것을 말해준다.

2. 생활의 파괴와 창부제

어떠한 괴로운 생활고를 겪더라도 세상에 태어난 이상, 하루라도 더 살고 싶은 것이 인간의 마음이며, 또 생명을 살리고 싶은 것은 모든 사람의 진정한 마음이다. 그렇지만, 봉건제의 착취와 압제가 있는 곳에서는 백성이 사는 것조차도 불가능했다. 겐로쿠(元祿)시대에 이미 너무나 가난한 어머니는 아무래도 아이를 기를 능력이 없어 눈물로 아이를 버리는 일이 많았다. 바쇼(芭蕉)의 코시키코우(甲子紀行)속에는 후지 산(富士山)부근에 버려진 아이가 가엾게도 울고 있는 것을 기록하고 있다. 막부에서도 일단은 '아이를 버리는 것은 금지한다'는 법령을 내어 놓았다.(1690년) 그러나 아이가 많아 곤란한 자는 다른 사람에게 아이를 주는 것을 암암리에 공공연히 묵인한 것도 다름 아닌 막부였다.

어머니로서는 견딜 수 없는 이러한 고통은 세월이 갈수록 한층 더 비참한 고통으로 엄습해 왔다. 신생아는 버려질 뿐만 아니라 태어나기 전에 낙태되거나, 태어나면 바로 '되돌려 보낸다' '보낸다' 또는 '마비키(間引: 먹을 입을 줄이려고 부모가 태아를 죽이는 것)'라 하여 죽임을 당했다.

‘마비키’가 전국(戰国)시대에도 있었다는 것은 전술했지만, 당시는 전국적이지는 않았다. 마침내 도쿠가와(德川) 봉건지배가 완성되고 사상 유례가 없는 극심한 착취가 시작되자, 그것이 시대와 더불어 점점 격해지면서 백성은 이제 어떻게 해야 할 방법조차도 없자, 적어도 지금 살아있는 소수만이라도 살아남아야겠다는 생각에 뒤에 태어나는 아이를 제한하게 되었다. - 18세기 초

“산촌에서는 아이를 많이 생산한다. 처음 한두 명은 키우지만 끝내는 줄인다는 명분으로 살해하는 일이 많았다. 특히 여아는 대부분 죽여 버리는 풍습이 있는 마을도 있다”

그 무렵부터 북쪽은 오우와(奧羽)지방에서 남으로는 규슈지방까지 칸토(関東)·추부(中部)·신에츠(信越)·호쿠리쿠(北陸)·추고쿠(中国)·시코쿠(四国)의 어디라도 실행하게 되었다. 에도시대 후기 경제론자나 농학자 중에는 이러한 사실에 대하여 기술하지 않은 이가 거의 없다. 대게 남자 두 명, 여자 한 명의 아이를 갖게 되면 그 후에는 ‘마비키’를 실행하였다.

일이 이 지경에 이를 때까지도 잔혹한 착취는 계속되었고, 일본 인구는 18세기 중엽 3,000만 명에 달하던 것이 그 후 쇼군(将軍) 다이묘(大名) 무사제가 폐지 될 때까지 조금도 늘지 않았다.

‘마비키’ 외에도 대기근, 악병의 유행이 이 무렵부터 자주 발생하기 시작하여 사람들은 죽어갔다. 1731년의 기근으로 굶주린 백성은 260만 명 정도로 대게 칸사이(関西)지방이었지만, 그 50년 후인 텐메이(天明)때의 기근은 칸도우(関東)지방의 오우와(奧羽)일대를 덮쳐 기아와 악병이 유행하면서 13만여 명이 죽었고, 센다이 번에서는

30만 명이 죽음에 이르렀다. 그리 고 50년 후, 또 같은 양상의 대기근이 오우와에서 발생하여, 관동, 동해지방 그 외에 전국이 흉작에 신음하였다. 중 · 소규모의 기근은 매년 일본의 어딘가에서 일어나지 않는 경우가 없었다. 이 같은 시기에 제일 먼저 희생되는 것은 언제나 여성이었다.

인구가 준다는 것은 영주에게는 착취의 원천이 줄어드는 곤란한 사안이었다. 그래서 막부의 제번(諸藩)과 함께 국민을 위협한다든지 설교한다든지 또는 형식뿐인 육아 수당을 준다든지 하여, '마비키'를 하지 못하도록 하였다. 심한 경우, 시라가와(白河) 등에서는 백성을 마치 소나 말처럼 번식시키고자 하기도 하였다. 그렇지만 당시 이미 백성들을 가까이서 지켜본 학자들이,

"내 아이를 내 손으로 죽이는 이런 피로움을 시키는 것은 누군가? 모두 군주의 죄다."

라고 비판하였다. 백성의 군주를 향한 원망의 소리를 되돌릴 밀책(密策)이 바로 육아료 등의 속임수였다. 근본적인 착취에 대해서는 모른 채 하면서 조금도 줄이지 않았으므로 도저히 '마비키'를 멈추게 할 수는 없었다.

그러한 희생에는 전술하였듯이 '여자는 대게 죽이는 습관'에 의해 우선 여성이 먼저 희생되었던 것이다. 아이들의 공놀이 노래에도,

"만약 이 아이가 여자였더라면 오히려 줄로 매어 보자기에 싸서, 앞 작은 개울가에 던져버리면, 밑에서는 작은 고기들이 콕콕 쪼아 먹고, 위에서는 까마귀가 쪼아대겠지."

라 하고 있다.

통계 조사에도 확실히 그것을 시사하고 있다. 「카라츠번(唐津藩)의 육아정책(경제사연구49호)」에 의하면 당진번의 농촌 남녀별 인구의 역사는 다음과 같다. .

연 대	남	여	비 고
1692년	31,732명	23,256명	이 동안 매년 평균 남자 6.84명 증가
1789년	32,402명	24,849명	여자 16.42명 증가
1858년	33,568명	24,331명	이 동안 매년 평균 남자 16.89명 증가 여자 7.50명 감소

그야말로 여성은 태어난 것도, 삶을 영위하는 것조차도 허용되지 않았던 것이다. 야스후사(安房), 카즈사(上総)혹은 에치고(越後) 등에서는 여자가 '마비키' 당하는 일이 비교적 적었다. 그러나 그것은 아이가 나중에 성장했을 때 유녀로 몸을 팔기 위해서였다.

너무나 비참한 농촌의 젊은 딸들은 도시 생활을 꿈꾸었다. 도시에서 일부 쵸닌들은 호화로운 생활을 하고 있었다. 중류의 쵸닌여성은 가사에서든 장사에서든, 모두 남자보다 빨리 일어나서 일하고 남자보다 늦게 잠들 때 까지, 하루를 눈이 돌 정도로 일에 몰두하였다. 그래도 농촌여성 쪽에서 보면 극락이라고 생각하였을 것이다.

중기 이후 중류쵸닌도 특권 다이쵸닌에게 막다른 곳까지 내몰렸다.

1728년 가와우치야기헤이에(河內屋儀兵衛) 등은 오사카의 쌀 중매인을 대표하여 오사카 교토의 쌀 상인과 그 가족 수 만 명의 생활고를 호소할 정도로 상황은 나빠져 있었다. 도시 영세민에게는 고리대가 달라붙어 최후의 한 닢 이치몬(一文)95)까지도 착취하였다. 농촌의 부담에 견디지 못하고 도시로 도망을 와도 도시에서도 역시 이렇다 할 산업은 없었다. 그 때문에 일본을 방문한 외국인 여행자는 모든 거리와 도시에는 거지가 넘쳐난다고 기록하고 있다96).

도시에서 '마비키'는 그다지 행해지지 않았다. 대신 아이를 버리는 일과 낙태가 행해졌다.

"딱딱이로 버려진 아이의 가랑이를 벌려 본다."

이 센류(川柳)97)는 밤에 순찰을 도는 경비가 버려진 아이를 발견하고 남아인지 여아인지를 살피려고 하는 순간을 노래한 것이다. 아이를 버리기보다 먼저 임신자체를 조절하는 방법은 몰랐기 때문에 낙태를 하였던 것이다. 농촌에서도 낙태는 있었지만 비교적 안전한 방법을 알지 못했고, 또 그것은 비용이 들었기 때문에 '마비키'가 행해졌던 것이다.

에도에서는 '아이를 낳는 것은 자유다'라 하였고, '지유마루(自由丸)'라는 낙태약 광고도 나와 있었다. 나카조류(仲条流)에 있는 산부인과에는 낙태전문의가 있었다. 나카조류(仲条流)의 의사는 잔혹한 부자가 되었다는 내용의 센류 외에도, 이와 유사한 내용의 센류를 많

---

95) 에도시대 제일 작은 단위의 통화로 一貫의 1,000분의 1.
96) 藤原治「近世町人社会の女性」歷史教育 6 の 3.
97) 에도시대 가라이센류(柄井川柳)가 창시한 5・7・5조의 17자로 된 짧은 시. 생활 세태를 풍자와 익살로 묘사한 것이 특색.

이 볼 수 있다.

가는 곳마다 극심한 가난 때문에 살아갈 수 없는 사람들이 있었다. 그 때 우선 먼저 딸을 파는 것을 생각하였다. 더욱이 사는 사람은 얼마든지 있었다. 그것은 다음과 같은 이유에서였다.

(1) 에도 그 외의 도시는 모두 불건전한 불균형적인 도시였다. 「에도인구소기(江戸人口小記)」에 의하면 1723년 에도의 쵸닌인구 52만6천 명 중 남자는 30만 명, 여자 22만6천 명으로 남녀의 차가 심하며, 그로부터 1세기 지난 1845년에 남자는 29만4천 명 여자는 26만4천 명으로 크게 남녀의 차가 줄어들었다. 이것이 얼마나 정확한 숫자인지는 알 수 없으나, 남자가 월등하게 많았던 것은 여러 사정에서 보아 상상된다. 이 숫자에는 무가와 그 봉공인은 포함되어 있지 않기 때문에 그 수를 넣으면 남녀의 차는 더욱 심해질 것이다.

오사카에서도 에도만큼은 아니지만 대게 남자 10명에 대해 여자 8명의 비율이었다. 도시의 인구는 본래 무가의 봉공인과 상점에 고용된 사람, 직인 등 근처 부락에서 들어 온 자가 갑자기 늘어났으므로 여하튼 남자가 여자보다 많았을 것임에 틀림없다. 그들은 또한 수입면에서 쉽게 결혼하거나 세대를 가질 수 없었다. 그러한 점에서 그들은 유녀를 찾게 되었다.

(2) 무가는 여성을 단지 성욕의 대상으로 밖에는 생각하지 않는다. 그들은 여성에 대해 그야말로 엄격한 정절을 요구했지만, 자신들은 극히 방종하였다.

"유녀를 찾는 것은 어쩔 수 없다. 심하게 그것을 억제하고자 하면

도리어 불의(不義)한 자가 날마다 나와 형벌이 끊일 날이 없다(「德
川成憲百個条」)."

라 하였다. 유녀가 없으면 유부녀나 딸에게 손을 뻗쳐 어쩔 수 없
었던 것이다.

(3) 나아가 다이쵸닌(大町人)의 방탕도 있었다. 다이쵸닌의 부는
무가 및 농민으로부터 착취한 부였다. 게다가 그것을 새로운 상업과
산업 발전을 위해 영업자금으로 할 자유가 그들에게는 없었다. 따라
서 도락(道楽)가가 나오게 된 것도 이 같은 맥락에서였을 것이다. 그
리고 유곽에서는 돈만 있으면 '무사도 쵸닌도 손님은 손님이다'라 하
여, 이곳에서야 말로 비로소 사회적 평등의 기쁨조차 만끽할 수 있었
던 것이다. 부가 있으면서도 신분적으로 제약을 받았던 쵸닌에게 있
어서는 단 하나의 자유로운 세계였을 것이다.

이 같은 사정이 있는 반면, 몸이고 뭐고 팔지 않을 수 없었던 가난
한 집안의 여성들도 무수히 많았다. 이러한 점에서 매음(売淫)은 역
사상 최고로 번창하였다. 에도의 쵸닌 인구가 53만 명이었을 때, 그
외 요시와라(吉原)의 인구는 1만5천 명, 오사카에서는 인구 32만 외
에 유곽인구는 2천4백 명으로 이것은 공창(公娼)이었지만, 에도에서
는 시중의 신사부근, 그 외 11개소에 반 공창이 있었으며, 여성 예능
자도 중기 이후에 나타나 그것이 요시와라의 영업을 방해하자 소송
사태가 일어나기도 하였다. 그 밖에도 사창은 가는 곳마다 널려있었
다. 그곳은 '소카(惣嫁)' '지코쿠(地獄)' 혹은 '고케(ごけ)' 등으로 불
리었다. 오사카 교토에서도 비슷한 내용으로 마츠타이라사다노부(松
平定信)가 풍속을 바르게 한다는 명목 아래 이틀 동안에 2천 명의
사창(私娼)을 잡아들인 일이 있었다. 다방에서 차를 따르는 여성, 목

욕탕에서 머리를 감기는 여성, 전국의 여인숙에서 밥을 파는 여성, 이들 모두가 공인된 혹은 반공인 된 창부였다. 전국의 이르는 곳마다 역전 여인숙이나 항구는 물론이고, 신사주위나 그 밖에 사람이 모이는 곳, 성(城)아래 마을 곳곳에는 공창과 사창의 무리가 있었다.

공창영업은 보호되어 장려되기까지 하였다. 사창의 책임 관리는 사실은 유곽 주인의 이익을 지키기 위한 것이어서 '풍속을 바르게 한다'는 명분조차도 진실이 아니었다. 사창을 잡으면 그것을 에도에서는 요시와라에, 교토에서는 시마바라(島原)의 유곽에 넣어 공창으로 만들었고, 마사노부는 사창을 검거하여 두고도 유녀방의 신설을 장려했던 것이다. 공창은 대부분 농촌에서 팔려온 여자들이었고, 사창은 본토박이가 많았지만, 사창을 잡고 보면 '부부가 합의하여 매춘에 응한 자'가 의외로 많았으므로 관리들도 놀랄 지경이었다고 한다(「德川禁令考」).

공창의 지옥 생활에 대해서는 자세히 쓸 필요도 없다. 유녀들이 화려한 일화를 남기고 있으나, 그 종말은 슬픈 것이다. 성노동의 노예로서 무슨 좋은 일이 하나라도 있겠는가.

집안의 소중함을 더욱이 강조했던 사회가, 수십만의 남녀로부터 가정을 빼앗고, 여성의 정조를 엄격히 규제하였던 무가사회는 사실상 그것을 역사상 최대 규모로 유린하여 짓밟고도 부끄러움조차 몰랐던 것이다.

"우리 남편은 내일은 에도로, 발걸음도 가볍게 날씨도 좋으니 유곽에 머물며(ひなの 한 구절)"

이 정절과 순애를 지키는 처와, 여성 전체의 불안과 항의를 무시하
고, 국가는 매음을 보호 장려하고 문학과 예술은 오로지 유리(遊里)
를 그리고 묘사하면서 그것을 칭송하였다. 한편으로는 이곳이 '부정
(不淨)의 장소'라 하여 에도의 소방관은 요시와라에 화재가 나도 출
동하지 않았다고 한다.(「日本奴隷史」) 이 무슨 위선인가.

'마비키'와 매음의 공전의 히트와 또 하나 '결혼하는 것은 헤어지는
것' 이라는 놀랄 수밖에 없는 높은 이혼율, 이 세 가지는 그야말로
무가전제의 봉건사회가 여성을 어떤 상태에 빠뜨렸는가를 간단하고
명백하게 보여주는 세 가지의 결론이다.

제7장

봉건제에 대항하여

1. 근대적 남녀·가족관계의 시초

봉건주의가 극을 달한 무렵, 무가여성은 물론이고 일반 백성 민중 여성들의 생활은 완전히 지옥으로 떨어졌다. 그러나 에도시대의 민중 은 바야흐로 가마쿠라(鎌倉)시대의 半노예적 농민도 아니었으며, 그 이전의 여러 다양한 형태를 지닌 노예도 아니었다.

농민은 자신이 점유하는 경지를 경작하며 반은 인격의 자유를 가 진 자였다. 그리고 그러한 점에서는 여성 또한 백성의 한 사람으로서 전대의 노예적 여성보다는 훨씬 높은 사회적 단계에 위치해 있었다. 그것은 민중여성으로 하여금 남녀 간의 참된 평등관계에 이르는 길 을 펼치는 조건이었다. 그러한 관계는 노예처럼 인격·집안 그 자체 가 주인에게 소유 되고서는 도저히 만들어질 수 없는 것이었다.

또 민중여성의 격한 노동도 가부장에 예속된 것으로 독립된 사회 적 노동이라고는 할 수 없지만, 여성들은 무가여성들과는 달리 실제 로는 자신의 노동력으로 생활하는 자들이었다. 특히 처와 주부의 입 장이고 보면 더욱 중요한 일손이었기 때문에, 민중여성은 비교적 가족 내에서도 지배자가 강요하는 여러 관계를 비교적 타파하고 인간 다운 관계를 만들 수 있었다.

남녀의 교제나 연애를 아무리 '불의다' '밀통이다'는 식으로 취급한 다 해도, 모심기 · 풀베기 · 보리타작 그리고 밤에 냄비 화롯가에 모여 앉아 하는 노동은, 그에 따른 청춘남녀로 하여금 서로를 알게 하고 돕게 만들었다. 그러므로 '밭의 풀을 뽑고 논의 풀을 뽑으며, 물속에 서 손을 잡는다'라는 이야기도 있는 것이다. '나카시마(中島)의 억새 풀을 다 베지 말고 남겨서 다시 베러 와 만나자'라고 하듯이 노동을 통하여 연애를 지속할 기회는 있었다. '어쩐지 가벼운 상대라 좋구나, 내일도 바뀌지 말았으면…' 또는 '당신을 만나고저 논밭에 뛰어들었 네. 또 뛰어들거나 저 계곡 아래로'라는 재미있는 광경도 볼 수 있다. 이처럼 밝고 건전함은 일하는 남녀만이 알 수 있는 것으로, 신분격식 에 자신을 묶어두고 '첩이 없는 자는 제대로 갖추지 못한 자다.'라는 인간적 감정을 잃어버린 무사들로서는, 꿈에서도 상상 할 수 없는 점 이었다. 한 청년이,

"크든 작든 칼을 찬자는 모두 관리다. 나도 차겠다, 손도끼랑, 낫 을…"

라고 무사관료를 비웃으며 노동자의 의기를 자랑할 때 어느 을녀 는,

"크고 작은 칼을 찬 나리보다도 백성에게 잘 어울리는 남편이 좋 다"

고 대답하였다.

사계마다 열리는 제례나 본오도리(ぼんおどり)98)는 마을 최대의 오락이며 축제였다. 휴일제가 없는 농촌에서 제삿날 밤의 로맨스는 누구나 잘 아는 기회였다. 농촌에는 소위 '요바이(夜這い)'99)가 행하여졌으나, 남자가 여성이 사는 곳에 다녔을 뿐만 아니라 여성도 남자가 사는 곳으로 다니기도 했다. 이것은 부부별거제 시대의 잔존으로 생각되지만, '요바이'라는 말은 부부별거제 시대에 남편이 처가 있는 곳으로 왕래하였음을 말한다. 이것은 현대 도학자들이 생각하는 음란함이나 난잡함과는 거리가 먼 것이다. '요바이'를 하는 남자는 여성을 '숨겨둔 처'라 부르고,

"숨겨둔 처가 하마 올까하여 기다리는데 왜 오지 않는가. 문도 닫지 않고 대야의 물도 받아 둔 채 기다리는데"

라고 하소연 한다. 그 외에도 '숨겨둔 처'에 대한 민요는 상당히 많다. 이름은 숨겨둔 처라고 하지만, 사실은 공공연한 남편이었다. 먼저 이러한 노래가, 아양이나 애교를 부려 만남이 이루어졌던 작은 방에서 불리어졌던 것이 아니라, 많은 사람이 일하는 중에 불렀다는 점에서, 당시 마을 사람들이 이에 대해 부도덕하게 생각지 않았다는 것은 명확하다. 둘째로 그것은 본래 위에서 기술하였듯이 연결된 청춘 남녀의 관계발전의 하나일 뿐이지, 어떤 어둡고 양심의 가책을 느끼는 행위는 아니었다. 세 번째로 그것은, 당시 가족제도 아래에서 조금의 재산도 갖지 못했고 결혼해도 일가를 이룰 수 없었던 차남이나 3남에 대한 여성들의 결혼형태의 하나로, 남성들만의 자유가 아니었으며, 따라서 여성에 대한 부당한 취급도 없었던 것이다.

---

98) 우란본사이(盂蘭盆斎)날 밤에 여러 사람이 노래에 맞추어 추는 춤.
99) 요바이(夜這い) : 남자가 밤에 연인의 침소에 숨어들어감.

대게 마을에서는 '젊은이 모임' '아가씨 모임' 그 외 여러 가지 이름을 가진 남녀 청년조직이 있었다. '젊은이 모임'은 보통 15세 이상의 미혼청년 단체로, 그 규약을 만들 때 관리가 참가한 예도 있지만, 대게는 대중의 토의로 결정되고, 조(組)의 대표자도 일동의 투표에 의해 선발되는 등, 민주적인 조직이었다. 이것은 또 제례, 소방(消防), 방제를 만드는 일 등, 마을 공공의 일을 부담하였고, '밤놀이'는 모임에서 자주적으로 통제를 하였다. '젊은이 모임'에는 '젊은이 숙소'가 있으며, 청년은 매일 밤 거기에 모여 단체생활을 즐겼다. '아가씨 모임'도 그와 마찬가지로 미혼여성들의 조직으로 '아가씨 숙소'를 가졌으며, 그 곳에 모여 같이 밤일을 하였다. 청년들은 아가씨 숙소로 놀러 가서, 아가씨들의 일을 방해하지 않도록 이야기를 한다든지 노래를 한다든지 하였다. 또 젊은이의 집회에 아가씨들이 도와주러 오기도 하였다. 특히 아가씨 모임은 결혼 준비기관으로서 중요한 역할을 했다. 메이지 이후 폐지되었기 때문에 딸의 남편감을 찾는 것이 곤란해졌다는 곳도 많았다. 아가씨 숙소와 젊은이 숙소는 같은 마을 내에 따로 있는 것이 보통이었지만, 같은 곳에 숙소를 정하는 경우도 있었다. 한 예로 '메자라도(めざらど)숙소'[100]의 청년남녀에 대한 묘사를 보면, 극히 밝으며 건전한 남녀교제임을 알 수 있다. '숙소는 숙소의 생활 사정에 어두운 사람들이 조소할 바가 못 된다'고 야나기다쿠니오(柳田国男)씨도 여러 각도에서 이에 대해 논하고 있다(「聟入考」).

「전국민사관례류집(全国民事慣例類集)」에 의하면 자유결혼의 한 형태로 여자 측 부모의 승인이 없을 때에는 남자는 친구의 힘을 빌려 마음에 둔 여자를 훔쳐오는 일도 있었다. '하류사회에서는 사회재판이 적었고, 따라서 자유결혼도 그런대로 행해졌다(上伊那郡史).'고

---

100) 陸奥国下北郡東通村.

하듯이, 하류에서 일하는 농민들 사이에서는 자유결혼에 대해 반대하는 자도 없었다. 따라서 여기에서는 애정 만에 의한 진실 되고 바른 결혼도 가능했던 것이다.

쵸닌사회에서도 하급 근로시민에게는 상당한 연애의 자유가 있었다는 것은 사이가쿠(西鶴)의 『川柳子』에도 잘 그려지고 있다. '부끄러움을 알고 괴로워하기 시작한 딸' '사랑에 빠지면 얼굴에 자욱이 남는다' 등, 사이가쿠는 이 소설에서 어느 수준 낮은 남자의 정열에 감동하여 자유결혼을 한 여성을 통하여 사랑은 적극적이어야 하며,

"일이 누설되어 법정에 서더라도 자갈밭 위에서라도 부부가 되어 보이겠다(당시 법정에서는 자갈 위에 앉혔다고 함)."

는 의지를 피력하였다. 이와 같이 신분격식도 재산도 없는 백성에게는 오히려 진실 된 사랑에 의한 자유로운 결혼의 기회는 가질 수 있었다. 그리고 백성의 부부생활이 공동의 노동생활로 이루어졌기 때문에 그 애정 또한 더 깊었다고 할 수 있다.

"순산을 수호하는 지장보살에게 올해도 기원 하네, 처의 무사함을"
"처는 나오시게 6월 7일 날, 기온(祇園) 참배에 함께 길동무 하세"

라는 남편들의 헤아림도 보이며,

"남편과 여행하니 세월도 잊네, 벌써 소쩍새 우는 봄이로구나."

라는 부부여행담도 있다. 농민의 부부는,

"언제나 좁은 주거 안에서 서로가 가난을 참고 견디네."

"정이 깊고 친숙하여 부부가 하루를 만나지 못하면 마치 여삼추와 같네.101)"

라 하였다. 이것은 소설이나 노래의 문구만이 아니다. 실제로 당시 사회를 관찰한 보고인 것이다.

미국의 페리는 우라가(浦賀)에 와서 일본 부인이 남자의 동반자로서 인정받고 있음을 보고 '단지 가내의 노예로서 취급당하지 않는 것' '일부다처제가 없는 사실'은 동양제국에서 유례가 없는 일이라 하여 일본부인의 높은 지위를 보여주는 것이라 하였지만, 그것은 무사나 다이쵸닌(大町人)지주에게 해당하는 것이 아니다. '목면 옷에 달아서 뒤축이 잘린 신발, 남자와 매우 유사한 복장을 하고'라 하여 노동하는 농민여성의 모습을 말한 것이다.

여기서 일부일처라는 제도 자체도 그렇지만, 대다수 근로하는 농민이 첩을 가진다는 것은 상상도 할 수 없는 일이었다. 그것은 가난함 때문만은 아니었다. 처라는 훌륭한 동반자가 있는데 어째서 첩이 필요할 것인가.

또 서민여성들은 사실상 남편과 같이 일하였고, 특히 에도시대 후기에는 견·목면 등의 베틀 짜기나 그 외 수공업이 발달하면서 여성들이 경제적으로 명실상부한 독립의 기회를 갖게 되자, 방탕 하는 남편과는 처 쪽에서도 이혼할 수 있다는 예조차 있다. 「민지칸레이루이슈(民事慣例類集)」에는 수공업이 발달해 있던 지역에서는 모두 그

---

101)「世事見聞錄」.

와 같은 습관이 있었다고 기록하고 있다. 이것은 관례집에 실린 예이지만, 그 밖에도 볼 수 있다. 마츠모토번(松本藩)의 1791년 법령에는 '남편이 싫어서 도망가는 경망한 처는 간혹 있지만, 남편과 헤어진다는 것은 있을 수 없다. 남편을 따라야 한다.' 라 하였지만, 봉건적인 남편의 전권(專權)과 그것을 지켜나가는 영주를 업신여기듯, 사랑하지 않는 남편에게서 '도망가는 경박한 처'로 비유된 여성들이 꽤 있었던 것을 알 수 있다.

혹은 에도시대 후기 견직물 산업이 발전한 죠슈(上州)지방에서는 부인들의 자립성이 돋보이며, 또한 나고야(名古屋)지방의 문구(文句)에는 '시집살이 일이 종류에 따라 너무 힘들면 아무리 화려한 집안의 며느리라 하더라도 되돌아온다.'고 기술하고 있다.

그리고 이러한 민중의 진보성은, 저 견고한 무사계급 내에도 영향을 끼쳐 어느 정도는 그들의 인간성을 회복시킨 면도 적지 않다. 어느 무사가,

"그대와 함께 잠을 청할까 오천 석의 돌을 주울까, 에이 모르겠다. 될 때로 되라, 그대와 잠을 청하세"

라고 하여 유녀와 동반자살을 하였는데, 이것은 자주 무사가 '타락'한 예로 인용된다. 무사적으로 말하면 '타락'이지만, 半무사적으로는 애정을 관철시켰다는 점에서 도리어 인간적이다. 어느 신직(神職)은,

"처자를 사랑하는 것은 인간의 당연한 도리다. 남녀는 평등하다. 부부는 유별하다든가 삼종칠거(三從七去) 등은 모두 유교주의의 잘못이다. 결혼은 오로지 상호의 연애에 기본을 두어야 한다."

라고 주장하였다.

에도시대 초기에도 막부의 박해 속에 죽어 간 로닌(浪人)학자 쿠마자와반잔(熊沢蕃山)은, '이 세상에는 마음속에 담은 말을 서슴없이 할 수 있는 친구도 없네.' '처 외에 누가 남편의 친구가 될 수 있을 것인가'라 하여, 여성이 학문교양을 널리 익힐 필요성을 반복해서 강조하였다. 또 그는 여성에게 진실 된 정절을 바라는 만큼, '특히 여성은 어리석어서는 안 된다'고 하여, '여성이여 현명해져라'고 외치고, 분명한 자주적 판단력을 갖도록 권장하였다. 또 부모가 '혹은 부귀 때문에, 또는 스스로 도움이 되지 않는 일을 도모하여 '결혼을 강제한다고 해도 부모에게 맹종해서는 안 되며, '다만 삼가하고 깊이 생각하여' 그런 일을 해서 불행해지기 보다는, 자주적으로 판단을 관철하여' 그 같은 일에는 따르지 않는 것 또한 효도가 된다.'고 단언하였다. 그는 또 여성이 현실에 눈을 돌릴 때,

"남자는 아주 허세가 많고, 여자는 바보가 드물다. 세상에서 바보라 불릴 때 여자바보는 남자바보 정도는 아니다"

라고도 하였다. 무사 사상가로서는 완전히 예외적이며 뛰어난 인간적 의견이었지만, 그것도 백성 민중여성의 현실적 힘이, 이렇듯 비교적 국민을 이해하는 특수한 체험을 가진 사상가로 하여금 새로이 깨닫게 하는 계기를 마련하게 할 수도 있었던 것이다.

실제 반잔이 말하는 것처럼, 여성은 바보도 멍청이도 아니었다. 그녀들은 생활조건이 허락한 범위 내에서 훌륭하고도 독창적인 발명도 하였다. 그것은 주로 여성 산업이었던 직물의 발달을 통하여 나타나 있다. 예를 들면 유명한 구루메가스리(久留米絣)[102]는 19세기 초,

구루메의 쌀가게 딸인 노리코(伝子)가 면포를 짜서 가게를 돕고 꾸려나가는 동안에 궁리하여 만들어 낸 직물이다. 그 때 노리코(伝子)는 21세였다. 이요가스리(伊予がすり)도 카기야(鍵屋)라는 여자가 발명 한 것이다.

근대과학도 소위 난학(蘭学)으로, 아오키콘요(青木昆陽: 에도 생선가게 아들)나 타카노쵸에이(高野長英: 永沢의 의사 아들) 등 농민 출신의 과학자에 의해 진척되었다. 그리고 일본여성으로서 처음 근대과학의 씨를 뿌린 사람은 나가사키의 유녀와 네덜란드인 의사 시볼트와의 사이에 태어난 딸 쿠스모토이네(楠本イネ)였다. 그녀는 아버지 시볼트가 1829년 막부에 의해 추방당한 뒤, 어머니와 아버지의 문하생들에 의해 양육되면서 근대의학을 공부하였다. 그리고 일본 최초의 과학적인 여의사가 되었다.

여성의 능력을 원천부터 말살해 버리는 사회적 조건을 조금이라도 부드럽게 한다면, 여성은 이처럼 재능을 펼칠 수 있었던 것이다. 그리고 또 일본여성 어느 단체에서, 부당한 사회적·정치적 압박의 온갖 역경 속에서도, 계속 전제주의를 비판하는 신념을 끝까지 관철하여 싸울 용기를 낼 수 있었던 것 또한 역사적 증거가 된다. 이와 같은 경우는 기독교 여성이 대부분이었다.

일찍이 전국(戦国)시대 여성에게 큰 광명을 준 기독교는 박해로 하여 완전히 근절된 듯이 보였지만, 신도들은 비밀리에 신교의 자유를 지켜가고 있었다. 나가사키 부근의 우라카미(浦上) 및 키바(木場)에서는 1791년, 1842년 및 1856년 3회에 걸쳐 기독교인을 체포한

---

102) 후쿠오카켄(福岡県)의 久留米지방에서 나는 감색 바탕에 비백(飛白) 무늬가 있는 튼튼한 천.

일이 있으며, 1859년 개항 직후 영국영사가 보낸 보고서에는, 신도가 8만여 명이나 된다고 추정하고 있다. 1865년 나가사키에 프랑스인 천주교회가 세워지자, 그 해 3월 우라카미의 농민 남녀 15명은 몰래 교회당을 찾아 왔다. 그 중 '데루'라는 농민의 부인 외 3명이 "산타마리아상은 어디에 있습니까?"라고 하며 성모상을 찾으면서, 300년간의 신앙을 고백했다.

'산타마리아' 그것은 이 여인들에게는 여성의 사랑과 존경과 맑음의 상징이었다. 그것을 '마리아 관음'이라는 형태로 계속 지켜져 왔던 것이다. 그리고 이 고백을 계기로 바로 우라카미에서 히젠(肥前)일대에 숨어 있던 신도가 모습을 드러내고, 새로이 신앙의 불을 밝혔다. 그 사람들은 모두 극히 가난한 농민들이나 어부들이었다.

현대에 들어 남녀는 해방을 위한 과학성을 지니고 있다. 현대인은 '상징'에 의존하는 것이 아니라 '이론'에 의존한다. 그러나 당시 일본과 같은 전제봉건시대 하에서는 '평등과 독립의 관념을 격려하고 동시에 종종 세속 권력에의 저항을 의무화 시켰다.'는 것, 또 '지상의 권력에 맹종하지 않을 것을 고유의 원리로 하며, 농민은 인간보다도 신에게 ―예를 들면 그 인간이 天子며 신의 아들이라고 가장해도― 복종하지 않으면 안 된다고 가르쳤다.'는 것은, 단지 지상의 괴로움을 천상에서 해결하고자 하여, 지상의 잘못 된 부정과 싸우지 않는 자 만이 비판받아야 할 것은 아니었다. 그와 같은 가르침을 모든 박해와 싸워 지켜야 했던 것으로 당시로서는 그야말로 지상의 전제정치를 비판하고 맞서 싸워야 했던 것이다.

그리고 '테라고야' 조차도 다닐 수 없었던 노동자 농민의 소녀들이야 말로 노예적 행동을 가정에서 교육받음으로써 이러한 요구는 많은 무가나 부호의 딸들과는 도저히 비교될 수 없는 것이기도 했다.

2. 생산력의 발전과 여성

모든 것에 새로운 발전은 허락할 수 없다는 봉건지배의 기본적 틀 아래에서도 백성의 활발하게 발전하는 에너지를 억누를 길은 없었다. 근대적 가족 관계와 남녀평등 관념에 의한 애정이 주는 기쁨이 싹트면서, 거기에는 사상과 신앙의 자유로운 불꽃이 계속 유지·보존될 수 있었을 뿐만 아니라 그와 더불어 기초가 되는 새로운 생산력을 서민남녀는 발전시켜 갈 수 있었던 것이다.

18세기 초 전국의 석고(石高: 토지에서 수확량을 쌀로 표시한 것)는 무려 2천5백만 석, 그로부터 1세기 정도 지난 19세기 중엽에는 3천50만 석 정도에 이르렀다. 경지면적도 16세기말, 도요토미히데요시(豊臣秀吉)가 겸지(檢地)를 실시할 무렵에는 약 150만 정보(町歩)로, 1871년(메이지 4년)에 305만 정보(町歩)가 되었다. 즉, 중기 이후 농업생산력의 발전으로 농구와 비료 개선 등을 통하여, 농민가족의 노동력을 한층 넓은 토지에 집중시킴으로써 얻게 된 결과였다. 이러한 형태는 일본농업 생산력을 일관되게 발전시켜 나갔다. 본격적인 토지개량에 의하지 않고도, 세부 농구의 개량이나 비료를 주는 방법 등과 인간의 노동을 강화한 결과, 당연히 생산고는 많아졌음에도 불구하고 농민 한 사람 당 생산고는 비교적 많지 않았다. 농민들의 인간적 노력이 언제나 잔혹한 착취에 의해 낭비되고 있었던 것이다.

농산물의 종류도 에도시대에는 단연 많아졌다. 뽕, 차, 옻, 닥나무를 사목(四木)이라 하고, 모란(紅花), 쪽(藍), 마(麻)를 3초(草)라 하여, 쌀과 보리 다음으로 그 재배를 장려하였다. 더욱이 목화, 사탕수수 및 채소 종류의 재배가 에도시대 중기부터는 상당히 중요한 농산물이 되었다. 이상에서 사탕수수는 농민의 주식이 될 만한 것이었지만, 그 외의 것은 모두 공업에 필요한 원재료였다.103)

이러한 것을 재료로 수공업이 18세기 후반부터 전국적으로 발전하였다. 그것은 이미 자급자족을 위한 것이 아니라 상품으로 팔려나갔다. 생사(生糸)는 본래 백사(白糸)로 수입품이었지만, 중기 이후 국내에서 자급자족하여 가이(甲斐), 시모노(下野), 우에노(上野), 에치젠(越前), 단고(丹後) 등의 각 지에서 견직업이 발달하였다. 그리고 18세기 말 개항을 하게 되면서 생사는 일본 최대의 수출무역품이 되어 현재에 이르고 있다. 면사포도 18세기 말부터 오사카 부근의 히라노(平野)를 시작으로, 오우(奧羽)에서는 아키타(秋田)목면, 간토(関東)에서는 마오카(真岡)목면, 중부지방의 미가와(三河), 시코쿠지방의 이요(伊予), 규슈지방의 쿠루메(久留米) 등에서 각각 특산품으로서 목면 직물업이 발달하였다.

옻칠에 의한 칠기공예, 양초, 닥나무에서 뽑은 와시(和紙: 일본 전통 종이), 유채씨의 기름 등도 거래고가 매우 높았으며, 귀중한 상품 생산으로 발달하였다. 사탕, 소금, 납 등도 특산품으로서 발달하였다. 그 외 중요 산업으로는 주조업이 이르는 곳마다 농촌을 중심으로 번

103) 茶도 수송업으로 만들어져 상품으로 팔려나갔다.

창하였다. 금과 동을 캐는 광산의 개발도 진행되었다.

그런데 이 같은 산업경제의 발달은 바로 농민의 생활을 풍요롭게 하는 것이 아니라, 도리어 소농민을 '마비키'와 같은 비참함조차 느낄 정도로 괴로움 속으로 내 몰았다. 그것은 왜 일까? 한 마디로 말하면 새롭게 발전해 가는 생산력이 봉건제라는 생산관계와는 모순되기 때문이었다.

첫째로, 경제 발전은 무사의 재정을 매우 불건전하게 만들었고, 대부분 파산시켰다. 무가는 농민으로부터 연공을 짜내어 그것을 성 아래 마을이나 에도에서 단지 사치스럽게 써 버리고 말았다. 거기에 다이쵸닌 계급이 기생하였기 때문에 무가의 재정이 곤란해졌던 것은 당연하다. 오사카의 쵸닌이 한 번 노(怒)하면 천하의 제후도 떨었다고 과장될 만큼 다이묘(大名)는 모두 다이쵸닌으로부터 돈을 빌려 썼다. 그것을 지불할 능력이 없으므로 때로는 차용증서를 찢어버리고 마는 폭행도 범했지만, 막다른 곳에 이르면 무사는 그 재정을 조달하기 위해 농민을 더욱 더 착취하지 않을 수 없었다. 번(藩)의 특산물을 번에서 통제하고 또는 전매하는 것도 재정난을 극복하기 위한 것이었지만, 그것은 즉 특산품을 생산하는 농민에게서 단지 노획한 것을 내다파는 것에 지나지 않았다. 연공은 2년분~3년분을 앞서 착취하기도 하였다. 그것이 농민들을 결국 살아갈 수 없게 만드는 것이었다.

두 번째, 소농민은 부호농이나 다이쵸닌에게서도 착취를 당하게 되었다. 상품경제가 진척되자, 마을에서도 본래 부농이었던 사람들은 술집을 경영하거나, 지방특산물 도매상을 겸하든지 하면서, 점점 많은 부를 축적해 갔다. 한편 점점 가중되는 영주의 착취 아래, 소농민은 조금의 흉작이나 환자가 생기기라도 하면 바로 연공에 내몰려, 부농으로부터 쌀이랑 돈을 빌려 쓰지 않을 수 없었다. 그것을 지불하기 위해 딸을 팔기도 하지만, 결국은 지불할 수 없게 되면 경지를 내어 놓고 그것은 부농의 손에 쥐어졌다. 또 도시의 대 상인이 농촌에 진출하여 마을의 부호와 함께 새로운 전답을 관리하게 되었다. 이것은 18세기 중엽에 성행하였다. 이렇게 그들이 점점 많은 경지를 가지면서 소농민은 그 소작인으로 전락되어 갔다. 에도시대 말기에는 전국 경지의 약 3분의 1이, 이미 소수 부농의 손에 들어가 소작인이 증가하였다. 다나카오카스미(田中丘隅)라는 호농이 기록한 「민칸세이요(民間省要)」에는, 소작인은 지주와 영주의 이중 착취 속에서 어떻게 양 쪽 모두에게 연공을 바칠 수 있을 것인지, 지주 자신이 도리어 내심으로는 이상하게 생각된다고 기술하였다.

이 처럼 농민은 전보다 한층 더 큰 고통과 맞서야 했지만, 그것은 동시에 어떤 면에서는 지금까지의 자급자족적 생활과는 다른, 새로운 사회관계를 싹틔우는 것이기도 했다. 농민 중의 어떤 자는 계절마다 봉공인 또는 하루살이 고용인이 되거나, 혹은 마을에서 도망쳐 도시 빈민의 무리 속으로 들어가기도 했다. '토지를 잃는다.'는 것은 괴로웠지만 그것은 한편으로는 토지의 속박을 피해갈 수 있게 하였으며, 또한 보다 넓게 보다 자유로운 민중의 결합을 이끌어 내기 위한 역사적 전제의 하나가 되었기 때문이다.

그리고 여성사에 있어서 무엇보다 귀중한 것은, 바로 여기서 비로소 여성들이 새로운 상품생산자, 가족에서 독립할 기회를 갖는 사회적 생산자가 되는 첫걸음을 내딛었다는 점이다.

목면과 견직물 수공업은 본래 농민여성이 집안에서 자가용으로, 혹

은 연공을 위해 생산하였던 것이다. 그것이 한층 발전하여 상품으로
서 생산하게 된 것은 도매상이 나타났기 때문이다. 그것은 본래는 농
민여성이 자신의 도구, 자신의 원료로 생산한 제품을 모아서 시장에
내다 파는 것이었지만, 마침내 도매상은 원료가 되는 실 등을 그 농
가에 전대(前貸)하기에 이른다(때로는 도구조차도 빌려주었다). 그리
고 이것을 포(布)나 실로 만들어 도매상에 가지고 가면, 그 때 원재
료 값을 뺀 공임만을 지불하였다. 이렇게 되자 제조농가는 독립된 수
공업자, 혹은 제품을 파는 자가 아니라 도매상에 예속되어 노임만을
받는 형태가 되어버렸던 것이다. 이와 같은 공업생산을 도매상제 가
내공업이라고 한다. 여기서 도매상은 전대(前貸)자본가이다.

예를 들면, 이요(伊予)목면은 18세기 중엽부터 도매상제 가내공업
에서 생산되고 있었지만, 막부 말기 1820년대에는 18채의 도매상이
있었다. 그들은 면체(棉替)목면이라 하여 실면(実綿) 5백문(匁)을
전대하고, 농가의 여인은 그것을 스스로 조절하여 실로 잣아 내어 백
목 면으로 짜내면 2反이 되었다(1反은 90~100匁). 그 1反을 도매상
에서 거두거나 혹은 5백匁의 실면을 전대로 받았다. 당시의 생산방
식으로는 하루 종일 일한다고 해도 8일이 걸렸다. 즉 원료를 전대로
받았을 뿐으로, 8일간의 노임은 겨우 목면 1反이었던 것이다.

에치쥬(越中)의 니카와(新川)군은 막부 말기에는 백목 면의 생산
량이 백만反에 이르렀지만,

"이 성대함을 있게 한 무엇보다 중요한 원천은 오로지 부녀자들의
근면함에 의한 것이다"

고 하였다. 이것도 실면을 전대로 받은 뒤, 그것을 잣아 내어 짜고,

또 면과 교환하는 도매상제 가내공업이었다. 다른 수공업도 대게 이러한 형태를 취하였다.

이러한 형태가 보다 진척되어, 특히 견직물 등에서는 19세기에 들어 키류(桐生), 아시캬가(足利), 마에바시(前橋) 등이나, 혹은 신슈(信州)나 에치젠(越前)의 일부, 코슈(甲州) 등에 공장제 수공업(메뉴얼펙쳐)의 발전이 보이기 시작했다. 이것은 자본가가 생산도구와 원료를 일체 구비하고 있으면서, 다수의 노동자가 동시에 그 자본가에게 고용되어 모든 작업의 일부를 하청 받고, 분업으로 동일자본가의 작업장 내에서 노동을 하였다. 이러한 노동은 가내공업처럼 자신의 집에서 자신의 도구로 단지 원료만을 남의 것으로 가공한 것이 아니라, 자신의 노동력을 파는 것뿐인 임금노동자였던 것이다. 여기에 본격적인 자본주의적 생산이 싹트기 시작했다.

특히 1859년 개항 후, 수출용의 생사 생산량이 대단한 기세로 왕성해지면서, 개항 후 4, 5년 동안에 생사 생산량은 2배로 증가하였다. 수출하는 생사는 품질이 좋아야 하므로, 그를 위해서는 농가에서 뿔뿔이 흩어져 하는 가내공업이 아닌, 한 사람의 통제 아래 동시에 같은 질의 도구로 생산할 필요가 커지게 되자, 생산은 점차 대규모화되어 갔다.

공업제 수공업은 주변에 대단히 많은 도매상제 가내공업을 발달시켰다. 이렇게 견직물업이나 면직물 업에는 '하타오리게죠(機織下女)'라 불리는 여공이 19세기 전반에 각지에서 생겨났다. 이 같은 수공업의 발달은 농업과 수공업의 결속을 무너뜨렸고, 또 이것이 발달하면서 농민들은 농업을 버리게 되었다. 따라서 봉건제는, 농민을 토지에 묶어두면서 자급자족이라는 명분으로 경제활동에도 참여토록 하

여, 결국 그것을 착취함으로 성립되었다. 그 때문에 새로운 공업의
발달은 봉건제의 근본을 위태롭게 하기도 하였다.

거기서 막부나 여러 번(藩)은 농민이 마을을 떠나가는 것을 엄하
게 금지하고, 1842년에는,

"베를 짜는 기계직 하녀라는 자들은 과분한 급여를 받기 위해 농
업을 멀리하니, 이는 본말(本末)을 잃은 자다."

라 하여 이를 금지시켰다. 여러 번에서도 이를 전후하여 마찬가지
로 금지하였다. 예를 들면 히젠(備前)에서는 농가에 한 대 이상의 베
틀을 갖지 못하게 하였고, 하타오리봉공(機織奉公), 1일고용 등에 나
가는 것을 금지하였다. 에치고(越後)의 南蒲原郡에서도 농업에 방해
가 된다하여 역시 이를 금지하였고, 히메지(姬路)의 木棉지방에서도
농번기에는 베틀 가게를 휴업하게 하고, 새롭게 베틀 가게를 개업하
는 것은 허용하지 않았다. 그렇지만 또 나고야藩과 같이 번의 재정을
조달하기 위해서는, 농가에 강제적으로 베틀 짜기를 시키지 않을 수
없는 모순도 발생하여, 결국 새로운 생산발전은 억누를 수 없는 사실
로 받아들일 수밖에 없었다. 그 발전 과정에서 여성들이 노동력뿐만
아니라 기술적 발달에 큰 힘이 되었다는 것은 전술한 바이다

이 임금을 받는 베틀 짜기도 전술한 「세지켄분로쿠(世事見聞録)」
의 인용에서도 알 수 있듯이 심한 착취였고, 양잠의 발달로 '사람들
은 며느리도 보고 사위도 보는데 나는 밭에서 뽕잎을 딴다'는 한탄
섞인 생활을 딸에게도 시킬 수밖에 없었다. 매뉴얼펙쳐인 여공도, 가
난한 집안에서 태어나 수년간을 베틀에 앉아 양친의 사망소식도 모
르는 채 봉공이라는 명분 아래 고역을 강제 당하였다. 대부분 철야작

업을 하는 극도의 자유라고는 없는 불쌍한 노예나 다름없다고 「직노(織奴)의 생활104)」은 밝히고 있다.

이 같은 내용과 전술한 막부의 금령(禁令)에서 말하는 '과분한 급여를 받는 기계직(機織)하녀'라는 것과는 완전히 다른 것 같지만, 임금을 받는 기계직도, 과분한 급여도, 그 무엇도 아니지만 그렇다 하더라도 여성이 사회적 생산자의 일부가 되어 가족 외의 넓은 세상과 관계를 맺는다는 것이 봉건지배자 쪽에서 말하자면 본말을 잃어버리는 것과 같았던 것이다. 그리고 여성의 노동에 따른 목면 및 견직물 공업을 선두로, 와시나 주조(酒造) 등에도 공장제 수공업, 도매상제 가내공업이 발달하면서 봉건제의 토대가 무너져 갔다.

---

104) 阿部弘武 『일본노예사』.

3. 봉건제 타도운동과 여성

백성과 그리고 그 여성은 일반의 노동생산에 의해 새로운 세계를 준비하고, 안으로는 타오르는 신념, 사상적으로 봉건제를 비판하였을 뿐만 아니라, 백성은 또 봉건전제 지배에 정면으로 부딪히면서 그것을 근본에서 마구 흔들어 놓았다.

시마바라(島原)의 난에서 막부의 무사들이 백성을 완전히 제압했다고 생각할 겨를도 없이, 그들의 착취와 압제에 반대하는 백성의 새로운 투쟁은 다시 일어나고 있었다. 1652년 와카사(若狹)에서는 겨우 16세 소년인 마츠키나가노리(松木長操)를 선두로 농민대중이 궐기하여 법이 정한 외의 연공을 적게 할 것을 번에 요구하였다. 나가노리(長操)는 5년간이나 옥중에서 괴로움을 당하지만 결국 뜻을 굽히지 않고, 옥사하여 묘진(名神)으로서 전 농민들로부터 추앙을 받았다.

같은 무렵, 시모후사(下総) 사쿠라(左倉)의 명주인 키우치스고(木内崇吾)의 영웅적 투쟁은 혁명적 농민의 혼(魂)으로 널리 사람들에게 알려져 숭앙받았다. 전설에 의하면 스고(崇吾)는 처에게 난의 여

파가 미칠까 두려워 이별하고자 하였을 때 그 처는,

"무슨 즐거움으로 이 세상을 살아 갈 것인가. 몸을 가르는 칼날은 받을 수 있어도 인연을 가르는 칼날은 받을 수 없다."

고 하며 이혼하기를 거절하고, 어디까지나 남편과 함께 민중과 함께 싸우면서 사형도 두렵지 않다는 열정과 부부애를 과시하였다. 후에 스고(崇吾)가 붙잡혀 사형을 받게 되었을 때, 영주는 스고가 미운 나머지, 장남인 무네히라(宗平)는 물론이고 그의 세 딸에게, 9세 여아를 도쿠지(德治), 6세 여아를 오츠지(乙治), 3세 여아를 도쿠마츠(德松)라는 남자이름을 강제로 붙여 어린 딸까지도 사형하도록 했다.

이 이야기는 스고 한 사람만의 일이 아니라, 당시 지방에서 일어났던 몇 가지의 백성봉기 사실(史實)을, 한 사람의 삶이라는 민중영웅의 행동으로 정리하여, 봉건지배의 잔혹함과 초기 민중의 전형적인 투쟁모습을 만들어 내었다. 전해지는 스고 일가의 투쟁은 당시 백성 남녀의 용기와 혁명정신을 보여주는 것이다.

드디어 봉건제 내부의 모순이 극심해짐에 따라 백성의 궐기도 매년 격렬해져 갔다. 그 중 현재까지 알려져 있는 것만도 1,500건은 된다. 그 대부분은 '마비키' 등으로 전 민중여성들의 마음을 이중 삼중으로 괴롭히고 있던 18세기 후반 이후에 발생하고 있다. 그리고 이러한 백성의 투쟁이야말로 결국 도쿠가와 막부를 무너뜨리는 근본적인 힘이 되었다. 이 투쟁에서 여성도 아버지나 남편 그리고 형제 등을 도와 참가하였다.

본래 당시로서는 그녀들의 지위105)적 제약 때문에, 대부분의 경우

여성 자신은 제1선에 서지 않고, 남자들을 대표로 제1선에 내세우지 않으면 안 되었다. 게다가 남자들의 결사 투쟁 뒤에는 스고의 가족처럼 언제나 그들이 집안일을 걱정하지 않고 싸울 수 있도록 계속 격려 해준 가족여성이 있었다. 두세 가지 예를 들어보자.

1840년 치카에(近江)지방의 대봉기에서는 지도자격의 사람들 10여 명이 체포되어 에도로 송치되던 중 처자를 면회하게 되었다. 그들은 쇠약한 얼굴에 미소를 띠우며, 처자 친족에게는 다만 '자애(自愛)하라'고 하였다. 처들은 '집안일과 아이들의 일은 걱정하지 말고 부디 그 뜻을 이룰 것을 기원한다.'고 하였다. 정중하게 이별을 고하고 다른 동지에게도 공손하게 이별을 고했다. 또 하나 예를 들자.

미노(美濃)의 봉기에서는 간부들이 사형되자 그 머리를 거리에 내다 걸려고 하였다. 관리들이 당일 사형자의 처자와 친척을 불러놓고 이에 대하여 일동이 수긍하기를 바라자, 세 곳에서 나온 죄인의 친척들은 한 목소리로,

"재판의 결과가 나오기도 전에 허무하게 죽은 삶도 많이 있는데, 우리들의 남편은 재판도 받고, 또 죽어서도 훌륭한 관리님이 이토록 머리채마저 들고 오셔서 진열까지 하신다 하니, 소송인 700여 명 중에서 이보다 더한 고마움이 없습니다. 그 뜻을 이루니 말로 표현 할 수 없을 만큼 기쁘게 생각합니다."

라 하며, 모두가 손뼉을 치고 '와' 하고 소리를 질렀다. 이에 관리도 질려서 '발칙한 놈, 모두 일어서, 일어서' 하며 되돌려 보내었다고 기술하고 있다. 이 얼마나 큰 용기인가. 처자들을 이처럼 동지로 믿

---

105) 집안 내 사람이어서 독립된 사회인으로 취급하지 않는다.

을 수 있음으로서만이, 남자들도 반드시 극형을 면할 수 없는 투쟁이
지만 용기 있게 나설 수 있었을 것이다.

이 외에도 오노타케오(小野武夫)씨의 「백성일규총담(百姓一揆叢
談)」에 있는 봉기 사건만을 보아도 이러한 예는 많다.

19세기 초, 단고(丹後)의 대 봉기에서는 니헤이마모루(新兵衛)가
지도자로 나섰는데, 그 처인 '오사에'는 남편을 잡으러 온 관리의 면
전에서, 남편이 책상다리를 하고 앉아 왕골 멍석 아래 깔고 있던 '강
소연판장(強訴連判帳)'을 재빠르게 빼내어 차를 끓이는 가마 아래로
던져 장작불과 함께 태워버렸다. 이 영민함과 용기 있는 결단적 행동
으로 수백 명의 동지의 비밀과 생명을 지킬 수 있었다.

또 1811년 훈고(豊後)에서 있은 봉기에서는 그 요구 40조 중 주
요한 하나가, 결혼에 대한 영주의 간섭을 반대하는 것이었다. 이것은
에도시대 봉기 중에서도 특히 주목할 만한 예다. 봉기는 대게 직접
경제상의 무거운 부담에 반대한 것이 많았지만, 이처럼 사사로운 자
유를 위한 주장은 이 외는 볼 수 없는 것이다. 그리고 이 봉기에서
는,

"등불을 높이 들어 앞세우고, 사람마다 도끼를 짊어지고 혹은 낫을
들고 또는 허리에 차고 밀려왔다. 그 중에는 여자이면서도 같은 차림
을 한 자도 있었다."

라는, 여성들이 제1선에서 분투하는 모습도 볼 수 있다.106)

---

106)「百姓一揆叢談」.

그리고 이미 지금까지의 각각의 생활에서 뛰쳐나와, 노동자 가족의 일원으로서 집단적 생활에 들어간 상태에서 여성만의 단결된 투쟁도 있었다. 사도(佐渡)의 예를 보면, 막부 말기 개항이 이루어진 후, 쌀 가격이 크게 상승하였을 때 어려움에 난감해진 부녀 수백 명이 모여, 밥그릇을 하나씩 들고 일찍부터 마을 관청 대표자가 출근하기를 기다렸다. 출근하는 관리를 둘러싸고 부녀들은 말없이 밥그릇을 치켜들고 쌀을 불하할 것을 요구했다. 이러한 행동은 전부터 계획하고 준비해 두지 않았다면 불가능한 일이다. 최악의 경우 여차할 때는, 일가의 부엌을 맡고 있는 주부들일지라도, 쌀 소동이 일어났을 때뿐만 아니라 이미 1860년대 과거에도 이 같은 생활투쟁에 나서고 있었던 것이다. 이것이야말로 소녀 때부터 무의식중에 배워 온 백성들의 딸로 자라난 성장 배경에 기인한다.

봉건제를 타파할 백성의 큰 힘은, 경제상으로도 사회적으로도 가족제 중에서도, 아니면 학문사상적으로도 18세기 말부터 쑥쑥 성장해 갔다. 산업과 상업은 일본의 봉건적인 분열을 하나로 잇는 눈에 보이지 않는 실을 짜고 있었다. 마을의 쇄국과 藩의 쇄국은 경제상으로 이미 크게 무너지고 있었다. 그것은 또한 백성봉기의 성장에도 나타나고 있었다. 백성은 마을 테두리를 넘어, 수만 명 수십만 명으로 단결하여 투쟁에 나서는 일도 종종 있었다.

혹은 또 1837년 2월 오사카에서 일어난 봉기는, 오사카의 쵸닌과 부근 평민농민 뿐만 아니라, 다른 신분의 자들로 보이는 사람들을 포함하고 있었다. 즉 백성과 쵸닌, 천민이라는 봉건적 신분차별을 넘어선 일치감도 싹트고 있었던 것이다. 관동지방처럼 많은 영주가 살고 있는 곳에서는, 어느새 백성을 지배하기 위해서 봉건제의 원칙을 지키고, 각각의 영주가 독립하여 자신의 영지만을 관리 감독한다는 것은 시대에 맞지 않았다. 따라서 1826년부터 막부는 관동에 감독관을 두고 여기에 개별적 영주에 관계없이 관동지방 전체를 감독하는 경찰권을 부여했다. 아래로부터의 통일을 억누르는 위로부터의 통일이 조직되기 시작한 것이다.

일본전체의 쇄국을 타파해야 한다는 생각도 생겨났다. '마비키'에 괴로워하는 백성이 군주를 원망하고 그 투쟁력을 실감한 혼다카즈아키(本多和明) 등은 일찍부터 개국에 따른 상공업 발전을 주장하였다. 백성의 투쟁을 반영하여 일하지 않는 자는 먹지 못한다는 사상도 생겨났다. 그러한 사상을 더욱 돈독하게 만든 것은, 1760년 전후 아키다(秋田)에 살았던 안도쇼에키(安藤昌益)였다. 그는 「시젠신에이도(自然真営道)」라는 책에서 본래 인간은 근로생산을 통하여 생활하는 것이 참된 도리임을 주장하고, 군주와 무사가 스스로 나서서 생산하지 않고 백성을 착취하는 것이 사회 일체의 죄악, 범죄나 전쟁, 백성의 가난함의 근본원인임을 명쾌하게 비판하고, 착취가 없는, 남녀의 완전한 평등이 있는 일부일처제의 자유 민주사회를 이상으로 하였다. 이 외에도 난학은 과학적 합리적 정신을 성장시켰다. 마츠자카(松阪)의 쵸닌 의사인 모토오리노리나가(本居宣長) 등의 국학자도, 합리주의에는 철저하지 못했으나 고도(古道)의 맹신에 빠지면서도 유교풍의 인간상을 물리치고, 남녀의 애정과 인정의 진실 된 아름다움을 존중하는 것을 명확히 하였고, 봉건지배에 대한 비판도 있었다.

무사계급 중에서도 하급무사나, 혹은 학문을 하면서 백성들을 접할 기회가 있었던 새로운 사회발전의 힘을 느낀 자들은, 그들의 재능을 억누르는 신분제에 불만을 품게 되면서, 무엇인가 개혁하지 않고서 봉건사회가 이대로는 견딜 수 없다는 주장을 펴기 시작했다.

백성의 혁명적 투쟁과 그 사상, 하급무사적 개량주의를 억압하고자
한 막부의 노력으로, 여러 형태의 힘이 일본 국내에서 심하게 대립되
고 있었을 때, 구미제국은 이미 민주혁명을 이루고 봉건제는 먼 옛날
의 꿈이 되어 있었다. 그들 각 국에서는 공업이 발전하고 그 제품의
판로, 또 그 공업원료를 구하기 위해, 세계를 증기선으로 돌면서 자
본주의적으로 바꾸어 가고 있었다. 그것은 19세기 초, 쇄국 일본에게
도 이미 바싹 다가오고 있었던 것이다.

봉건제 일본도 크게 전환을 꾀하지 않으면 안 되었다. 1830년대에
들어서면서 봉건지배는 이제 더 이상 어쩔 수 없는 막다른 곳에 이
르고 있었다. 대기근이 계속되었고, 수백만 명이 굶었고 수십만 명은
죽었다. 그럼에도 불구하고 봉건적 착취에 대항하여 거대한 백성봉기
나 도시 시민의 투쟁은 계속되었고, 이러한 투쟁의 물결은 특히 이
시기에 높아졌다. 1년에 수십 건의 대봉기가 일어났다. '대소금의 乱'
은 그 정치적 정점이었다. 이것은 이미 봉기가 아닌 내란의 제1보였
다. 이에 대하여 막부 내의 여러 번들도 당황하여, 막정(幕政) 번정
(藩政)의 개혁을 단행하였다. 이것이 텐포(天保)107)개혁이다. 이 개
혁은 막부가 '봉건적 전통의 강화'라는 방향을 설정하면서 완전히 실
패하고 말았다. 마(摩), 주(州) 등에서의 개혁은 새로운 산업적 상업
적 발전을 이용하여, 그것을 번의 통제 하에 둘 것, 하급무사를 관리
로서 이용하는 것 등, 개량주의적 방향을 취하기도 했으나, 다소 성
공은 거두었지만 그 모두가 백성의 착취를 이런 저런 형태로 강화한
것으로 봉건지배의 재편을 노린 것에 불과하였다.

---

107) 에도 후기 텐포 연간에 행해진 막부와 제번에 의한 개혁. 1841년에서 43년까지에
　　이루어진 막부의 정치개혁으로 사치금지·물가인하·번채(藩債)정리 등에 힘썼으
　　나, 다이묘나 농민 등의 반대에 부딪혀 실패했다.

새로운 일본을 백성혁명에 의해 만들 것인가, 그렇지 않으면 무사적 개량에 머물 것인가, 막부말기 19세기 중엽, 여러 문제의 근본 저변에 있는 문제는 바로 이점이었다.

백성은 봉건경제, 봉건정치, 봉건사회를 이미 마구 흔들면서 새 일본이 싹트도록 준비하고 있었다. 그러나 그 힘은 전 백성이 전국적 조직을 가질 만큼은 아니었다. 도시의 쵸닌과 농촌백성과의 연계는 있었으나 그것을 조직화하기에는 아직 약했던 것이다.

부패하여 분열되고 있던 봉건일본에게, 밖으로부터 큰 타격이 가해졌다. 일본은 좋든 싫든 자본주의 세계를 향하여 나라를 개방하지 않을 수 없었다. 그것은 쇼군(将軍) 다이묘(大名)제에 의한 봉건지배계급의 심각한 위기의식을 고취시켰고, 그들 사이에는 큰 분열이 일어났다. 막부의 통제력을 강화시킴에 따라 통일적 지배를 이루고 그 위기를 벗어나고자 하는 보수파와, 새로운 여러 다이묘연합을 조직하려고 하는 개혁파로 나뉘었다. 후자는 마침내 도막파(倒幕派)가 된다. 그리고 개혁파는 백성의 봉건제에 반대하는 혁명적 힘을 교묘하게 이용하면서 그것이 아직 전국적으로 통일되지 못하고 있는 동안에, 그들 자신의 통일세력을 몇 번의 실패가 반복되는 동안에 만들어 가고 있었다. 1853년 페리함대가 우라가(浦賀)에 들어오면서 갑자기 격렬해진 막부말기의 정쟁(政争)은, 이상과 같은 무사계급의 분열과 거기에 따른 개혁파가 점차로 전체 운동에 주력 역할을 하면서 승리를 해 가던 시대였다.

그들을 도운 큰 세력, 그것은 지방의 호농과 호상이었다. 그들은 지주며, 대개는 주점이나 직물상점이나 양잠업을 겸하고 있었다. 그들이야말로 노동자 백성의 혁명적인 성장을 누구보다도 잘 알고 있었다. 또 그들이야말로 새로운 산업적 발전은 피하기 어렵다는 사실과 그것을 피하기보다는 그것을 이용하는 편이 좋다는 것을 알고 있었다. 그리고 그들은 다이묘들에게서 착취당하지 않는 그들 자신의 권력을 원하고 있었다. 그렇지만 그들은 한편으로는 노동자 백성을 봉건적으로 착취하는 지주였으며 고리대금업자였다. 따라서 그들은 봉건적 착취를 혁명에 의해 폐지 하고자 한 것이 아니라, 그들 사정에 맞는 좋은 쪽으로 개량하고자 했을 뿐이었던 것이다. 그들은 농민의 투쟁을 지도한 것이 아니라 그것을 이용하였다. 여기에서 개혁파 무사와의 결탁이 생겨났다. 그리고 이 개량주의는 봉건제에 대한 반대를 장군제에 대한 반대, 그를 대신할 천황제 수립운동, 즉 도막(倒幕)왕정복고 운동에 그치고자 하였다.

서구 자본주의제국 또한, 일본에 오랜 봉건제가 남게 되는 것은 그들에게 이익이 되지 않는다는 것을 알았다. 그러나 그것을 혁명적으로 쓰러뜨리는 것 또한 그들에겐 이익이 되지 못함을 알고 있었다. 왜냐하면 그렇게 되면 일본은 완전한 독립국가가 되어 그들과 경쟁하게 될 것이고, 그들의 위세가 약해지고 위태로워지기 때문이었다. 이것을 영국공사 올콕은 명확하게 그의 저서「大君의 수도(都)」에서 기술하고 있다.

그들은 또한 개혁파인 토막파(討幕派)를 지지하고(영국), 막부로 하여 그 개량을 이루도록 하였다(프랑스). 토막파의 지사들은 처음에는 배외주의(排外主義)적 양이(攘夷)를 주창하였지만, 한편에서는 도막(到幕)의 목표를 확실히 파악하였고, 다른 한편으로는 외국무역을 이용하는 일에 눈뜨기 시작하였다. 특히 1863년부터 1864년 사이에 외국함대와 전쟁을 벌이면서 처참히 무너지고 난 뒤, 외국인을 적대시한 것에 대한 어리석음을 깨닫고 그들이 내미는 손을 잡았다.

이렇게 하여 마침내 봉건주의에 대한 백성의 혁명적 투쟁은, 개혁파의 무사, 지주, 상인과 국제자본주의 연합에 의하여 다만 그 발판으로 악용되고 말았던 것이다. 토막파는 끊임없이 새로운 정치를 백성에게 약속하고 또 백성을 군대에 끌어넣었다. 죠슈(長州: 토막파의 본거지)의 기병대는 혁명적 백성을 이용하여 조직된 군대로 특히 유력하였다. 1866년 봄부터 여름에 걸쳐, 에도·오사카·고베와 같은 도시에서는 쵸닌의 격렬한 혁명적 폭동이 일어났다.

때를 같이 하여 지방에서는 봉기의 회오리바람이 휘몰아쳤다. 그것은 직접적으로는 쌀 가격 인하를 요구하고, 혹은 토막파와 막부파의 정쟁과 내란에 의해 높아진 연공이나 인부 모집 등, 백성의 부담 증대에 반대한 것이었지만, 이 전국적인 도시와 농촌에 불어 닥친 민중봉기는, 마침내 토막파를 결전에 분기토록 하여 막부 측을 절망시켰다.

다음 해 10월 도쿠가와요시노부(德川慶喜)는 정권을 내 던졌다. 토막파는 그에 만족하지 않고 12월 9일과 1868년 1월 3일 마침내 장군제 막부제를 폐지하고, 천황의 이름 아래 본래의 정권을 장악하기에 이르렀다.

막부 말기의 이러한 정쟁 과정에서, 토막파로 활동한 여성이 몇 명인가 있었다. 信州의 마츠오타세코(松尾多勢子), 치쿠젠(筑前)의 노무라미치토(野村望東), 上州의 오하시마키코(大橋巻子), 데즈카마스코(手塚増子) 등이 그러하다.

마츠오타세코는 호농의 집안에서 태어나 우치마츠오무라(內松尾村)의 집안으로 시집을 갔다. 그 집안은 유수한 호농으로 제사(製糸)

및 주조업을 경영하고 있었다. 이러한 집안에 며느리가 된 타세코는
와카(和歌)에서 국학에 이르기까지 관심을 가지고 공부하였으며, 막
부 말기의 정쟁에 점차로 관심을 갖게 되었다. 이 지방은 종종 강력
한 백성 봉기가 있었던 곳이다. 또 타세코의 집안은 상매 관계로 하
여 교토나 지카에(近江)와 거래상의 연계가 있었다. 이러한 사정들이
타세코로 하여금 정치에 관심을 갖게 한 배경이었다.

1862년 타세코는 52세의 몸으로 가만히 있을 수 없어 교토로 혼
자 여행을 떠났다. 그 해는 토막파 세력이 처음으로 확실히 모습을
드러낸 해로, 교토에서는 쵸슈(長州)의 히사자카켄단(久坂玄端)이나
도사(土佐)의 다케이치타다야마(武市端山)등이 대활약을 하고 있었
다. 타세코는 교토로 와서 지인이 경영하는 염색집에 머물며 200일
가까이 체재하면서 토막파 지사와 비밀연락 등을 하고 있었는데, 자
금도 출자했는지 모른다.108)

오바시마키코나 데즈카후에코는 타세코처럼 스스로 나서서 활약한
사람은 아니지만, 남편이나 아이의 지사적 활동을 도운 인물이다. 두
사람 모두 우츠노미야(宇都宮)시의 부자 집 상인의 딸이었다. 당시는
직물사업이 왕성했던 시기로, 그녀들의 집안도 사업과 관련하여 풍요
하였다. 즉 타세코와 유사한 사회적 조건에서 양육되었던 자들이었던
것이다.109)

노무라미치토(野村望東)는 치쿠젠(筑前)번의 중류무사의 딸로
태어나, 생가보다 조금 상급 레벨의 藩士인 노무라테칸(野村貞貫)의
처가 되었다. 54세 때 남편과 사별 한 뒤 비구니가 되어 본명을 미

---

108) 布村弘安「메이지유신과 여성-마츠오타세코」.
109) 滝田為寿「維新의 女流勤皇家」.

치토라 개칭하였다. 그리고 후쿠오카(福岡)가까이에 있는 별장에서 노래 등을 지어 생활하였는데, 토막파 지사를 집에 머물게 한다든지 하며 원조하였다. 1864년 세모에 토막파의 최고 지도자 중의 한 사람이었던 죠슈(長州)의 다카스기신사쿠(高杉晋作)가 번에서 쫓겨 다닐 때, 이를 잠시 숨겨주기도 했다.

그런데 다음해 6월 지쿠젠(筑前)번에서는 좌막파(佐幕派)가 전 권력을 쥐게 되자 토막파의 주요인물을 사형시키기에 이르렀다. 비구니 승인 미치토도 연루되어 11월에 바다 건너 고지마히메지마(小島姫島)에 유배되었다. 다음 해 9월 다카스기의 도움을 받아 탈옥하나 병사 하였다.

이러한 소위 '여류근왕가(女流勤王家)'들은 사상적으로 말하면 모두 단가(短歌)＝국학(国学)＝근왕(勤王)의 형태를 취하나, 그 역사적 본질은 지주＝호상＝하급무사의 계급성에서 발생하고 있다는 것은, 이상에서 기술한 것으로 확실하다. 그녀들을 여성을 대표하는 혁명가라고는 할 수 없으나, 흔히 있는 궁정음모가 아닌, 국가권력 조직 그 자체를 타도한 정치투쟁에 나아가 참가했다는 사실에서 일본여성의 커다란 정치적 성장을 보여주는 것이다.

제8장

메이지유신과 여성 및 가족

1. 근대 천황제의 성립과 여성

메이지유신으로 일본 국민(人民) 남녀는 수백 년에 걸친 봉건제를 무너뜨리고, 근대적 민주주의와 남녀평등을 실현하는 제1보를 내디뎠다. 그것은 참으로 제1보에 지나지 않아, 고난의 투쟁은 이제부터 점점 격심하게 투쟁하지 않으면 안 되며, 특히 민중여성은 어떤 점에서는 봉건시대보다도 한층 힘든 상황에 부딪치는 일조차 있었다. 그러나 역사에 있어서 감탄할 만한 일은 단순히 시달림과 압박이 많아졌다든가, 적어졌다든가가 아니라, 여성의 해방을 위한 조건이 그 시달림 속에서 점차 갖추어져갔다는 것이다.

메이지 초의 수년 동안에 일본 여성도, 여러 점에서 봉건적 속박으로부터 해방될 수 있었다.

(1) 국민을 「번(藩)」 이라는 260여개의 봉건이라는 울타리 속에 가두는 일을 멈추었다. 처음으로 통일적인 일본국이 생겨, 일본 국민은 전국 어디에서나 같은 법률을 적용받고 사는 국민이 되었다.

1868년 1월, 국민의 도쿠가와(德川)봉건제에 대한 혁명투쟁을 이용해서 생긴 천황을 받드는 新정부는 旧막부 세력을 누르기까지 국민의 오랜 악정(惡政)을 완전히 깨끗이 한다고 약속하고, 또 국민의 부담을 가볍게 한다고 여러 번 약속했다. 그렇지만 그들은 자신들의 지위를 굳히자, 곧 국민을 배반하고, 자신들이 한 약속은 하나도 실행하지 않았다. 그래서 1869년부터 70년에 걸쳐서, 마치 막부가 무너지는 전야(前夜)와 같은 커다란 백성과 쵸닌(町人) 남녀의 폭동(잇키, 一揆)이 전국에서 소용돌이쳤다.

이것에 눌려서, 정부도 봉건제 폐지에 한 단계 나아가, 1869년 6월 다이묘(大名)와 무사의 영지영민(領地領民)지배를 그만두고, 다이묘를 번지사(藩知事)라는 정부의 관리 형태로 했다. 그러나 번지사는 세습이었다. 이어서 1871년 7월, 이번도 폐지하고 현(県)을 두어, 구 다이묘들의 번지사를 그만 두게 하고, 그 후에 정부가 언제라도 그만 두게 할 수 있는 관리, 현지사(県知事)를 두었다(폐번치현[廃藩置県]). 69년의 개혁 때, 전(前) 다이묘와 공경(公卿)은, 화족(華族)110)으로 하고, 일반 무사는 사족(士族)111)으로 했다. 그리고 그들의 가록(家禄)112)을 정하고, 그것을 모두 정부가 현미(玄米)로 주기로 했다. 旧다이묘와 무사는, 자신의 영지를 가지고 국민으로부터 연공(年貢)을 받는다는 사족국민 지배를 그만두게 했던 것이다. 폐번치현은 그것을 한층 확고한 것으로 했다.

이것에 의해 일본 국민은 처음으로 통일된 국민이 되는 중요한 한 단계를 획득했다. 이것이 어떻게 국민의 투쟁에 의해서만 초래되었는지는 역사학연구회 편 「역사가는 천황제를 어떻게 보는가」(三一書

---

110) 작위를 가진 사람과 그 가족(메이지 초에 생겨 2차 대전 후에 폐지됨)=귀족.
111) 무사의 집안.
112) 대대로 물려받는 녹. 세록(世禄).

房 刊) 속의 나의 논문 「천황제의 역사」에서 상세하게 설명했다. 아직 이것으로 즉시 「국민」에는 익숙하지 않고, 여전히 천황의 「신민(臣民)」으로 되지 않으면 안 되었다고는 해도 이것은 대단한 진보였다. 천황은 명실공이 일본 전국을 지배하는, 단 한 사람의 최고의 절대 전제군주가 되었다. 그리고 정부는 천황의 관리가 천황에 대해서만 책임을 지고 천황의 이름에 의해, 국민을 전제적으로 지배하는 사람이 되었다. 이것이 근대 천황제이다. 고대 천황제는 노예제를 근거로 했는데, 근대 천황제는 반은 봉건제, 반은 자본주의를 근거로 한다. 그것은 나중에 언급하기로 한다.

(2) 이것과 나란히, 복잡한 본래의 봉건신분제도는, 위와 같이 화족(華族)·사족(士族) 및 평민의 세 신분과, 특별한 황족신분으로 정리되었다.

화족·사족은 빈둥빈둥 놀며 옛날과 그다지 변함이 없는 가록을 부여받고, 여전히 두 자루의 칼을 차고 으스대고 있었다. 그러나 이미 그들은 평민을 참사(斬捨)[113]하는 일은 할 수 없었다.

국민은 농·공·상(農工商) 모든 평민이 되며, 부끄러운 천민제도도 법률상으로는 없어졌다. 신분마다 차별하게 했던 복장이나 주거의 제한도 없어졌다. 그리고 화족·사족·평민의 세 신분 사이의 결혼도 자유롭게 되었다. 이것은 평민에 있어서는 사족들과 결혼할 수 있게 되었다고 말하기보다도, 농·공·상 모든 신분사이에서도, 또 어디의 누구와도 자유로이 결혼할 수 있다는 것에 실제상의 의의가 있었다.

(3) 사족도 평민도 직업을 바꿀 자유나, 주소를 바꿀 자유를 얻을

---

113) 에도(江戸)시대에 무사가 무례한 평민을 쳐 죽여도 죄가 안 되었던 일.

수 있었다. 다시 말하면, 백성이 상인이나 노동자가 되어 도시로 나
올 자유를 인정받을 수 있었다는 것이다. 자본주의를 일으키기 위해
서는 노동자를 자유로이 얻지 않으면 안 된다. 그로 인해 직업이나
이동에 관한 봉건적인 제한이 제거되는 것이다. 이것은 대다수의 민
중여성에게는 여공이 되어 노예적으로 착취 받는 「자유」를 의미했
지만, 그것에 의해 처음으로, 여성도 근대적 혁명적 계급으로서 단결
하는 길을 열어간다.

 (4) 1872년 7월, 의무교육제도가 행해져, 원칙으로서는 남녀평등
에 초등교육을 받을 기회를 얻을 수 있었다. 이때의 정부 법령에는
「일반 국민」을 설명하고, 「화·사족, 농·공·상 및 부녀자」와 특
히 「부녀자」를 거론하여, 자식을 「남녀 구별 없이」 소학교에 보내지
않는 사람은 그 부형의 과실로 한다고 정해져 있었다. 여기에서 처음
으로 「부녀자」가 「일반 국민」, 인간과 같이 취급받았다. 그 해, 정
부는 동경여학교를 만들었다. 2년 후에는 동경여자사범학교도 만들
어졌다.

 (5) 여자의 교육에 대해, 정부도 다소 생각하는 부분이 있었는지,
1871년에는 유명한 츠다우메코(津田梅子, 당시 8세) 등 5명의 소녀
를 미국으로 유학시켜, 장래의 일본 여성의 문화적 지도자답게 하려
고 했다. 이러한 일은 도쿠가와시대에는 꿈에도 볼 수 없는 일이었
다.

 (6) 「인신(人身)의 권리」는 널리 인정받는 듯했다. 1872년11월,
정부는, 창기(娼妓)·예기(芸妓)·연계 봉공인(年季 奉公人)은 그 자
유를 도둑맞고, 「인신의 권리를 잃은 사람」이며, 따라서 극단적으로
말한다면, 「우마(牛馬)와 다르지 않다」는 이유로 그 잃어버린 인신

의 권리를 되찾기 위해서, 그러한 모든 사람을 전차금(前借金)을 지불하지 않고서, 단지 해방시키라고 명령했다.

(7) 「국민 자유의 권리」는 처의 이혼청구권에도 어느 정도 적용시켰다. 즉 1873년 5월, 처가 이혼을 요구해도 남편이 그것을 허락하지 않는 것은 「국민 자유의 권리」를 방해하는 것이기 때문에 그때, 처는 부형(父兄)의 도움으로 이혼 청구를 관(官)에 호소하는 것이 허락되었다.

정말로 메이지정부도 쇼군 다이묘제를 폐지할 기세로 여성의 지위 향상에도 열심인 것처럼 보였다. 그러나 메이지정부가 여성에게 부여했던 것은 단지 이것만으로 끝났다.

소학교에 여자도 가게 한다고 해도, 처음은 월 50전이나 되는 월사금(月謝)을 받아, 나중에 월사금은 없어져도 쵸손비(町村費)로서 그것만 부형의 부담을 늘렸으므로, 극단적으로 가난한 대다수 국민의 자식은 학교에 갈 수 없었다. 학제가 생겨 5년 후 1877년, 아동의 취학률은, 남자 53.5%, 여자 22.5%, 그로부터 20년이나 지난 후에도, 남자 80.6%, 여자 50.8%밖에 되지 않는다. 더구나 여자의 중등 고등교육에 이르러서는 정부가 이루는 부분은 메이지 연간을 통해서 거의 문제가 되지 않고, 단지 기독교 관계자, 그 외 민간교육가가 열심히 여학교를 만들었다. 여자 유학생의 파견 등이라는 것은, 이 후 아주 없어졌다.

「국민 자유의 권리」가 말뿐인 겉치레였듯이 여성의 「자유의 권리」도, 진정한 의미의 자유는 될 수 없다. 기생(芸娼妓)의 해방은 국제적 사정에 의해 강요되어 행해졌던 것으로, 정말로 그들이 갱생의 길을 걸을 수 있도록 한 배려는 무엇 하나 이루어지지 않았으며 그 이후에도 계속되어 오늘 날에 이르기까지 공인되고, 여자의 몸 팔기는 오늘 날까지도 이어지고 있다. 현재 종전 후의 국제적 압력으로, 공창제도(公娼制度)는 표면적으로는 사라지고 있지만, 매춘(売笑)은 점점 성행하고 있을 뿐만 아니라, 유곽은 특수음식점이라고 이름을 고쳐서라도 변함없이 경찰의 눈앞에서 공공연히 영업하고 있다.

또 앞에서 나온 여성의 이혼청구권에 부형의 도움을 필요로 한다고 하는 점에서, 확실히 나타나고 있듯이 근대의 천황제는 고대의 천황제의 법률을 흉내 내어, 가부장권을 강화하고, 또 남자에게는 일부다처제를 공공연히 인정했다. 1870년의 형법(新律綱領)에 의하면, 첩은 2촌의 취급을 받았다. 그리고 남편이 유죄의 처첩을 때려도 무죄, 단지 제멋대로 죽였을 때만은 곤장 90대[114]로 하고, 후에 징역1년으로 했다. 반대로 처첩이 남편을 때린 사람은 곤장 100대, 상처를 입힌 사람은 일반인들 간의 사람끼리의 상해보다도 3단 무거운 죄로 하고, 게다가 남편에게 중상을 입힌 처첩은 교수형, 죽음에 이르게 했던 사람은 참수형[115]이었다.

이 형법은 화족·사족·평민의 세 신분에 의해, 각각 동일성질의 범죄에 대해서도 형은 평민이 더 무거웠고, 화족은 더욱더 가벼웠다. 이러한 봉건적인 신분제도법이 부부(夫婦) 사이에도 상당히 적용되게 했던 것이다. 막부의 법과 조금도 변하지 않았다. 이 형법이 1881년(메이지 14년) 말까지 행해지고, 1882년부터 새로운 형법이 행해졌다. 그것에는 첩은 표면상으로는 인정되지 않았다. 또한 부부 사이의 동일 성질의 범죄에 대한 위와 같은 차별도 없어졌지만, 여전

---

114) 90대의 곤장을 때린다.
115) 나중에는 종신징역으로 나타난다.

히 부모가 자식에 대한 범죄는 거의 단죄하지 않았으며, **반면 첫째** 자식이 부모를 섬김에 있어서 한 치라도 어긋나면 그 즉시 죄인으로 다스렸다. 둘째 자식이 부모를 대할 때, 약간의 그릇된 행동일지라도 그 즉시 형벌의 대상이 되었다.

일반 국민의 신앙의 자유, 언론의 자유, 집회결사의 자유 등, 기본적 인권은 하나도 없었다. 막부말기에 출현한 기독교도에 대해서는 신정부는 기도타카요시(木戸孝允)의 지시에 의해, 토막전(討幕戰)이 끝나자마자, 교토의 주된 인물 2,600여 명을 붙잡아, 이것을 전국에 나누어서, 여러 번(藩)의 감옥에 처넣고, 보통의 인간 머리로는 생각해낼 수도 없는 온갖 고문을 가했다. 예를 들면, 아기와 모친을 갈라 놓고, 옆 감방에서 그 아기가 엄마젖을 찾아 울어대며 죽어 가는 소리를 엄마에게 듣게 하는 등의 행동을 예사로 행했다.116)

이 장본인 키도타카요시가, 메이지정부 속에서 더욱더 「진보적」이었다고 말하므로, 놀랄 수밖에 없다. 이 키도는 1873년 사이고타카모리(西鄕隆盛)의 조선침략에 반대했는데, 실로 그야말로 1869년 이후 조선침략계획과 군국주의의 장본인이며, 73년의 반대론은 단지 시기가 너무 빠르다고 하는 것과 사이고 등을 정부로부터 쫓아내기 위한 반대론으로, 조선침략 그 자체의 반대가 아니었다. 또 그 해 즉 그가 구주 민주국가를 둘러보고 귀국한 그 직후에도, 그는 후배인 이토히로부미(伊藤博文)에게 편지를 써, 정치의 근본은 전제정치가 아니어서는 안 되며, 특히 교육과 병제(兵制)는 결코 전제를 그만두어서는 안 된다, 라고 열심히 가르치고 있다. 메이지 초의 정부가 진보적이었다고 하는 것이 「객관적」인 견해라고 하는 것이지만, 그것은 어불성설인 것이다. 메이지 정부가 행한 개혁에 진보적인 것이 있었

---

116) 카타오카켄키치[片岡健吉] 선생전.

다는 것은 사실이지만, 그것은 정부가 진보적이었기 때문이 아니라, 수치를 모르는 반동적인 천황제 정부라 할지라도 진보적 개혁을 하지 않을 수 없는 듯 한 국민의 민주운동117)이 강했기 때문이다.

---

117) 그러한 고문을 받고도 기독교도는 조금도 전향하지 않았는데, 그것도 민주주의를 위한 대투쟁의 하나의 형태이다.

사족의 대략 반수인 20만 명은 하급의 관리나 군인 경관이 되고, 또 장사를 시작하거나, 혹은 토지를 팔아 지주가 되었는데, 나머지 반수(하급의 사족)는 생활고에 시달려, 혹은 부랑자로 변하고, 혹은 홋카이도 그 외의 개간에 종사했다. 1880년 전후의 신문에는, 사족의 딸이 유녀로 몸을 팔았다든가, 첩 봉사로 나왔다든가 하는 기사가 계속적으로 나온다.

그러나 사족의 행방보다도 역사상으로 중요한 것은 일반 국민대중의 생활이다. 봉건적 특권의 정리가 알맞게 되었기 때문에 당시의 인구 80%를 차지한 농민의 해방, 농업혁명은 끝내 행해지지 않았다.

메이지정부는 농민의 직업이나 이동의 자유를 인정하고, 그 전답에 어떤 것을 심어도 좋다는 자유마저 인정했다. 이제까지는 좋았지만, 그 후에 더욱더 중요한 일이 있었다. 정부는 1872년, 농민의 토지소유권을 인정했는데, 그것은 모두 실제의 경작자의 토지소유권을 인정했던 것이 아니었다. 막부말기에 전국 경지의 3분의 1이 소작지가 되어있었다고 추정되는데, 신정부는 그 토지에 대해서 명목상의 지주의 토지소유권을 인정해, 실제의 경작자는 여전히 소작인으로 했다.

이어서, 1873년, 정부는 지조개정을 행했다. 즉 (1)그 때까지 연공은 현미로 받았던 것을 새삼스럽게 금전과 지조로 했다. (2)연공은 그 토지로부터의 수확량에 따라, 그 5할 내지 6할을 받았던 것을 새삼, 토지의 매매 가격(공정)의 3%를 세금으로서 받기로 했다.

이것은 정부에 있어서는 여러 가지로 사정이 좋았다. 그렇지만, 이것은 농민에게 있어서는, 거의 좋은 것은 없었다. 지가의 3%라는 세율은 정부의 그때까지의 수입을 늘리거나 줄이지 않는 것처럼 정해진 것으로, 토지소유권을 확실히 인정받았던 자작농민의 부담도, 조금도 줄어들지 않았다. 특히, 소작인은 토지를 부여받지 않고, 변함없이 지주에게 현물로 그 수확의 60% 이상이나 소작료(연공)를 바치지 않으면 안 되었으며, 정부는 지주의 소작료 징수를 국가권력으로 보증했다.

뿐만 아니라, 국민의 토지소유권을 인정한다는 것은 그 때까지의 한 마을(村) 혹은 여러 촌락 공유의 입회지(入会地)를 소유주가 정하지 않는다는 구실로 거의 모두 정부의 소유지로 몰수하게 되었다. 그 때문에 농민은 그때까지 장작과 숯을 위한 나뭇가지를 줍고, 퇴비를 위한 풀을 베던 산림 들판에 자유로이 출입할 수 없게 되었다. 그러한 일을 하면 관림 도벌죄로 인정사정도 없이 감옥에 처넣었다. 이 일이 자신의 산림들판을 가지지 않은 소농민에 있어서, 얼마나 격심한 손해인지, 농촌의 사정을 조금이라도 알고 있는 사람은 잘 이해할 것이다.118)

정부의 이러한 농업개혁에 의해, 오로지 정부와 지주만이 큰 돈벌이를 했다. 지주는 무라(마을)에서도 유력자이며, 그들은 촌장(村長)119), 그 외 무라의 공직에 있는 지위를 이용해서, 무라비토(村人) 공유인 입회지를 자신의 소유로 했다. 게다가 악랄한 사람은 촌민이 지권120) 신청의 방법을 잘 알지 못하는 것을 이용해서, 촌장이 대표로 지권을 받아준다고 말하고, 실은 그 지권을 자신의 명의로 했다. 카나가와현(神奈川県) 아이코오군(愛甲郡)의 마츠치무라(真土村)에서는, 무라의 최대의 지주(촌장)가, 자신에게 저당 잡히고 있던 농민

118) 이렇게 국민으로부터 강탈한 산림들판은 나중에 1885년(메이지 18년)부터 89년에 걸쳐서, 그 더욱더 가치 있는 부분 360만 정보 이상이, 천황의 재산이 되었다.
119) 당시는 호장(戸長)이라고 한다.
120) 토지소유권을 인정한다는 정부의 증서.

의 토지를 속여서, 지권을 모두 자신의 명의로 했다. 농민들은 토지
를 되찾으려고, 소송까지 걸었지만, 이 한 점 의심할 여지없는 범죄
에 대해서, 재판소는 지주를 지키고, 부근 수십 개 마을의 농민의 항
소마저 무시하여, 농민들의 요구를 거절했다. 그로 인해 농민은 이
지주의 집을 불태워버리고, 그와 그 가족 여러 명을 죽이는 대소동을
일으켰다.121)

여기에서 확실히 나타나고 있듯이, 천황제 국가는 우선 지주계급의
국가였다. 즉, 이 국가는 무사 및 지주의 봉건적인 특권을 철저히 폐
지하지 않고, 스스로가 최고의 지주가 되어 경작농민을 봉건적으로
착취하고, 따라서 마을 지주들의 봉건적 착취마저 보호하는 것이 되
었던 것이다.

이 후 쌀값은 해마다 높아졌으므로, 물납(物納)의 소작료를 받는
지주들은 힘든 돈을 벌었다. 대자작농도 돈을 벌었다. 그러나 소자작
농이나 소작인122)은 팔 쌀은 없어서, 거의 이익은 되지 않았다.
1876년, 미에(三重), 아이치(愛知), 이바라기(茨城)의 각 현에 대잇
키(대반란)가 일어나, 지조(地組)를 인하하라고 요구했다. 당황한 정
부는 2부 5리로 줄일 수밖에 없었다. 국민은 이것을 「죽창으로 힘
껏 찔러낸 2부 5리」 라고 말했는데, 이것도 소작인에게는 그다지 이
익도 되지 않았다. 하지만, 이 무렵은 아직 참고 견뎠다.

머지않아 1882년(메이지 15년) 무렵부터 쌀값을 비롯해 일반적으
로 물가가 내리기 시작했다. 자작농민들은 세금을 납부하는 일에 곤

---

121) 카이노미치타카(戒能通孝)「입회의 연구」, 오노타케오(小野武夫)「유신농민봉기
담」.
122) 그들이 경작하는 토지는 전답 합해서 1정(町)도 채 되지 않았다.

란해 했다. 지조는 2부 5리로 줄어도 이 무렵에는 여러 가지의 부과세가 있었다. 원래 소농민은 자신들 가족의 식량을 남긴 후에는 팔쌀은 거의 없었지만, 그래도 세금을 지불하고 농구를 사기 위해서 먹을 쌀을 줄이고 그것을 팔지 않으면 안 되었다. 그 쌀값이 아주 싸게 되었기에, 세금은 낮추어 지기는커녕 높아졌으므로, 원래 지불하기가 어려웠던 세금을 점점 지불할 수 없게 되었다. 1883년에는 3만 4천戶 가까이가 다음 해에는 7만 戶 이상이 그 다음 해에는 10만 8천戶 이상의 농가가 세금을 지불할 수 없기 때문에 토지를 차압당하게 되어 공매하게 되었다. 게다가 그 세금의 체납액을 한 戶 평균으로 하면, 83년은 76전, 다음 해는 43전, 다음의 해는 약 24전이라는 소액이다. 농가가 이 무렵 얼마나 심하게 몰락했는지를 알 수 있을 것이다.

1883년에서 1884년 무렵의 국민의 상태를 조사한 정부의 조사서에서조차도, 일본 국민은 「의식주 모두 충분하지 않아, 사람이지만 아직은 사람답게 산다고 할 수 없다」라고 설명하고 있다. 이렇게 대다수의 자작농은 소작농이 되어, 1886년(메이지 19년)에는 이미 일본 농가의 총 호수의 43.3%가 소작이 되었다. 수확의 50%~60%를 빼앗기는 소작생활의 비참함은 실제로 그 속에서 생활한 사람이 아니면 알 수 없을 것이다. 그것은 정말 도쿠가와 시대 이하였다. 주거도 음식물도 의복[123]도 심한 노동도 모두 전대(前代)와 변함없었다. 마을에서는 지주는 촌장이며, 천황이었다. 소작은 지주의 신민(臣民)이었다. 소작이 지주에게 말하는 것은, 토방에서 곁눈으로 「주인님」이나 「마님」에게 두려워하면서 말씀드리지 않으면 안 되었다. 지주의 집에 용무가 있을 때는, 소작의 가족은 언제라도 「도움을 주시도록 허락 받으러」 가지 않으면 안 되었다.

---

123) 의복은 돈을 내어 사야 했다.

농업혁명이 결코 행해지지 않고, 봉건적인 생산관계가 남았던 것은, 농촌에서 봉건적인 가족제도를 그대로 존재하게 하는 것이 되었다.

다시 말하면, 지주는 소작인을 착취해서, 어떤 사람은 그것으로 주식을 사서, 제사(製糸)회사를 만들기도 했는데, 그의 재산의 토대는, 어디까지나 봉건적인 토지소유에 있었으므로, 「선조로부터 받은 집과 토지」가, 지주의 가족제도를 아주 봉건적인 것으로 했다. 처나 여성은, 여기에서는 사실상의 가족 노예였다. 자작농민도 또 마찬가지였다. 봉건적인 경제가 계속되는 한, 봉건적인 가족제도는 붕괴되지 않았다. 소작인이라도, 그 소작지는 가장인 아버지의 소작지인 한, 가족원은 어떻게 일하더라도, 그것은 독립의 사회적 노동이 아니라, 가장에게 따르는 집안노동이며, 따라서 가부장제 가족제도가 계속되는 것도 어쩔 수 없었다.

그러면, 1890년 전후부터 점차 발달한 자본주의는, 일본 국민의 가족제도와 여성에게 무엇을 초래했던 것일까?

3. 자본주의의 성립과 여공(女工)

도쿠가와시대 말에 여러 가지의 봉건적 속박을 깨뜨리고, 면업이나 견업분야에서는, 여성의 노동에 의해, 도매제 가내공업이 성행하게 되었다. 일부에서는 이로 인한 공장제 수공업도 싹트고 있었음은 앞에서 설명했다.

개항 이후, 일본도 세계의 자본주의에 휩쓸려, 가부간에 자본주의로 나아가지 않으면 안 되었다. 그리고 메이지정부도, 자본주의의 발달을 방해하는 약간의 봉건적 속박을 없앴다. 그렇지만 정부는, 산업 일반의 발달과 국민의 부(富)의 향상을 꾀했던 것은 아니다. 정부는 앞에서 설명했듯이 그 일관한 군국주의를 위한 군사산업에 더욱더 힘을 쏟았던 것이다. 旧막부 그 외의 큰 번(藩)이 가지고 있던 병기 선함 공업은, 유신 후 곧 정부의 수중으로 들어가 한층 커져, 새롭게 포병공창 등이 만들어졌다. 사도(佐渡), 이쿠노(生野), 아시오(足尾) 등의 중요 광산, 타카시마(高島), 미이케(三池) 등의 탄광도 모두 정부가 스스로 경영했다.

정부의 이와 같은 군사공업 중심주의와 전제주의 재정의 탓으로,

일본의 자본주의는, 시초부터 정부와 잘 결부된 미츠이(三井), 미츠비시(三菱), 스미토모(住友), 시부사와(渋沢), 코노이케(鴻池), 야스다(安田), 후루카와(古河) 그 외의 신구의 대자본가들의 손에 지배당했다. 그들이 어떻게 정부와 결부되고, 어떻게 커졌는가는 앞에서 거론한 「천황제의 역사」로 미룬다.

정부의 이와 같은 광공업 경영이니 자본가 보호의 비용은, 물론 그 90%가 농민으로부터 연공·지조로서 획득되었던 것이다. 그리고 1880년 무렵부터, 정부는 그 거금을 들여서 경영해온 광산, 탄갱(炭坑), 공장을 육·해군의 공창을 제외하고, 대체로 그러한 대자본가에게 공짜 같은 싼 가격으로 불하했다. 결국 정부의 산업장려는 농민을 봉건적으로 착취해서, 그것을 대자본가에게 쏟아 넣어 군국주의의 준비를 하는 것이었다. 이로 인해, 앞에서 설명했듯이 농민의 부담은 언제까지나 줄어들지 않고, 민간에게 부(富)가 없기 때문에 오히려 본격적인 자본주의의 발달은 방해받았다.

그렇지만, 군수품이나 그것에 가까운 기선이나 기계를 수입하기 위해서는 그것을 대신하는 수출품이 없어서는 안 된다. 그러한 것으로서는, 당시는 생사(生糸)가 거의 단 하나이며, 정부도 제사(製糸)의 장래에는 노력했다. 1872년 군마현(群馬県)의 토미오카(富岡)에서 관영의 모범 제사공장을 만들어, 가까운 농민여성을 여공으로 모집하고, 서양의 기계제사의 기술을 수입하여, 보급시켰다. 그러나 여전히, 당시는 기계공업으로 이동할만한 자본은 민간에게는 없어, 지조개정이나 가록 공채 등으로, 부농이나 고리대 상인들의 손에 돈이 집중되었던 1880 무렵에 이르러, 겨우 제사공장이 생기게 되었다.

1882년의 일본 공장 수, 노동자 수 중에서 제사업이 차지하는 비

율은 다음 표1과 같다.124)

(표1) 1882년의 제사업의 비중

종류	공장 (곳)	男工(A) (명)	女工(B) (명)	15세 이하(C)	계 (A+B+C) (명)
총계	2,033	15,654	35,535	9,863	61,052
제사	1,068	2,755	27,702	6,995	37,452
백분율	52.5%	17.6%	77.9%	70.9%	61.3%

이것은 통계로서는 완전한 것은 아니고, 이 숫자에 들어가 있지 않은 것도 있겠지만, 우리들은 이것에 따라, 제사업(製糸業)이 메이지 전반(前半)의 일본 산업에서 차지한 중요한 지위를 알 수가 있다.

군사공업을 제외하고는 우선 제사가 공장공업으로 진출했다고는 해도, 이러한 「공장」은 여전히 대부분 공장제 수공업이 많아, 대기계공업은 아니었다. 이 외에 작은 가내공업에 의한 제사도 한창 성행했다. 그리고 이 산업의 가장 중요한 중심은 다른 것이 아닌 바로 여공임은 말할 필요도 없을 것이다. 생사관계의 산업은, 양잠으로부터 시작되어, 제사·견직물에 이르기까지, 모두 일관해서 여성의 손으로 이루어지는 것이다. 견직물은 수출을 위한 하부타에(羽二重)125)가 생기기까지는 거의 모두 임대기계였다. 즉 도매상으로부터 재료의 실을 미리 빌려서, 그것을 자택에서 짜, 도매상으로 가지고 가서, 품삯을 받는다는 도매제 가내공업이거나, 혹은 작은 공장제 수공업, 즉 몇 개의 작업장에서 많은 여공이 분업해서 손으로 짜는 것이었다.

---

124) 노로에이타로오[野呂栄太郞] 저작집 제1권, 三一書房.
125) 얇고 부드러우며 윤이 나는 순백색 비단.

생사업에 이어서 생긴 것은 면사방적, 면직물의 산업이었다. 막부 말기에 꽤 널리 퍼진 목면 수공업은 메이지에 들어가고부터 처음의 15, 6년간은 점점 번성했다. 국산의 목화로부터 실을 뽑아, 그것을 짠다는 모든 작업이 이것 또한 여성의 작업이었다. 국산 목화시대는, 거의 수공업126)이어서, 아주머니도, 며느리도, 딸도, 대체로 백성 직업의 짬짬이 특히 밤늦게까지 야간작업으로, 실을 뽑고 또 짜는 것이었다. 오사카(大阪) 부근, 토야마현(富山県), 아이치현(愛知懸) 등이 특히 성행하고, 이 외에 쿠루메가스리(くるめ絣)127)의 후쿠오카현(福岡県), 이요가스리(伊予絣)128)의 에히메현(愛媛県) 등도 유명했다.

그러나 이러한 수공업에서는 도저히 외국의 싼값으로 품질이 갖추어져 있는 뛰어난 기계제품과 경쟁할 수 없었다. 외국으로부터의 조면(繰綿), 실의 수입은 메이지 이후의 12, 3년간, 해마다 많아져가, 그것은 일본의 수입 총액의 30~40%를 차지했다. 당시의 일본은 영·미 등의 선진자본주의 여러 국가에게 불평등조약을 강요받고 있어서, 도쿠가와 막부가 영·미·불 연합 함대의 협박에 의해 맺게 된 아주 낮은 세율(종량 5부)이, 메이지시대에도 그대로 계속되어 국내 산업을 지키기 위해서 세율을 높이는 일도 허용되지 않았다. 그 때문에 외국상품이 계속해서 들어왔다. 일본에서도 공장공업을 일으키지 않았으면, 일본은 영구히 외국면업의 시장이 되어버렸을 것이다.

1879년, 정부는, 화·사족의 구제를 위해서, 국비, 즉 국민의 세금 중에서 약 23만 엔을 가지고 방직기계를 사들이고, 그것을 사족들에

---

126) 도매제 가내공업이, 공장제 수공업.
127) 큐슈(九州)의 쿠루메(久留米)지방에서 나는 튼튼한 무명.
128) 에히메현의 마츠야마시(松山市)부근에서 생산되는 목면인 주명 직물.

게 무이자 10년으로 나누어 받기로 하고 불하했다. 이것으로 도약해서, 가록공채를 가진 높은 가록의 사족이나 화족이 정부의 두터운 보호 하에서 방적회사를 성대히 일으키기 시작했다. 1883년에는 시부사와에이이치(渋沢栄一)[129], 처음 정부의 재정경제관계의 고관으로, 미츠이와 두터운 관계가 있었다) 등이 중심이 되어, 쿠죠(九条), 하치스가(蜂須賀), 마에다(前田), 사이엔지(西園寺) 등의 화족, 미츠이(三井)의 마스다타카시(益田孝), 오쿠라키하치로(大倉喜八郎), 스미토모케(住友家) 등 정부와 관계가 있는 대정상(大政商)들이 오사카 방적회사를 일으켰다. 이것은 다른 회사와 비교해서 단연 뛰어나서 1886년에는 일본의 전체 방추수의 약 40%를 이 회사 하나에서 가지고 있었다.

앞에서 설명한 1883년부터 수년간에 걸친 농민의 급속하고 심한 몰락의 반면에는 그것만의 부가 지주[130]및 정부의 손으로 집중되어 그것이 더욱이 정상(政商)들의 손으로 건너가 산업자본이 되었다. 그리고 또, 이 몰락한 농민자신이나 그 가족여자는 새로운 산업으로 어떤 낮은 품삯이라도 마다 않고 감수하며 일하러 나가지 않으면 안 되었다.

이렇게 해서 1890년 전후에 이르러 처음으로 일본에 자본주의산업이 본격적으로 발전하기 시작했다. 그 중심이 되었던 것은 생사·목면 산업이었다.

다음의 표2는 1890년 전후의 방적공업의 발전 모습을 나타내고

[129] (1840~1931) 실업가. 메이지유신 후, 대장성에 출사. 사직 후, 제일국립은행을 경영. 제지·방적·보험·운수·철도 등 많은 기업설립에 관여. 재계의 오오고쇼(大御所)로서 활약. 은퇴 후는 사회사업·교육에 진력.
[130] 그들은 동시에 지방의 작은 제사가(製糸家), 은행의 투자가, 또는 고리대이다.

있다.131)

(표2) 1890년 전후의 방적 산업

연차	회사 수	추 수 (千錘)	직포대 수	노동자 수 (명)	면사수입 (千圓)
1887(메이지. 20)	19	70	70	—	8,265
1888(메이지 21)	24	113	200	3,403	13,672
1890(메이지 23)	30	277	400	—	9,988
1892(메이지 25)	39	385	670	20,370	7,253

이 표의 마지막 해, 1892년의 방적회사의 불입자본은, 일본의 모든 주식회사의 불입자본의 25.64%를 차지하고 있다.

기계방적의 발달에 동반해서 면사업(綿糸業)에서는 그때까지의 일본産 목화를 사용한 도매제 가내공업은 수년 안에 완전히 몰락해버렸다. 단지 면직물로는 여전히 널리 공장제 수공업이나 가내공업이 많았다. 원료목화로는 싼 수입품만이 사용되기 시작했는데, 면사의 수입은 점차 줄어, 한편으로는 조선이나 중국으로 일본면사가 수출되기까지도 하게 되었다.

생사업으로는 공장제 수공업이 많았다. 이것은 방적과 같이 외국 동업의 압박이 없었으므로, 소자본으로도 할 수 있었다. 그러나 여기에서도 점차 기계제사가 성행하게 되었다. 1889년(메이지 25년)에는 생사총액 중 38.9%가 기계제사였는데, 5년 후에는 그것은 56.6%를

131) 산페이타카코[三瓶孝子] 「일본 면업 발달사」에서.

차지해, 그러한 공장에서 일하는 노동자의 수도 7만 명을 넘었다. 이 제 1892년(메이지 25년)의 중요산업의 공장 수, 노동자 수, 중기기 관의 마력 수를 게재한다. (표3)

(표3) 1892년 산업구성표

종류	회사 수(社)	직공 수(명)	백분율(%)	중기기관 마력 수 (마력)
생사 방적	885	68,783	23.36	2,512
직물	47	29,103	9.86	8,334
성냥	283	23,176	7.87	1,101
활판 인쇄	73	15,264	5.18	32
제지	95	4,299	1.46	28
제기계	37	2,744	0.93	2,466
광업광물 금정련	18	1,041	0.35	206
석유	175	74,246	25.22	992
기타 모두	114	30,683	10.42	217
총계	2,746	294,425	100.00	25,120

표3에서 보면, 방적의 중기기관의 마력 수가 현격하게 많다. 광업 광물 금 정련과 석유업은 노동자의 수는 많지만, 아직 원시적인 채굴 에 지나지 않았으며, 기계제작과 같은 경우는 거의 일어나지 않고 있 다.

결국, 이 통계는 일본의 산업혁명이 어느 나라에서도 마찬가지로 방적·제사의 경공업을 선두로 내세워서 진행하고 있음을 나타내고 있다. 제지업의 기계공업화도 눈에 띄고 있다. 그 중에서도 방적업이 중심이다. 제사는 직공 수도 회사 수도 단연 많지만, 중기기관은 적

다. 이것으로 수공업적인 작은 회사가 많음을 알 수 있다. 또 앞 표
의 처음의 4산업에서, 광산석유를 제외한 노동자의 75% 이상을 차
지하는데, 그 80%가 여자이다. 결국 일본의 자본주의공업은 전적으
로 여성에 의해 발달하게 되었던 것이다.132)

이러한 여공의 대부분은 20세 미만이며, 게다가 14세 미만의 사람
이 10%나 있다. 1901년 농상무성(農商務省)의 「면사방적 직공사
정」에 의하면, 칸사이(関西)의 몇 군데 공장의 여공의 연령별은 다
음과 같다.

(표4) 방적 직공 연령별 표

연령	남공	여공	계	백분율
10세 미만	7	9	16	0.06
14세 미만	298	2,200	2,496	10.11
20세 미만	1,006	8,045	9,050	36.63
20세 이상	4,057	9,090	13,147	53.20

제사 여공이라도 대략 마찬가지였음은, 앞에서 1882년의 제사 여
공의 수를 게재한 통계에서도 명백할 것이다.133) 오사카 교육회 조
사로는 오사카의 각종 공업회사 21개 공장의 직공 중, 14세 이하의
사람이 4분의 1로 제일 많다. 유년공의 착취로 유명한 것은 요코야
마겐노스케(橫山源之助)가 보고한 성냥공장이다. 여기에서는 성냥개
비를 가지런히 하는 것으로 손가락의 움직임이 약간 자유롭게 되기
시작한, 6세 정도의 유아까지도 생산에 투입되었다. 엄마 손에 이끌

---

132) 오가와 신이치(小川 信一) 「노동자의 상태 및 노동자 운동사」에 실린 제국통계
     연감의 숫자, 앞의 「일본면업 발달사」의 숫자와 일치하고 있지 않다.
133) 여공만으로 말한다면, 20세 미만이 50%를 넘고 있다.

려서 공장으로 온 것이다.(일본의 하층사회)

　제사공장의 작은 것은, 가까운 농촌에서 여공을 모집해 오는데, 제사에서도 큰 공장이나, 면사방적공장 여공의 대부분은, 멀리의 농촌에서 모집해 온다. 그들은 기숙사로 들어간다. 남공은 통근과 기숙이 반반이지만, 여공은 3분의 2가 기숙사, 혹은 비슷한 곳이지만 사택에서 산다.

　이러한 청소년 여성의 잔혹한 착취 위에서 구축된 자본주의는 국민생활을 풍요하게 하는 것은 아니었다. 제사나 방적도 군수공업물자나 선함 등의 수입에 대한 뒷받침의 수출무역품으로서 발달했으며, 또 면직물은 군복을 만든다고 말하는 것이 커다란 의미를 가지고 있다. 기계로 짠 면포는, 1888년 오사카 방적회사[134]가 처음으로 제조했던 것인데, 그것은 육·해군의 군복을, 수입에 의하지 않고서 자급하기 위해서였다.

　그리고 이 극히 군사적인 자본주의의 자본은 초기에는 오로지 농민으로부터 강탈한 것이며, 일본자본주의의 성립·성장은, 농민을 오래 전부터 봉건적인 속박과 가난으로부터 해방하지 않았을 뿐이거나, 점점 그들의 생활을 비참하게 하여, 노동자의 임금은 다음의 절에서 설명하듯이, 세계에서 예가 없는 낮은 것이었다. 즉 국민의 90%가 심한 가난으로 물건을 살 능력이 거의 없기 때문에, 방적업 등이 겨우 근대산업으로 되어, 대량생산이 시작된 1890년에는 이미 제품의 판로가 멈추어버렸다. 이것이 일본에서 가장 먼저 있었던 공황이다. 또 이 공황의 유력한 원인의 하나는, 일본이 불평등조약 때문에 외국상품이 대량으로 들어오는 것을 막을 수가 없는 탓이기도 했다. 따라

---

134) 저 봉건적인 화족과 정상(政商)의 회사.

서 일본자본주의를 건전하게 발달시키기 위해서는, 첫째로 국내 근로
자의 생활 개선, 농업혁명, 둘째로 완전한 민족독립의 실현이 가장
중요했는데, 천황제 정부와 자본가들은, 그러한 노력 대신에 외국의
침략에 의해, 모든 곤란한 상황으로부터 벗어나고자 했다. 그리하여
이미 방적자본가들은, 조선 및 중국대륙으로 눈을 돌렸다. 1891년에
는, 오사카 방적회사가 대륙시장을 위한 덤핑을 시작했다.

조선을 침략하는 것은 메이지 정부가 탄생했을 때부터 한결같은
바램이었다. 1875년, 근대적인 육·해군에 겨우 자신을 가진 정부는,
조선에 무력으로 불평등조약을 강요했다. 그와 동시에 미츠이의 자본
은 조선에 진출했다. 그 후 일본정부는 조선을 그 세력 하에 두고자,
한층 더 노력을 계속하여 자주 조선의 내정에 대해서 무력을 배경으
로 한 노골적인 간섭을 하고, 여러 나라와의 사이에 전쟁을 일으켰
다. 정부는 그것을 구실로 점점 군비만 강화하여 증세를 가중시켰다.
그와 함께 미츠이·미츠비시·스미토모·야스다·후루카와·오쿠
라·시부사와 등의 정상(政商)재벌은 자꾸 커졌다.

이리하여 1894년~1895년(메이지 27~28년)에는, 조선의 지배권
을 다투는 청·일 전쟁이 일어났다. 전쟁은 오래 준비하고 계획을 철
저하게 수립했던 일본의 압도적인 승리로 끝났다. 조선의 독립을 지
킨다는 명목으로 시작한 이 전쟁에서 승리하자, 일본은 청국으로부터
대만과 보오코열도(澎湖列島)[135]를 빼앗고, 또 3억6천만 엔의 배상
금을 받아, 상업무역상의 여러 가지의 특권을 누렸다. 조선으로부터
청국 세력을 밀어내고, 일본의 조선내정에의 간섭과 압박을 강화시킨
것도 이때이다.

---

135) Penghu Liedao. 대만 서쪽에 있는 島嶼群. 주된 섬인 澎湖섬의 중심도시는 馬公.

청·일 전쟁으로 인해 일본의 군사공업, 방적, 제사업은 눈부시게 발전했다. 1897년에는 청국 대야(大冶)의 철광을 이용하여, 큐슈의 야하타(八幡)에 대제철소가 만들어졌다. 철도는 늘어나고, 기계공업 등도 시작되었다. 해군은 전전(戰前－1945년 이전)의 수배로 커졌다. 동아시아의 해상권은 전적으로 일본이 쥐었다. 그러나 그 중에서도 방적업의 발전은 현저했다. 전쟁이 시작된 1894년의 방추 수 47만6천 錘, 직공 수 3만5천 명은 전후인 1897년에는 79만3천 錘, 5만6천 명이 되어있다. 이것으로 대략의 모습을 짐작할 수 있을 것이다.

이 전쟁 중, 자본가는 정치상으로도 아주 커다란 힘을 가지게 되었다. 1899년, 문부대신 오자키유키오(尾崎行雄)136)는 만약 일본에 공화제가 행해지지 않으면, 미츠이·미츠비시는 대통령 후보가 될 것이라고 연설했는데, 「금권정치」에 대한 비난은 이 무렵부터 떠들썩하게 되었다. 그리고 자본가는 더 한층 대륙에 진출하기를 바랐다. 일본의 지배계급은 조선으로부터 청국의 세력을 내쫓았지만, 그 후로 청국과는 비교도 되지 않는 강국의 제정 러시아가, 북조선과 만주에 강한 세력을 가져왔다. 일본의 압박을 쫓아내기 위해서, 조선에서는 러시아에 의지하려고 하는 사람이 힘을 얻게 되었다. 이리하여 또, 조선 및 만주의 지배권을 둘러싼 러·일의 대립이 해마다 격심해져, 전쟁의 위험이 다가왔다. 군벌과 관료는 전쟁을 부채질하는 선두에 섰는데, 자본가도 청·일 전쟁 때보다는 아주 적극적이었다. 이미 일본의 방적 등은 조선 및 청국을 향한 수출이 많아져, 그것이 없으면 유지될 수 없을 정도가 되어 있었다. 그로 인해 그들도, 조선 만주를 완전히 일본의 세력 하에 둘 것을 바랐다.

---

136) (1858-1954) 정당정치가. 케이오의숙대학에서 공부하고 개진당 창립에 참가. 제1 의회 이래 25회 연속해서 중의원에 의석을 차지. 그 사이, 제1차 호헌운동에서 활약. 「헌정의 신」이라고 칭해진다. 태평양 전쟁기 익찬선거를 비판하여 고발당한다.

모든 권력자, 재력가의 일치된 의지에 의해, 1904년에서 1905년까지 러·일 전쟁이 시작되었다. 이때 전지가 17억 엔 이었고, 동원한 군인 군속이 108만 명 이었다, 그 중 사상자 실로 20만 명이라는 커다란 희생을 국민이 치르게 되었다. 이 국민의 희생을 발판으로 하여 일본 자본주의는 더욱 발전했다.

막대한 전쟁 비용은 결국 자본가의 호주머니로 들어왔으며, 전승에 의해 조선을 일본의 식민지로 하여, 남만주에 철도와 그 외의 이권을 얻음에 따라, 일본의 산업은 국내에서 팔수가 없는 상품을 조선과 만주에서 팔아치우고, 또 조선과 만주로부터 원료와 싼 노동력을 제공받았다.

제철·조선·기계기구 등의 중공업이 이 전쟁을 기점으로 하여, 점차 본격화되었다. 또 방적·제사도 또 한 단계 늘어났다. 전후 자본주의 발전은 표5의 공장 노동자의 증가에도 확실히 나타나고 있다137).

표5) 러·일 전쟁 전후 공장 노동자 증가표

매년 5개년 동안의 1년 평균	관영공장 직공		민간공장 직공	
	총수(명)	여공비율(%)	총수(명)	여공비율(%)
1890~94	11,895	9	325,979	
1895~99	22,465	7	425,602	59
1900~04	53,071	11	472,955	62
1905~09	157,306	15	637,043	61
1910~14	146,243	20	828,942	71
1915~19	178,769	20	1,243,345	56

---

137) 코바야시 요시마사(小林 良正) 「일본 산업의 구성」에 의한다.

표5에 의해, 청·일 전쟁(1894~5년), 러·일 전쟁(1904~5년), 및 제1차 세계대전(1914~18년)의 각각의 전과 후에서는 노동자 수는 현격히 늘어나고 있음이 확실하다. 그리고 20세기에 들어와, 주로 남자 노동자에 의한 중공업이 발전해 가지만, 방적 제사직물산업의 중요함은, 최근의 중국침략전쟁이 시작되기까지는, 조금도 낮아지지 않고, 그때까지 일본의 공장노동자의 60%는, 언제나 여공에 의해서 점유되었다. 그리고 그 80%는 섬유산업의 여공이다.

앞의 표에 나타나지 않은, 사용직공 10명 미만의 작업장은 아주 많아, 거기에서 일하는 사람의 대부분도 여공이다. 또 가내수공업으로 기계 짜기, 제사를 하는 농가는 20세기 초의 20년 동안은 이미 40만 호 이상 있으며, 면포를 빌린 기계농가도 마찬가지로 4, 5만 호나 있었다. 그것들이 여성의 노동에 의했음은 말할 필요도 없을 것이다.

이렇게 해서 여성은 일본산업 혁명의 최대의 담당자가 되어, 일본의 근대산업이 결과적으로 그 산업혁명문화의 최대의 버팀목이 되었다.

4. 반(半)봉건적 가족제도는 왜 남았는가?

자본주의의 성장도 봉건제를 철저하게 폐지하지 않고, 봉건적인 가족제를 남겨두었다. 옛날은 빈농의 딸은 유녀로 팔렸다. 지금은 방적 제사의 여공으로 팔린다. 여공은 노래한다, 「가난한 가정에 태어난 탓에, 12살 어린 나이에 공장으로 몸이 팔려, 값싼 임금으로 일을 하고 있지만, 마음만은 순수하다네」 「공장은 지옥이요, 주임은 도깨비요, 정신없이 돌아가는 기계소리」

누구에게라도 봉건적인 것을 곧 알 수 있는 가내공업에서, 밤에도 제대로 자지 못하고 실을 뽑고 천을 짜고, 그래서 1888년 무렵의 하루의 수입이 4전이나 5전으로, 나중에는 도매로 착취당하는 돈벌이도 냉혹했다. 하지만 겉보기와는 달리 근대적인 큰 공장 안에서 얼마나 노예적 노동이 행해지고 있었는가를 안다면, 사람들은 새삼스럽게 일본 자본주의의 처절한 모습에 놀랄 것이다. 그리고 그러한 일본 자본주의가 여성을 계속해서 남성 하에 예속시키고, 봉건적 가족제도를 항상 가능케 한 것이다. 이하에서 그것을 자세히 조사해 보겠다.

방적업이 확립된 시기의 남녀 직공의 평균일급은 다음과 같다.

(표6) 방적업 확립기의 직공 일급표138)

연차 (年)	회사수(社)	조업시간(시간)	남공일급(錢)	여공일급(錢)
1890	30	19.22	17.95	8.12
1894	45	22.00	27.04	8.85
1897	65	22.50	22.08	13.32
1900	76	20.00	28.67	18.02

이 기간에 쌀 1되의 소매가격은 8전에서 18전 사이를 오르락내리락하고 있었으므로 여공의 일급은 대체로 쌀 1되의 가격이다. 위 표의 조업시간은 2교대이기 때문에, 1교대의 실제 노동시간은 10시간이 된다. 그러나 1897년의 어느 공장의 취업규칙을 보면, 주간부는 오전 6시10분에 공장에 들어가, 오후 6시 5분에 공장을 나온다. 그 동안에 아침의 15분, 점심의 15분을 빼고는 계속해서 일하고, 휴식은 1분도 없다. 야간 작업부는 오후 6시 입장, 다음날 오전 6시20분 퇴장, 그 동안에 15분간의 야식이 있을 뿐, 이것조차도 표면상의 일로, 방적제사의 여공의 노래에는 「아침은 4시 반 밤은 6시」라고 한다. 주간작업을 끝낸 여공에게 그대로 계속해서 야간작업을 명령하고, 24시간 계속 일하게 하는 일이 자주 있으며, 더욱이 다음날의 주간작업까지, 36시간이나 일하게 하는 일조차 있었다.(직공사정)

여공의 대부분이 들어가 있는 기숙사에서는 방은 타타미(畳)1장에 한 사람의 비율이며, 한 채의 담요에 주간작업의 사람과 야간작업의 사람이 교대로 자는 것이 되어 있었다. 그로 인해, 담요가 식을 때가 없었다. 편지는 모두 개봉되고139) 외출의 자유도 없었다. 1901년,

---

138) 「일본 면업 발달사」에 의한다.
139) 헌법에서 정한 신서의 비밀조차도 침범 당했다.

어느 제사공장에서는 야간은 기숙 여공의 방에 열쇠를 채웠다. 그 때문에, 여기에서 화재가 일어났을 때, 많은 여공이 불에 타 죽었다. (오가와[小川], 전게서)

이렇게 해서 벌어들인 임금도 그 대부분을 식비로 빼앗겼다. 유소년공의 임금은 대체로 식비로 빼앗겨버렸다. 그녀들의 임금이 11전으로, 식비가 10전이라는 예도 적지 않다.

얼마 안 되는 임금도 전액을 본인에게 건네주는 것이 아니었다. 그 중에서 회사가 공제저금을 하여, 퇴직 때가 아니면 지불하지 않는다. 이것을 직공은 담보금이라고 했다. 그리고 이 저금 중에서 일부를, 여공의 부모에게로 송금시켰다. 「언제나 공장장의 이야기를 들으면, 저금 저금이라고 말하는 시계와 같다」(女工小唄)

이 외에, 여공의 임금을 삭제하기 위한 벌금제도 상여제도, 예를 들면 약 9전에서 40전에 이르는 15등급으로 나눈 등급제도 등, 여공이 얼마나 심한 착취를 받고 있는가는 도저히 하나하나 일일이 쓸 수가 없다. 그것은 참으로 노예노동이었다. 고대 그리스의 가레이선(船)의 노를 저었던, 족쇄를 채운, 노예도, 일본의 메이지 타이쇼시대의 방적여공보다 더 나은 취급을 받았을 것이다. 이 자세한 일은 호소이와키조오(細井和喜蔵)씨의 명저 「여공애사(女工哀史)」를 꼭 읽어주기 바란다.

이러한 상태에서, 여공은 도저히 회사에서 오래 근무할 수가 없다. 1900년의 어느 대방적공장의 직공 출입 수를 보면 정당한 해고자 815명에 대해, 도망한 사람이 828명(기숙사 도망 446명) 있다. 이것은 이 공장에서 올 한해에 있었던 직공 총수의 3할 5부를 넘는다.

병으로 돌아간 사람 118명, 사망자가 7명이나 있다. 병은 거의 모두 결핵이다. 다른 공장에서도, 직공의 1년의 이동률은 70%를 넘고, 근속연수 1년 이내의 사람이 전체 직공수의 대략 반을 차지했다. 도망, 그것이 최대의 반항의 형태라는 것이라고 할 때, 이것 또한 얼마나 노예와 비슷한 것인가! 방적여공의 이러한 상태는, 모두 그대로 제사여공의 상태이기도 했다. 「이런 회사에 있기보다도 담력이 세거나 대담한 사람은 일번열차를 타고, 만주의 끝까지라도」 「이번 급료가 나오면 수위를 속이고 역으로 가서, 일번열차를 타고, 그리운 고향의 양친에게, 이런 일을 함께 이야기하며 울고, 어떤 인과(因果)로 돈을 벌었는지를 이야기하면서. 그래서 남은 것은 뼈와 가죽」(女工小唄)

더구나, 자본가는 언제까지나 이러한 착취를 계속할 수가 있었다. 그것은 어째서인가, 첫째로 일본 농민의 끝나지 않은 빈곤과 둘째로 봉건적인 가족제도가 그것을 허용했던 것이다.

이러한 여공들은 거의 하루하루 살아가는데 몹시 곤란을 겪던 빈농의 딸이었다. 농민의 몰락은, 1890년대 이후도 끊임없이 진행되었다. 그리고 농민의 경작지는 점점 작아져갔다. 경작면적이 전답 합쳐서 5반(反)140)도 되지 않는 사람이 자작소작을 합쳐서 2백만 호나 있었다. 전적으로 손바닥만한 땅을 경작하여 한 가정의 평균 5명 이상의 가족을 부양한다는 것은 벅찼다. 여기에서는 1명이라도 돈을 벌 사람이 필요한 것이 아니라, 1명이라도 먹을 입을 줄여야했다. 또, 빈농에는 현금은 거의 없다. 거두어들인 쌀의 반 이상은 지주에게 빼앗기는데, 그것을 바쳤기 때문에 집안의 식량은 잡곡을 많이 먹어도 여전히 부족하다. 돈을 빌려서 주식(主食)을 사지 않으면 안 될 정도이므로, 부식물(副食物)이나 의료(衣料) 등을 사는 일도 어렵다.

---

140) 면적의 단위로 9.92㎡.

그래서 방적이나 제사회사의 여공 모집원이 와서 그들은 정말로 교묘한 말로, 도회지의 꽃이나 감미로운 생활을 설명한다. 도회지의 회사에서는 시골의 농민과 달리 일하는 시간도 정확하게 정해져 있다. 하루 세 끼 전부 흰 쌀밥을 배불리 먹여준다. 반찬으로는 매일 생선이 있다. 1년 근무하면 저금이 얼마정도 생긴다, 라는 등의 달콤한 말만 열거한다. 당시 상황으로 12, 3세의 소녀에게 있어서는, 쌀밥을 먹을 수 있다는 것만으로도 좋은 곳처럼 보였다. 부모는 딸을 불쌍하게도 생각하지만, 배고프게 시골에 두는 것 보다 낫다고 생각하게 된다. 특히 급료의 약간을 계약금으로 미리 주어도 좋다는 등, 10엔짜리를 들여다보게 하면 곧바로 허락을 한다. 이렇게 노예사냥꾼에게 부모들은 자신의 소중한 딸을 건네 주어버리는 것이다. 그러나 1년이 지나거나 지나지 못한 채, 딸은 도망 오거나, 폐병에 걸려 돌아온다. 그러한 이유로 여공을 항상 같은 지방에서 데려오는 것은 어려웠다. 그렇지만 회사의 여공 모집원에게는 회사의 잔혹한 근로조건의 실 사정을 잘 모르는 다른 지방이 아직 얼마든지 있다. 이렇게 노예사냥은 언제까지나 계속된다.

게다가 이 여공착취는 봉건적인 가족제도에 의해 확고하게 된다. 즉 딸은 「절대로 부모에게 따라야 한다.」 라는 세속일반의 법도가 있다. 딸이 일하는 것은 경제상의 독립을 얻어 자주독립의 생활에 들어가기 위해서가 아니라, 집의 생활을 돕기 위해서이다. 따라서 저 당치않은 낮은 임금이라도 참지 않으면 안 된다. 그뿐 아니라, 조금이나마 부모를 도울 수 있다면 힘든 행복이다. 「부모에게 효행을 하고 싶은 나머지, 알지 못하는 타지에서 고생한다.」 (女工小唄)

회사는 이 점을 교묘하게 이용해서, 여공을 모집하고, 이것에 강제저금을 시키고, 이것을 부모가 계신 곳으로 보내게 한다. 그 때 회사는 다음과 같은 편지를 부모에게 쓴다. 「당신의 따님은 건강하고 성실하게 일하고 있다. 그래서 이 정도 송금도 할 수 있다. 어쨌든 칭찬해 주세요.」 하면 부모는 사정은 모른 채, 「송금은 고맙다. 좋은 회사이므로 열심히 일해」 라는 듯 한 편지를 딸에게 보낸다. 딸로부터는 공장의 고통스런 일을 부모에게 말하겠지만, 회사 쪽에서 한 수 앞서, 부모에게 딸은 버릇없고 일도 하기 싫어한다는 등의 내용으로 대책을 강구하게 된다. 회사는, 「그러한 식으로 부형의 위력을 능숙하게 사용해서, 여공의 회사이탈을 만류하는 수법은 정말로 교묘했다」 고, 여공문제의 권위자, 이시와라오사무(石原修)씨는 그의 명저 「여공과 결핵」 에서 쓰고 있다. 이시와라씨가 쓰고 있는 것은 다이쇼(大正)초기의 것인데, 메이지(明治)시대에도 마찬가지다.

회사가 어떻게 부모의 위력을 사용하는가에 대해, 노동운동의 노투사(勞鬪士) 노다리츠타(野田律太)씨의 「노동운동실전기」, 삼국(三国) 방적의 스트라이크(1923년, 타이쇼 12년) 때의 일에서도 잘 알 수 있다. 이 스트라이크에서, 노다씨 등이 응원하러 가서, 여공을 기숙사에서 탈출시켰다. 그러자 회사는 여공의 부모가 계신 곳으로 「딸이 어딘가로 속이고 도망했다, 곧 회사로 오라」 라는 전보를 계속해서 2통이나 3통을 쳤다. 이 전보로 인해 딸의 부모는 놀라서 회사로 달려온다. 우선 회사에서, 노동조합의 나쁜 이야기를 듣고 그 길로 바로 안색을 바꾸어 노동조합에 가서 딸을 회사로 돌아가라고 고함친다. 아무리 노동조합에서 설명해도 부모는 선입관으로 흥분해 있었으므로, 납득은 하지 않는다. 당당하게 회사를 탈출한 여공도 부모에게 이끌려 회사로 돌아가고 결국 쟁의는 참패했다.

봉건적인 가족제도와 그 관념이 있기에 회사도 이러한 짓을 할 수 있는 것이다. 게다가 여자는 언젠가 결혼해서 남자에게 따라야 하는 것이다, 라는 관념이 있기 때문에, 여공의 임금을 남공의 6할 정도밖에 지불하지 않아도 무엇인가 속일 수 있는 것이다. 역으로 또, 여공의 임금이 이렇게 낮고, 도저히 독립한 생활을 할 수 없는 것이야말로 언제까지나 가부장의 권력이나 남성의 여성에 대한 전제가 계속되는 것이다.

방적이나 제사의 여공의 운명은 또 다른 모든 산업의 여공에게도 들어맞는 것이었다. 어느 산업에서도 여공의 임금은 동일노동에 대해서도 남공의 6할이나 7할을 넘는 일은 없었다. 그것도 모두, 여자는 독립하지 않는 사람, 부모에게 따르고 남편에게 따라야 할 사람이라는 봉건적인 가족제를 이용하고 있는 것이다. 그리고 여공의 지위가 남공에게도 영향을 준다. 남공의 임금 그 외의 대우도 이미 첫째로는 농민의 벌레와 같은 생활이 모든 대우의 토대가 되고 둘째로는 여공의 낮은 임금이 토대가 되어 끊임없이 여공의 상태로 떨어뜨려지도록 한다. 남자청소년 노동자의 경우는, 참으로 여공과 같은 이유, 가족제도에 의해, 본인의 독립을 위해서가 아니라 부모를 돕기 위한 노동으로서 성인 노동자보다도 한 단계 나쁜 대우를 받는 것이다.

이렇게 여성과 청년이 봉건적 가족제도에 속박 당하고, 정신적·물질적으로 독립할 수 없는 것은 일본의 자본가들이 바라는 바였다. 더구나 이것은 또, 농촌의 지주들에게도 그만 둘 수 없는 것이었다. 다시 말하면 딸이나 자식의 송금에 의해, 그 부모인 소작인은 지주로부터 봉건적인 착취를 당하면서도 어떻게 해서든지 소작료를 지불하며 언제까지나 지주를 주인으로 모실 수가 있었기 때문이다.

결국 봉건적인 가족제도와 지주제와 자본주의와는 천황제를 매개로 하여, 삼중 사중으로 결부되어 있는 것이다.

첫째, 메이지유신 후, 천황제국가가 그 봉건적인 전제와 군국주의를 위해서, 농업혁명을 완수하지 않은 채, 봉건적인 지주 소작의 관계를 넓혔으므로, 지주도 소작도 봉건적인 가족제도를 깨뜨릴 수가 없었다.

둘째, 일본의 자본주의는 천황제국가와 지주가 위와 같은 농민으로부터 강탈한 지조·소작료를 토대로 하여 국가 및 재벌의 자본이 위와 같은 가난한 지옥에서 괴로운 농노(農奴)적인 농민으로부터 노동자 특히 여공을 데려와 이것을 착취했다.

셋째, 그 자본가의 착취는 여성과 청년의 독립을 빼앗는 봉건적인 가족제도에 의해, 한층 확실한 돈벌이가 많은 것으로 할 수가 있었다. 그리고 그것이 또 지주의 소작인에 대한 옛날 그대로의 착취를 가능하게 하고, 따라서 가족제도를 파괴하지 않은 채, 그것이 또한 자본가의 이익도 된다는 상호작용을 했다.

넷째, 천황전제권력은 이 지주와 자본가의 양쪽을 지키고, 그 이익을 꾀하면서 이 양쪽에 의해 유지되었다.

다섯째, 더구나 이 천황제 그 자체도 직접으로 봉건적인 가족제도를 필요로 했다. 아버지나 남편의 절대적인 권력 앞에, 자식이나 처가 침묵하고 따르는 습관과 심리를 연관시키는 것은 정치상으로도, 국민이 전제권력에 침묵하고 따르는 심리를 만들기에 더욱더 중요한 것이었다. 그것은 또, 지주에 대한 소작인의 자본가에 대한 노동자의 복종심을 영위하는 선상에서도 필요했다.

이상과 같이 메이지 이후의 일본은 자본주의 시대가 되어도 자본가·지주·천황제 관료 정부, 결국 모든 지배계급의 이익을 위해서, 봉건적인 가족제도가 무슨 일이 있어도 필요하게 되고, 또 그것을 타파할 뿐인 경제적인 조건이 용이하게 만들어지지 않았다. 그것뿐 만 아니라, 일본의 국가도 사회도 모두 이 가족 관념에 끼워 넣었다. 천황과 국민은 친자(親子)이며, 노동자와 자본가도 친자, 지주와 소작인도 친자, 가주(家主)와 차가인(借家人)도 친자, 가게의 경영자와 종업원도 친자, 가는 곳마다 「가족주의」가 주창되었다. 그 가족주의는 결코 인정주의(人情主義)가 아니라, 자식의 부모에 대한 노예적인 복종을 「인정」이라는 미명으로 속이고 있는 것이었다.

그리고 법률상으로도 메이지 초는 원래의 것, 자본주의가 충분히 발달한 메이지 31년, 1898년부터 행해지게 된 민법에서도 봉건무사의 가족제도가 전체 국민의 가족제도로서 정해져버렸다.

이 民法이 만들어지기까지, 봉건적 가족제도에 반대하고, 또 남녀동권을 주장하는 사람은 많이 있었다.141) 그러나 정부는 그것들 모두를 무시해버렸다. 처음 프랑스인 법률고문 보아소나드 등이 중심이 되어, 민법의 초안을 만들고, 일부일처제(一夫一婦)의 부부중심에 의한 가족제를 만들려고 했다. 그런데도, 제국대학 교수 호즈미야츠카(穗積八束)142) 들은, 이것에 맹렬히 반대하고, 「민법이 나와서 충효가 사라진다」라고 외치며, 일본은 가장제(家長制)의 나라이고, 가정「이에: 家」은 권력과 법의 근본이며, 가장(家長)은 선조 대대의 혼영을 대표하는 사람, 가족은 남녀노소(長幼男女)를 불문하고 하나가 되어 그 위력에 복종하는 것이 일본 고래의 미풍이고, 국체 즉 천황지배의 근본이라고 주장했다. 확실히 가부장 전제(專制), 즉 가족의

---

141) 이것에 관해서는 다음 절(節)에 설명이 있음.
142) (1860~1912) 헌법학자.

천황제는 국가의 천황제의 근본이며, 자본가와 지주 착취의 방패였다. 따라서 결국 민법은 이 가부장 전제를 위해 행해지게 되었다.

(1) 이 民法은 모두 「이에: 家」를 중심으로 하여, 가장인 호주가 전체 가족원에 대해서 절대적인 권력을 가졌다. 호주는 가족의 거소(居所)를 정하는 권리가 있으며, 가족은 호주의 동의가 없으면 주거를 바꿀 수 있는 자유도 없다. 호주는 가족의 결혼과 이혼에 대한 허락과 거부의 권리도 지닌다. 남자는 만 30세 이상, 여자는 만 25세 이상이 되면, 부모의 동의 없이도 결혼할 수 있지만, 어디까지나 호주의 동의는 필요했었다. 그리고 아버지는 대체로 호주이기 때문에 실제로는 자식의 결혼은 아버지의 동의가 필요한 것이 된다. 부모가 자식을 「칸도오(勘当)143)」 「큐우리(久離)144)」 한다는 것은 정말로 인정할 수 없게 되었다.

(2) 아무리 무사의 가족제에 의한 가장제를 만들려고 해도 이미 일본도 봉건사회 그 자체가 아니라, 자본주의로 나아가고 있었다. 재산의 내용도 봉건적인 영지 지배권이 아닌, 자본이나 토지 등이다. 가정(家)의 지반(地盤)이 달라져가고 있기 때문에 구석구석까지 봉건시대 그대로의 가족제도를 그렇게 간단히 만들 수만도 없다. 봉건시대보다는 다소는 자식의 독립성도 있다.

(3) 상속제는 도쿠가와시대의 쵸닌(町人)들의 사이에서조차도 분할상속제(分割相續制)이며, 농민들 사이에서도 반드시 장자상속제(長子相續制)는 아니었다. 그러나 민법을 만든 호즈미 등 관리학자들은

---

143) 부모나 스승과의 인연을 끊음.
144) 에도(江戶)시대에 평민의 부형(父兄)이 그 자제가 죄를 지었을 때 연대책임을 면키 위해 관(官)에 신고하여 의절한 일.

「백성의 습관으로 마땅하지 않고, 사족·화족을 본보기로 하지 않으면 안 된다」, 「평민의 습관은 관습에서도 아무 것도 아니다」라는 폭언을 붙이고, 무사의 가독제도(家督制度)에서 익힌 장남 아들의 가독 상속을 만들었다. 그런 까닭에 만약 집안에 남자가 없고, 여자뿐일 때는 어떻게 해서라도 여자에게 남자 양자를 맞이해서, 이것으로 상속을 하게 하지 않으면 안 되게 되었다. 재산이 없는 집안의 외동딸 등은, 양자를 맞이하는 일도 어려웠기에, 그로 인해 결혼할 수가 없는 듯 한 일도 자주 실제로 일어났다. 이러한 학자들은 무사나 공경(公卿)에서도 본래는 분할 상속이었음을 모르는 체하고, 봉건제가 완성되어 가장 반동적이 되었을 때의 무가 가족제도를 일본의 국체와 함께 오랜 神 그대로의 길이라고 말했던 것이다. 무사의 가독상속은 동시에 유산의 전부를 장남이 상속하는 것인데, 민법에서는 가독은 장남의 상속으로 정해져 있지만, 부모 재산의 일부를 다른 가족에게 분배하는 일까지는 금지하고 있지 않다. 이것은 「재산」이 처음으로 완전히 각 개인의 사유가 되는145) 자본주의 사회에서는 필연의 일이다.

자식은 호주권에 복종하는 외에 부모의 권력 「친권(親權)」의 전제에 따르지 않으면 안 되었다. 그 친권은 부모가 함께 있을 때는 아버지가 행하는 것이어서, 어머니는 친권조차도 행할 수 없다.

자식의 결혼에는 앞에서 설명했듯이 부모의 동의가 필요했다. 봉건시대에 부모가 정한 결혼에 자식은 동의했다. 그뿐 아니라 자식의 동의 유무는 문제도 되지 않았으므로, 민법은 결혼하는 사람은 본인끼리며, 따라서 결혼신고를 하는 사람도 본인이며, 단지 부모·호주의 동의가 필요도록 했던 것은 형식적으로 보면 이전 시대보다 진보적

---

145) 무사의 봉록이나 농노의 토지는 완전한 사유재산은 아니다.

이다. 여기에는 다소 근대적요소가 있지만, 부모의 동의가 필요하다
는 것은 실제는 부모가 말하는 대로 하라는 것이며, 봉건시대와 변함
은 없다.

처는 남편의 부모에 대해서 무한하게 복종하지 않으면 안 된다. 처
는 「무능력자」로 여겨져, 법률상 열등자처럼 취급받는다. 처의 재산
은 모두 남편에게 관리 받는다. 그리고 실상은, 남편에 의해 「관리」
당할 뿐만 아니라 자유로이 처분도 되는 것이다. 처는 남편 이외의
다른 남자와 정을 통하는 것으로 간통죄가 되지만, 남편은 몇 사람의
첩을 두어도 조금도 죄가 되지 않는다. 즉 일부다처제를 공인하고 있
는 셈이다.

이혼은 부부의 「협의」로 자유로이 할 수 있지만, 이는 부부가 대
등하다는 의미가 아닌, 남편은 언제라도 처를 자유로이 내쫓을 수 있
다는 것이다. 절대적 권리를 지닌 남편과 아무런 권리가 없는 처가,
어째서 둘 사이에 대등한 「협의이혼」이 성립하였을까. 특히 법률은
남편이 처가 남편의 부모(시아버지, 시어머니)에게 잘 「봉사」하지
않을 때는 이를 이유로서 이혼할 권리를 인정하고 있었다. 여기에서
도 봉건시대의 무사의 이혼제도가 죄다 그대로 민법이라는 국가의
강제력에 의해 여성에게 강요되었다. 이혼하면, 자식은 「가정(家)」
에 남겨두기 때문에 「집」을 나온 처는 자식을 데려갈 수도 없다. 결
국 민법에 의해서도 처란 남편의 집안을 위해 자식을 낳고, 남편의
집안일을 하는 도구에 지나지 않았던 것이다. 민법은 친자관계에서는
봉건시대보다도 약간은 자식의 독립성을 인정하고 있는데, 부부관계
에서 처를 남편에게 예속시켰던 것은 봉건시대보다 심해졌다.

이러한 가족제도를 보다 좋게 하기 위해서 교육과 도덕이 총동원

되었다. 「효(孝)」가 「충(忠)」과 함께 일본인 최고의 도덕이 되었던 것에 대해서는 여기에서 새삼 말할 필요도 없다.

여학교는 메이지시대의 후기가 되어, 겨우 각 현(県)에 하나 정도 밖에 없었지만, 그 교육은 여자를 독립자주의 인간으로 하는 것이 아니라, 「현모양처(良妻賢母)」로 하는 것을 주목적으로 하였다. 좋은 이름으로 붙여진 현모양처란, 실은 남편에게 한없이 복종하는 처를 양처라고 하고, 남편의 학대를 숨기며 자식을 잘 키우는 것을 현모라고 했던 것이다.

제9장

여성해방운동

1. 남녀동권론의 발전

법률이나 제도 · 도덕의 설교가 아무리 오래된 가족제도를 남기고 경제조직도 또 그것을 뒷받침했다고는 하나 이미 일본은 원래대로의 일본은 아니었다. 혁명까지는 아닐지라도 정치나 경제에 있어 상당한 변화가 시작된 근대문화 · 근대사상이 계속 들어왔다. 봉건사회 안에서 지배되어 오던 근대적인 남녀평등의 사상과 그 사실은 메이지유신을 거쳐 많은 어려운 조건 속에서도 성장해왔다.

이미 메이지정권이 들어선 다음 해, 1869년 후쿠자와유키치(福沢論吉)는 「세계국열거(世界国尽し)」를 아동과 부녀자를 위해 쓰고, 「부녀(婦女)를 경멸」하는 것은 아직 진정한 문명개화에 미치지 못하는 반 문명이라고 말하고 있다. 여기에서 근대시민적인 남녀평등의 사상을 확실히 밝히고 있다. 메이지정부에서 조차, 여성의 「신분의 권리」를 말하지 않을 수 없었던 1870년대에 들어서면서, 남녀평등론은 후쿠자와유키치(福沢論吉)나 모리아리노리(森有礼) · 츠다마미치(津田真道)에 의해 활발하게 주장되어졌다. 모리(森)는 1874년 4월, 당시 최고의 잡지 「메이로쿠잣시(明六雑誌)」에 「쯔마메카케론(妻妾論)」을 싣고, 「키족쿠후진(貴族富人)」들이 첩을 갖는 것이 얼마나 도덕상 사회상으로 유해하며, 진정한 인간의 행복을 방해하는 것인지를 논했다. 그는 또, 일본에서는 부부라 일컫는 것도 진정한 부부가 아니며, 「실제로 남편이라는 것은 거의 노예를 가진 주인이며, 아내라는 것은 마치 몸을 파는 노예에 지나지 않다」라고 비판하며, 아내의 독립적 인격을 인정해 어머니로서의 중요한 임무를 주어 지게하기 위한 여성교육의 중요성을 강조했다. 그는 결혼에 대해서도, 부모의 결정만으로 집안과 집안과의 결혼으로 이루어지는 것이 아니라, 본인의 의사에 따른 결혼이어야만 한다고 주장하고 있다. 다음해, 그 자신이 결혼할 때, 그 주장을 실천했다. 그들은 부부가 서로에게 성실하게 서로 사랑할 것, 부부 공유의 것을 일방적으로 타인에게 임차매매(賃借売買)의 계약을 하지 않는다. 등의 「約定書」를 주고받고 친구 후쿠자와유키치를 그 증인으로 내세웠다. 결혼은 두 사람만의 약속이라고 하는 시민적 결혼관을 실행한 것이다.

이와 같은 결혼은, 모리(森)와 같이 미국유학을 다녀온 신지식인만의 것이 아니었다. 1874년 2월, 이와테현(岩手県)의 한 마을에서, 남녀 한 쪽을 가볍게 보거나 중요시하지 않고, 각자 스스로의 권리로 본인끼리는 물론 가족모두가 와도 잘 일치하는 결혼의식(婚儀)을 만들기 위해, 얼마동안 아내 후보감은 남편 후보감의 가족이 맡는다고 하는 계약서를 교환한 일이 있다고 한다. 이것은 픽션이지만, 당시 최고의 신문인 「東京日日」에서 다루어 이와 같은 사상을 널리 알렸다.

그 당시 후쿠자와는 「학문의 권유(学問のすすめ)」 제8편에서, 인간은 모두 자주자유(自主自由)의 권리가 있는데도 불구하고 일본에서는 두 사람만 되더라도 상하의 구분을 짓는 것을 비판하고, 이와 같은 「신분」의 사고가 가정에서는 부부와 부모자식 간의 신분적인

불평등을 만드는 것이라고 지적하고 있다. 그는 나라시대 이후, 부인의 「3종(三從)」의 설교를 실컷 비판하고, 첩을 두는 것은 인간이 아니라, 짐승이라고까지 말하고 있다. 「효(孝)」에 있어서도 그것이 마음속에서 우러나는 것이 아니라, 굳이 부모자식 사이의 명분을 세우려고 하는 가정의 존재주의를 비판하고, 이와 같은 제도를 빨리 개선하라고 주장했다. 사회의 불평등과 가정의 불평등의 관련을 밝힌 것은 당시로서는 꽤 뛰어난 발상이었다.

후쿠자와는 일생을 시민적인 남녀평등을 위해 노력했다. 前記 외에도 「일본부인론(日本婦人論)」(1885년), 「남녀교제론(男女交際論)」(1886년), 「온나다이가쿠논평(女大学評論)」 및 「신온나다이가쿠(新女大学)」(1899년) 등의 부인론(婦人論)이 있다. 마지막 두 저서는 그가 죽기 직전 침상에서 집필한 것이다. 후쿠자와의 주장을 한마디로 하면, 봉건적인 남편과 아내와의 구분을 없애고, 일부다처제를 폐지하고, 일부일처의 온화한 시민적인 가정을 만들고자 한 것이다. 남녀 모두가 자유 평등한 인간이며, 학문도 체육도 남녀가 함께 배워야 한다. 특히 「法律経済の知識は女明の九寸五分(무사의 부인이 몸을 지키기 위해 지녔던 短刀)」은 문명사회 여성이 꼭 학습해야 하는 것이라고 주장했다. 그는 또 시부모님들과 아들내외는 가능하다면 따로 사는 것이 좋으며, 시어머니가 며느리를 「친자식」과 똑같다고 말해도 그것은 인간으로서는 불가능한 일이라고 말한다. 이는 극히 구체적이며, 실제로 효과 있는 「며느리」 보호수단이다. 이것이 궁핍한 사람은 실행할 수 없는 일이라고 하는 경우도 있지만, 문제해결의 방향을 처음으로 명쾌하게 제시하고 있다.

旧民法이 개정되었을 때도 후쿠자와는 가독상속제(家督相続制)에 반대하고, 시민적인 분할상속제(分割相続制)를 주장했다. 후쿠자와는

메이지시대의 학자이며 신문기자로, 그의 집필은 많은 사람들에게 애
독되었고 그 영향력 또한 대단하였다. 그들이 봉건적 가족제도와 여
성의 차별에 강렬하게 반대하기 시작한 1874년(메이지 7년)은 일본
역사상 기념해야 할 만한 해이다. 즉, 그 해 1월, 이타가키다이스케
(板垣退助)들은 관료 제도를 반대하고 국민참정권을 요구했으며, 의
회를 만들자고 하는 의견서를 정부에 제출하고, 게다가 이것을 신문
에 발표해 여론(世論)의 격렬한 지지를 얻었다. 이것을 기회로 오이
켄타로(大井憲太郎) 외에 철저한 시민적인 민주주의자들이 차례차례
나타나, 시민에게 자유를 시민에게 권리를 찾아주자 라는 자유 민권
운동146)의 불을 밝혔다. 처음에는 지식층이나 부농부상(富農富商)등
일부계층의 운동이었다. 그러나 정부의 극심한 탄압 속에서 성장해
1880년경에는 완전히 모든 시민의 정치운동으로 발전했다. 정부는
언론출판집회 결사를 단속할 법률을 개정해, 많은 사람들을 감옥에
가두었다. 그러나 자유 민권운동은 반비합법의 상태로 점점 더 발전
해갔다. 정부도 마침내 어쩔 수 없이 1881년(메이지 14년) 소칙(詔
勅)을 발표하고, 1890년에는 국회를 열 것을 약속하는 동시에 헌법
은 천황이 정하는 것으로, 그 이상의 소란은 처벌하겠다고 위협했다.

이에 힘을 얻은 혁명적 자유주의자들은 이 소칙(詔勅)의 발표 후
에 그 세력을 모아 자유당을 만들고, 천황에 의한 헌법이 아닌, 민주
적인 헌법을 위해 더욱 열정을 쏟았다. 그렇지만 예전보다 서투르게,
자작농민의 몰락이 심해졌다. 민중의 운동은 헌법과 의회를 위한 정
치운동이 아니라 하루하루의 생활을 위해 힘든 사회운동이 되어 지
주나 상인·고리대금업자와 小農의 대립이 극심해져 갔다.

그러는 동안에 지주들 중에는 지금까지 자유 민권운동을 지지해왔

---

146) 일본에서 처음으로 시작된 근대민주혁명운동.

던 이들조차도 조금씩 떠나갔다. 그들은 천황정부가 주는 헌법만으로 만족해했다. 한편으로는 혁명적 자유 당원과 활동하는 국민의 운동에 대한 정부의 탄압은 점점 강해져갔다. 그 때문에 마침, 후쿠시마(福島), 센마(鮮馬), 카바산(加波山), 치치부(秩父), 이이다(飯田), 타카다(高田), 나고야(名古屋), 후쿠오카(福岡) 등 각지에서, 자유혁명만세! 지조경감(地租軽減)! 징병령반대(徴兵令反対)! 등의 기를 든 민중의 실력 행동들이 일어났다. 그러나 각각의 투쟁은 순식간에 정부의 과격한 탄압에 의해 부서지고, 각지에서 수만 명의 사람들이 사형되었거나 고문으로 죽어갔다. 자유당의 간부들은 1884년 마침내 당을 해산시켰다. 오이켄타로(大井憲太郎), 우에키에모리(植木枝盛), 나카에초민(中江兆民) 등, 자유당 자파 당원들의 여러 가지 운동이 계속되었다. 자유 민권운동에서는 기시다도시코(岸田俊子), 가게야마히데코(景山英子) 등의 여성혁명가들도 등장하게 되는데 이는 다음 장에서 언급하겠다.

자유민권운동의 물결 속에서 남녀동권을 주장하는 많은 논문들이 발표되었다. 1874년부터 1890년, 제1의회가 열려 교육칙어(教育勅語)가 발표될 때까지 거의 단행본이긴 하지만 25종류 이상의 남녀동권을 위한 책이 출판되었다.147) 특히 혁명적인 운동의 중심이 되어야할 당이 사라진 1884년경부터는 자유주의자들이 직접정치운동에서 벗어나 개량적인 사상의 언급에 매진했다. 또한 봉건적인 여성관에 대한 반대론도 제창되었다. 또 많은 기독교도가 청교도 풍의 시민적 일부일처의 여성 존중이라고 언급하고 있다. 우리나라의 근대여성교육은 기독교 선교사들에 의해 시작되었다. 일본에 들어온 최초의 선교사인 헷브반(스본)부부가 1867년(慶応 3년) 요코하마(横浜)에 여학교를 개교하는 것으로 시작된다. 그 후, 1870년에 「훼리스 에이와

---

147) 대부분의 목록은 「明治文化全集社会篇」의 사회문헌연표에 나타난다.

죠갓코(フェリス和英女学校)」가 되었다. 다음해 미국에서 부인 전도
사 브라이언이 요코하마에 와서 바로 「아메리카·미션·홈」을 개교
하면서 여성교육은 시작되었다. 이것이 지금의 「요코하마쿄리츠죠갓
코(橫浜共立女学校)」의 기원이 되었다. 그 후 1874년에는 브라함여
학교(지금의 女子学園), 다음해에는 「코베죠가쿠엔(神戸女学園)」, 2
년 후에는 쿄토(京都)에 「도시샤죠갓코(同志社女学校)」, 도쿄(東京)
에 「릿쿄죠갓코(立教女学校)」가 설립되었다. 그 후 1880년 전후로,
오사카(大阪), 나가사키(長崎), 후쿠오카(福岡), 히로사키(弘前), 미
야자키(宮崎), 마츠야마(松山), 마에바시(前橋) 및 도쿄와 요코하마
(橫浜)에 1, 2교씩의 여학교가 설립되고 그 후로 더 많은 학교가 설
립되었다. 근대적인 「깨끗한 가정(清い家庭)」, 여성의 청순 존중 등
이 다루어졌다. 지금까지 정부는 여성교육의 기관으로서는, 도쿄죠갓
코(東京女学校)와 죠시시한(女子師範)을 만든 것만을 보아도 알 수
있듯이 근대사상이 아닌 봉건적 여성관이 토대가 된 것을 알 수 있
다. 결국 일본의 근대적 여성교육은, 종교교육으로서의 약점을 가지
고 있다고 하더라도 봉건적 권력자와는 다르며, 민간 기독교 교도의
협력에 의해 시작되었다.148)

　그리고 일본 최초의 여성을 위한 잡지는 기독교 교도　이와모토요
시하루(巖本善治)에 의해 만들어졌다. 그들의 편집에 의해 1884년
「죠가쿠잣시(女学新誌)」가 출판된 것이 그것이다. 그는 곧 사주(社
主)와 의견이 달라 그 다음해 독립해 「죠가쿠잣시(女学雜誌)」를 창
간했다. 매월 2회 발행으로 그 후 20년 이상 계속되었다. 「죠가쿠잣
시(女学雜誌)」에서는 잡지로서는 특별하게 기독교주의가 아닌 시민
적 남녀동등권론을 보급시켰다. 또 넓게는 여성관계의 뉴스를 보도해
여성의 기사나 외국여성의 일반문체까지 다루었다. 1885년에 발간된

---

148) 松宮一也 「日本基督教社会文化史」, 「女学雜誌」.

잡지에 실린 논문 「미국 여성의 직업」 에는, 남녀동등권의 실현을 위해 여자의 경제적 독립이 필요하다고 밝히고, 그를 위해서는 첫 번째로 「부모의 재산을 그의 딸에게도 나누어 주어야한다」 즉 시민적인 분할 상속제를 두 번째는 「딸에게 상응하는 일을 가르치며, 아들에게 의지해 스스로 나의 직업을 가져야한다」 의 필요를 서술하고 있다. 그래서 일본 여성들의 일이라면 세탁, 가사 외에는 없는데, 미국의 여러 가지 여성의 직업을 소개했다. 여성의 경제적 독립의 필요를 제시한 것은, 이것이 일본에서 처음 있는 일이 아니었지만 가장 초창기의 일이다.149)

이와 같이, 여러 가지 방면에서, 봉건적 여성관의 비판, 시민적 여성론이 등장하지만, 그 대부분은 후쿠자와의 주장임에 틀림없다. 그중에서 카와다(河田)의 「니혼죠시신카론(日本女子進化論)」 (1889년)이 일찍이 공장에서 일하는 여성의 상태를 논한 것은 걸작이다. 정치적으로 여성론을 발전시킨 것은 우에키에모리(植木枝盛)의 「東洋의 婦女」 가 대표적일 것이다. 이 책은 1899년(헌법이 만들어진 해)에 출판되었는데, 내용은 그 이전에 쓰여 진 것이다. 우에키(植木)는 부인의 문제를 모두 정치나 사회전체의 문제로 엮어 남존여비가 전제정치의 산물이며, 따라서 남녀평등을 실현하기위해서는 전제정치 없이는 국민전체의 평등을 수립할 수 없다고 밝히고 있다. 게다가 그는, 여성이 사회운동, 정치활동에 있어 큰 활약을 기대하며, 여성들의 교제를 넓혀 여러 가지 단체를 결성해 단결하고, 학교도 만들며, 저술, 연설 신문잡지까지 스스로 발행하는 것이 좋다. 라며 권장하고, 더욱 여성들에게 진력할 것을 꼭 여성의 참정권을 희망하지 않으면 좋지 안다고 주장했다.150)

---

149) 明治文化全集雜誌篇.
150) 小此木真三郎 「自由民權と女性」, 역사교육 6-3참조.

이는 후쿠자와도 생각하지 않았던 점이었다. 후쿠자와는 「온나다이가쿠(女大学)」의 비판은 실제로 통렬하여, 지금도 극히 유익하지만, 이 적극적인 「신몬나다이가쿠(新女大学)」이 되면 상당히 강해진다. 그는 또 「여자는 안쪽을 주관 한다」라고 정해버리고, 여성의 사회적, 정치적 독립과 자유로운 활동을 기뻐하지 않았다. 따라서 후쿠자와는 또, 「여자는 아름다움의 존재로 학문을 해서 남자의 서생(書生)과 같이, 주제넘어서는 안 된다」라고 말하며, 대부분 첩이나 예기(芸妓)를 가지려는 남자를 싫어하겠지만, 첩이나 예기(芸妓)는 「인간외추류(人間外醜類)」라고 放言하고, 그녀들이 사회적 희생에 대해서는 거의 신경 쓰지 않는다. 또 여성의 독립을 위해서는 경제적 독립이 필요하다는 의견을 가진 「죠가쿠잣시(女学雑誌)」에서도, 여성이 남자 앞에서 정치연설을 한다든지 하는 것은 불쾌한 일이다고 말하고 있다. 이러한 상황 속에서 우에키의 위의 주장은 매우 대단하다.

여성의 참정권에 대해서는 1878년의 지방관회직에서, 부현회(府県会) 의원의 선거권을 지조(地租) 5円이상을 납부하는 여성의 호주에게 해당된다는 주장도 있었지만, 쉽게 부결되었다. 이것은 「호주(戸主)」에게 무게를 두는 봉건적인 가족주의를 끝까지 밀어 붙여, 여성이라도 호주라면 남자 호주와 동등하다는 議論으로, 봉건시대의 무사에게서는 절대 있을 수 없었던 여자 호주를 메이지정부가 인정했던 것은 하나의 진보라 할 수 있다. 또 1885년 4월, 센다이(仙台)의 組長(지금의 町会長)선거에 여성 호주도 참가했다는 신문기사도 있다. 여성의 참정권이라고는 말할 수 없지만, 公民権의 일부를 인정한다는 것으로 이것도 하나의 진보이다.

여성참정권은 메이지헌법 발표 전에는 상당한 화제가 되었다. 「여권미담문명의 꽃(女権美談文明の花)」등 여성참정권을 주장한 소설이 헌

법 발포 2년 전에 출판되었다. 헌법이 발포된 당시, 앞에서 말한 「동양
의 부녀자(東洋の婦女)」가 있었지만, 같은 해 柳浪의 소설 「여자참정
권진충앵(女子参政権蟗虫桜)」도 출판되었다. 야마무라토미코(山村敏
子)라는 여학생이 남녀동권을 세상에 알리기 위해, 노력했으나 그녀가
지지하던 改進党의 정치가들의 반대와 아버지마저 병으로 쓰러지고 때
마침 의회에서도 부인 참정권은 부결되었다. 토미코(敏子)는 실망하여
반 광란(半狂乱)의 상태로 행방불명되었다. 이것이 대강의 줄거리다.
표제 「진충앵(蟗虫桜)」은 신기루, 즉 아름다운 환상의 의미로, 저자는
토미코를 패배시켰을 뿐만 아니라 여성 참정권론 그 자체도 잘 묘사하
고 있지 않다.

　이 때 여권론은 영국과 미국에서도 아직 여성참정권이 없었던 시기였
기 때문에, 하물며 일본에서는 일반적으로 이것은 「신기루」였을 것이
다. 꽤 철저한 자유민주주의자인 바바타츠오(馬場辰猪)조차도 그의 저
서 「천부인권설(天賦人権説)」(1782년)에서 보통선거를 주장하면서
「아무리 보통선거를 바라는 자라 할지라도 婦人小児같은 정신병자처
럼, 그 외 일반적인 정서를 갖지 못한 자는 이것을 갖지 못할 것이다」
라고 하는 정도이다. 그렇지만 「동양의 부녀자(東洋の婦女)」는 원래
보다 히로즈(広津)의 소설이라도 이미 여성참정권을 하나의 큰 문제로
다루었다는 것에 시대의 민주주의적 분위기를 헤아릴 수 있을 것이다.
그 후 교육칙어(教育勅語)가 나온 후 한편으로는 국수주의가 만연해,
여성의 공민권(公民権)을 인정하는 것으로, 남녀동권론(男女同権論)
조차도 곤란해지게 되었다. 일본여자대학을 설립했던 그들조차도 후쿠
자와의 「新女大学」와 기독교적 시민교육에 반대하는 꼴이 되었다.151)

---

151) 開国50年史.

2. 자유민권운동과 여성의 활동

자유 민권 그 결과 남녀동등권과 나란히 중산계급 여성의 자주적 행동도 점차적으로 보인다. 1876년(메이지 9년) 9월에는 동경여자사범의 학생들이 학과에 관해 계속해서 교사에게 서명을 강요해 요구서를 교장에게 제출하는 것이라든가, 도쿄 고후쿠바시(吳腹橋)의 여학생이 교사가 바뀐 것에 반대해서, 모두가 다 구청에 가서 상담하는 등 「이 시기의 여자들은 상당히 기가 세었습니다.」 라고 신문에 나와 있다.152)

1885년(메이지 8년) 무렵부터, 중·상류 여성의 여러 가지 집회, 생활개선, 풍속개선이나 교양을 높이기 위한 집회가 각지에서 활발하게 열려졌다. 「女学雜誌」에 따르면, 1886년에는 전국 여성에 관련된 학교가 신설되어진 곳과 준비 중인 곳이 11군데, 그 가운데 간호부 산파학교 3곳, 영어 학교 2곳, 여자직업학교가 1곳, 그밖에는 보통의 여학교였다. 그 대부분은 기독교 관계의 학교이다. 이 해 만들어진 여성 단체는 12종류 이상이 있다. 여자가 의사가 될 수 있었던 것도, 1884년에 처음으로 허용되었다. 여자 교원·간호원·산파 등 여성의 새로운 직업도 이때부터 조금씩 나타났다.

---

152) 「新聞集成明治編年史」 이하 메이지시대의 신문기사는 대체로 여기에 의한다.

이 시기에 만들어진 여성 단체 가운데 가장 크고, 또한 이후에도 커다란 영향을 준 것은 부인 교풍회(矯風会)이다. 이 부인 교풍회는 1886년 12월, 기독교 여학교, 사쿠라이(桜井)여학교의 교장 야지마카지코(矢島がじ子) 및 사사키토요코(佐々木とよ子), 에비나미야(海老名みや) 그 밖에 수십 명의 여성에 의해 만들어졌다. 모임의 목적은 부부와 친자식 간에 봉건적인 차별 없이, 남녀동권이 투명한 시민적 가정을 만들고, 남자의 일부다처를 금지하고, 또 매춘을 국가가 공공연하게 인정하는 것을 금지하며 혹은 금주 · 금연을 권장하는 것이었다.

창립한 다음해 8월, 야지마(矢島)의 이름으로 「朝野新聞」에 모임의 목적을 언급한 문장을 실었지만, 그에 따르면 당시 회원은 180명이었다고 한다. 모임은 전국의 기독교회나 그 때 최대의 여성 잡지 「女学雑誌」의 열성적인 지지를 받고 해마다 발전했다. 이 모임은 소위 사회적 개량단체였지만 1890년 「집회 및 정사(政社)법」이 만들어져 여성이 정당에 가입하는 것과, 정치적 집회의 발기인이 되는 것은 물론, 정당연설회를 여는 것조차도 금지되어진 것에 대해, 矯風会는 즉각적으로 그 반대 운동을 일으켰다. 또 공창 폐지, 금주금연 등도 결국은 법의 제정을 하지 않으면 안 되기 때문에 어떤 부분은 정치운동의 색을 띄었다. 훗날 일본의 시민적 여성 운동가로는 矯風会와 관계가 있었던 사람이 많다.153)

공창폐지에 대해서는 矯風会의 운동에 앞장서서, 1882년(메이지 15년), 자유민권운동이 가장 활발한 때, 군마현(群馬県)이나 아이치현(愛知県)에서 활발하게 문제가 야기되었다. 「공처가남편(かかあ天下)에서 본 풍습」이 명물인 군마현은 기업지이고, 거기에서는 여성의 경제적 자립이 타지방보다도 강하였기 때문에, 따라서 「공처가남편(かかあ天

___

153) 久市白落美「矢島楫子傳」明治編年史.

下)」이 될 수 있었다. 이와 같은 분위기 속에서 부인에 대한 압박과 모욕의 공공연한 표현인 공창(公娼)제를 폐지시키자는 운동이 종전보다도 더욱 활발하게 제기되었다. 그 중심이 된 것은 기독교관계의 하나였지만, 그것은 여론의 절대적인 지지를 받고, 1882년의 현의 모임은 공창의 폐지를 결의했다. 지사도 그것에 거스를 수 없어, 1888(메이지 21)년 6월 말 공창을 폐지한다는 현령을 제시했다. 드디어 그 시기가 되어서는, 공창의 폐지를 연기하려고 현에서 시도했지만, 결국 여론은 공창을 폐지하도록 만들었다. 이렇게 해서 군마현은 일본에서 유일한 공창(公娼)폐지 현(県)이 되었다.

이것이 자극이 되어, 矯風会 등에 의한 폐창(廃娼)운동이 이 시기 전국에서 더욱 거세게 일어나게 되었다. 그 후 오랫동안 이 운동은 한 고비를 넘게 되었지만, 1899년 오오미야(大宮)의 노동자클럽이 폐창연설을 연 것을 도화선으로, 다시 한 번 전국적으로 왕성하게 되었다. 그래서 정부도 여론에 거스를 수 없어, 드디어 창기(娼妓)의 자유폐업을 인정하게 되었던 것이다. 기독교 구세군이 이 때 많은 창기를 도왔다.

공창폐지, 또는 자유폐업이라는 것은 매음(売淫)의 폐지가 아닐 뿐만 아니라 창부의 실질적인 구원도 되지 않았다. 그렇지만 그것에 의해 창부의 인간성이 처음 인정되었다는 것, 인신(人身)을 노예로서 매매하는154)것을 공공연하게 인정하지 않는다는 것 등으로 진보적인 의의가 있다.

이 시기 여성의 이상을 그린 것은 겨우 17세의 딸 키무라아케보노(木村曙, 栄子)가 1887년에 발표한 소설 「부녀의 거울(婦女の鑑)」일 것

---

154) 公娼은 연계를 정해 몸을 팔고, 그 표면을 보면, 고용주와 본인과의 근대적인 계약과 같지만, 사실은 노예매매이다.

이다. 이것은 기독교적인 박애주의에서 빈민구제를 위해 생애를 바치는
여성을 쓴 것이기 때문에 상류·중류계급의 여성에게 대부분 애독되었다.
히데코(栄子)는 동경 아사쿠사(浅草)의 정육점의 딸로, 「부녀의 거
울」은 이와 같은 시민 계급의 딸의 꿈을 그린 것이었다. 이것을 쓴 다
음해 18세의 히데코는 의아하게도 병사했다. 미야케가호(三宅花圃)의
「덤불의 종달새(藪の蔦)」(1888년)도 「죠가쿠잣시女学雜誌」풍의
시민적 가정의 이상을 쓴 것이다.

메이지 전반에는 이와 같이 오히려 새로운 시민적 여성관이 점차 유
력하게 되고, 전국에 많은 여성 민권운동가도 나왔지만, 그 중에서 도사
(土佐)의 쿠스세키타(楠瀬喜多)나 앞서 이름을 거론한 기시다도시코
(岸田俊子, 中島湘煙)나 가게야마히데코(景山英子, 福田英子) 등이 성
장을 보였다. 기시다도시코는 1863년 京都의 呉服商 타시게타히라(田
茂兵衛)의 딸로 태어났다. 소학교에서도 특별한 수재였다. 천재로 평판
을 받고, 18세 때 궁중의 궁녀가 되었지만, 극히 봉건적인 궁정생활은
도저히 이러한 시민의 딸로써 참을 수 없어 1년 남짓 후 그만두었다.
1882년(메이지 15년)의 일이다.

이 시기는 자유민권운동의 전성기이고, 오사카에서는 나카지마노부
유키(中島信行)가 자유당의 지부라고 말할 수 있는 「입헌정당」을 열
고, 활발하게 연설회를 열었다. 도시코(俊子)는 거기에 참가하고, 부국
민권가로서 여기저기 전국에 알려졌다. 칸사이(関西)·츄고쿠(中国)·
시코쿠(四国)·큐수(九州) 등 각지에서 자유 민권, 남녀동권을 연설하
고 가는 곳마다 열렬한 여성 공조자를 얻었다. 1883년 10월, 사가켄(滋
賀県) 오오즈(大津)에서 학술강연회를 열고, 「규중처녀(箱入娘)」라는
제목으로 정부의 전정을 공격했다. 이것은 신고서 없는 「정담(政談)」
이라고 해서 그녀는 며칠간 투옥되었다.

도시코는 문장도 뛰어났다. 그녀가 1884년 5월부터 신문 「자유의 등불(自由の灯)」에 실은 「동포 자매에게 고한다(同胞姉妹に告ぐ).」 라는 논문은 일본의 여성 스스로 남녀동권을 주장한 최초의 논문으로서 기념할 만한 것이다.

「친애하고 사랑하는 형제자매여 뭔가를 쓸려는 마음도 없는 어떤 정신의 절실함이다」와 동포여성의 자각을 부르짖고, 남존여비는 「나쁜 풍속의 가장 큰 것」으로서 그것은 말이 필요 없는 것으로 확실히 했다. 또 도시코는 남녀동권이야말로 남자에게 있어 행복의 근원이라고 했다. 즉 「남녀 사이에는 애련의 두 글자로써 관철한다.」 이것은 독립대등의 인간끼리의 사이에는 처음 일어난 것으로 한편으로는 전제적인 권력을 휘두르면 진실 된 인간애는 생길 수 없다. 즉 남녀전제의 결과는 「인간 제일의 행복인 남녀애련의 즐거움을 부정하는 것과 함께 재미없는 경지에 빠지는 것」이라는 것이다.

여성참정권에 대해서 도시코는 영국의 운동을 말하고, 「서양 여러 나라에서도 여성참정권의 진리가 승리하는 것은 거울을 보는 것과 같다」 라고 하지만, 일본의 현 문제로서는 여성참정권을 확실히 주장한 점은 없었다. 도시코는 이 해 나카지마노부유키(中島信行)와 연애하고 결혼하여, 부부로 각처를 연설하러 다녔지만, 집회정사법이 발표된 것과 동시에 정치활동에서 손을 떼고, 일개의 시민적인 상류부인이 되어 1901년 동경에서 병사했다. 호를 쇼엔(湘烟)이라고 하고 시문집으로는 「쇼엔일기(湘烟日記)」가 있다.

가게야마히데코(景山英子)는 1867년, 오카야마현의 하급귀족의 딸로 태어났다. 어머니인 우메코(梅子)가 깨인 사람으로, 자유민권의 오오츠의 노래의 문구를 만들고, 히데코(英子)가 월금(月琴)을 연주하여 모녀가 그것을 부르기도 했다. 히데코는 15세 때, 이미 현립 소학교의 준교사가 되어 일찍부터 경제적으로 독립했다. 그 다음해 결혼에 관한 이야기가 있었다. 상대 집안은 부자였기에, 부모에게는 참으로 다행스러운 혼담이었지만, 히데코는 도저히 마음이 내키지 않아 거절했다. 어머니는 매우 난처했지만, 결국 딸이 하자는 대로 따랐다. 히데코는 이 체험에서, 세상에서는 얼마나 많은 여자가 무리한 결혼을 강요받고 있었는가를 생각하고 여성의 독립을 점차 강하게 주장하게 되었다.

17세 때 히데코는 어머니와 함께 무시코가쿠샤(蒸紅学舎)라는 실과 여학교를 만들고 거기서 여성만의 연설회나 토론회를 활발하게 열었다. 같은 해 기시다도시코가 오카야마현으로 유세하러 왔다. 이것을 기회로 오카야마지방의 진보적인 여성조직이 구성되었고, 카미모리미사오(上森みさお), 타케우치코토부키(竹内寿), 츠시타쿠메(津下くめ)가 여성간친회를 만들고 히데코도 여기에 참가했다. 그 발회식에서 츠시타(津下)는 고대 일본에서는 여성이 존중받고 있었다고 여성사에서 남녀동권을 해석하고 타케우치(竹内)는 흩날리는 눈은 약하지만, 굳어지면 바위도 깨부수는 눈사태가 되는 것과 같이 여성도 단결하면 못할 것이 없다며 단결을 강조하고, 츠시타는 여성의 정치운동참여는 「천하의 공도(公道)」이기에 성대하게 해야 할 것을 논했다.155)

같은 해 여름에 오카야마시의 아사이카와(旭川)에서 자유당원의 납량회(納凉会)가 열려, 히데코와 여자간담회원도 가담하여 배안에서 자유민권의 기염을 올렸지만 수중에서 경관이 나타나 모처럼의 모임도 해산되었다. 뿐 만 아니라 히데코의 무시코가쿠샤(蒸紅学舎)는 그 다음날 현으로부터 폐교를 당하게 된다.

---

155) 당시 신문에 의함.

그 후 히데코는 상경해서 자유당의 사카자키시란(坂崎紫瀾)의 기숙
사에 들어갔다. 히데코가 여성해방운동가로서 매우 뛰어난 점 가운데
하나는 여성의 독립자유는 우선 경제상의 독립자유가 없으면 안 된다는
것을 입에 발린 말이 아니라, 자신의 마음속으로부터 알고 있었던 것이
다. 그래서 사카자키(坂崎)기숙사에서도 히데코는 동문 여성들과 함께
이발이나, 세탁·바느질 등을 해서 독립생활을 만들어가는 노력을 했
다.

곧 자유당은 해산되었지만, 히데코는 오오이켄타로(大井憲太郎)와
자유당좌파에 가담하고, 운동을 계속했다. 마침 그때 조선에서도 민주
개혁파와 보수파의 대립이 격심했다. 일본국내에서는 자유혁명운동에
대한 정부의 박해는 잔혹하고 많은 혁명가는 점차 사형되는 형편이 되
었고, 오오이는 잠시 국내운동을 피해 조선의 개혁파를 도우려고 몰래
조선으로 건너갔다. 히데코도 거기에 참가했지만, 일본정부에 발각되어
1885년 11월 오오이는 오사카에서 히데코(英子)는 나가사키에서 체포
되었다. 그들은 미결 감옥에 구속 된지 1년10개월, 1887년 9월이 되어
겨우 재판이 끝나 오오이와 38명이 수년의 금고형이 언도되고, 히데코
는 경고 1년 반, 감시 10개월의 형을 받았다. 그 후 1889년 2월 헌법 발
포의 대사면이 되어 형 만기보다도 조금 일찍 출옥했다.

다시 한 번 자유의 몸이 된 히데코는 잠시 고향에서 요양하고 1890
(메이지 23년)일가를 두고 상경하여 여성에게 경제적 독립의 길을 만
들어 주기위해 여자실업학교를 열었다. 얼마 후 가족 모두가 죽고, 재산
도 완전히 없어진 후 학교도 폐교하지 않으면 안 되었다. 그러한 고통
속에서 후쿠다유사쿠(福田友作)라는 진보적인 청년지식인과 연애결혼
해서 세 명의 아들을 낳았지만 불행하게도 사랑하는 남편도 죽어 버렸
다. 그 다음해 1901년 그녀는 다시 「여자공예학교」를 만들고 여성의

직업지도에 노력을 했다.

히데코의 생애는 기시다도시코(岸田俊子)와 같지 않았다. 그것은 히데코 자신이 말하는 데로 실패가 거듭되는 생애였다. 「나는 항상 투쟁한다. 실패를 염려해서 한 번도 겁먹은 적이 업다. 우리들의 천직은 투쟁에 있고, 인간의 도리에 어긋난 죄악과 투쟁하는 것에 있다」고 히데코는 1904년 그 반생애의 자서전에서 부르짖었다. 그렇지만, 그 싸움을 히데코는 지금 누구와 함께 하는가?

이미 헌법과 의회라고 이름을 밝힌 것은 있다. 그러나 그것은 히데코가 생명을 걸고 얻은 것으로 진실 된 헌법과 의회라고는 조금도 비슷하지 않는 것이었다. 천황과 그 정부는 변함없이 국민과 의회에는 아무런 책임도 지지 않고 전제권력을 원한 체 의회는 단지 그 전제를 속이는 도구에 지나지 않았다. 여자의 정치활동은 이미 금지되었다. 1890년 헌법은 이미 만들어졌고 국회의원 선거도 끝났는데 정부는 특히 의회가 시작되지 않는 것을 노리고, 「집회 및 정사법」을 전제로 만들고, 정치·정당운동을 혹독하게 탄압하고 특히 여성은 정담(政談)연설회를 듣는 것조차도 할 수 없게 했다. 이 법률이 나오기 전에 정부는 어떤 법령에도 의하지 않고 여성의 정당가입 신청서를 받지 않았다.156)

이때에 원래 자유당의 명사들은 무엇을 했던가. 그들은 국회의원이 되면서 관료정부의 지위를 노리는 것만으로 의회에 있어서는 절대다수를 점유하면서, 集会政社법 그 외에 언론출판법 결사를 탄압하는 악법의 폐지나 오히려 전제헌법의 민주화라는 새로운 민주운동을 추진하는 것은 잊어버렸다. 나카에쵸민(中江兆民)도 제1회 국회의원이 되었지만 의회의 이 모습에 화를 내고 일변해서 국회의원직을 그만두게 된다.

---

156) 明治政社, 明治編年史.

히데코의 선배 기시다도시코도 지금의 이와 같은 중의원 의장 각하의 부인, 혹은 이탈리아 공사의 부인, 남작부인으로 변해버렸다. 도시코만은 아니다. 생각하면 세상의 남녀동권론도 대체로 상류계급을 위한의견으로 세 아들을 안은 무일푼의 미망인을 격려하는 일은 없었다. 그렇지만 그 여권론자도 정치상으로는 이미 전제정부를 따르고 있다. 한편으로는 교육칙어를 성전으로 하는 국수주의, 즉 봉건주의의 여성 및국민압박은 해마다 심해졌기 때문에 이와 같이 전제주의와 철저하게 싸우지 않는 상류 사람이 결과적으로 최후까지 부인의 친구이겠는가. 후쿠자와유키치 조차도 유산시민의 입장에 서서, 일하는 국민을 잊어버리고 평민의 습관을 습관으로 인정하지 않는 폭론과 근본적으로 싸우는것은 없었고, 또 그「新女大学」에서도 부인의 자주적이고 적극적인 사회적 활동에 반대하고 있지는 않은가.

「여성은 안을 주관하는 사람」이라고 후쿠자와도 말하고 있지만, 실제로 민중을 보고 백성이든 노동자이든 전인구의 8할 이상의 국민인 여성은 밖에서 얼마나 혹독하게 노동하고 있는가. 즉 그 위에「안」이라는 부담을 모두 짊어지고 있는 것은 아닌가. 히데코는 감옥이라는 사회의 밑바닥의 생활을 체험했다. 세 명의 어린아이를 안고 생활고에 시달리는 그녀는 민중의 괴로움도, 또 끈기 있는 힘도 알고 있었다. 그녀의눈은 점차 중산계급에서 멀어져 민중 쪽으로 향했다.

그 때 40세에 가까운 가게야마히데코(景山英子)는 확실히 알았다. 자유 민권을 위해 최후까지 싸우고, 여성의 해방을 이루는 것은 단지 남자대 여자라는 대립으로 풀어지는 것이 아니라 사회의 근본 대립을 해결하고, 전 민중과 함께 여성도 사회적으로 해방하지 않으면 안 된다는 것을 알았다. 그 힘은 도대체 어디에 있는가. 그것은 근대노동자계급에 있다. 특히 이미 일본노동계급의 해방의 투쟁은 시작되었다. 이와 같이 히데코는 「앞서 정권의 독점에 분노를 느끼고 민권자유의 호소에 열을 올리는 우리는 지금 자본의 독점에 저항하는」 사회주의자가 되었다. 그것은 일본 근대사의 실수가 아닌 역사적 진보의 방향이었다.[157]

---

157) 혼의 반생애.

3. 노동계급의 성장과 여성

　봉건적인 것을 무수히 많이 남기면서도 일본에 있어서 자본주의는 근대적 노동자계급을 성장시켜, 일하는 민중이 스스로 노력하여 남녀 불평등을 완화시켰기 때문에 조직과 단결하지 않으면 안 되었다.

　일본의 최초의 공장노동자가 여공이었던 것처럼 일본 최초의 근대적인 노동자 운동도 또 여공에 의해서 시작되었다. 1886년(메이지 19년) 고후(甲府)의 니미야(爾宮) 제사공장에서 백 명 남짓의 여공이 노동시간을 오전 4시 반에서 오후 7시 반까지 15시간 노동으로 정해지고 임금도 깎인 것에 반대해서 폐업을 일으켜 가까운 절을 점거했다. 결과는 여공의 승리였다.[158]

　이것은 일본에 근대적 노동자 계급이 태어나고 있다는 것의 전조였다. 드디어 일본의 자본주의가 확립되고, 청・일 전쟁이 시작된 1894년 1월, 오사카의 텐만(天滿)방적회사의 직공(남녀 구별은 알 수 없음) 수십 명이 기사(技師)의 불법에 반대해서 폐업을 일으켰다. 그 지도자는 형법에 의해 공업방해죄로 처벌되었다. 당시의 형법 제270조에 의하면

---

158) 小川, 전게서.

노동자의 쟁의는 대부분 할 수 없는 것으로 되어있었고, 오사카 부령은 직공이 「동맹해서 휴업 혹은 파업하지 말 것」이라고 무조건 폐업을 금지하고 있었다. 국가권력은 누구의 아군이었던가, 자본가의 노동자에 대한 착취가 민주적인 자본주의국가와 같이 단순히 양자의 경제적 관계에 의한 것만이 아니라 경제외의 강제에 의해 지켜지고 있었던 것을 확실히 나타내고 있다.

이와 같은 형편에서는 노동조합의 조직은 준비할 수 없었다. 2년 후에 미에(三重)방적회사에서는 3번이나 계속해서 폐업이 자연발생적으로 일어났다. 그렇지만 노동시간은 텐만과 미에의 두 회사의 폐업에 의해, 널리 세상의 주목을 받게 되었다. 여성노동에 대해서는 이미 1889(메이지 22)년의 카와타린야(河田鱗也)의 「일본여자진화론」에 오사카·고베 지방의 성냥공장이나 각지의 직물업 여공의 상태가 거론되고 있지만, 1899년에는 요코야마겐노스케(橫山源之助)의 명저 「일본의 하층사회」가 나왔다. 이 서적에는 방적공장·성냥공장 등의 여공의 지옥 밑바닥과 같은 상태가 매우 정확하게 보고되어, 세상의 주목을 끌었다. 이 시기에는 각종 산업의 남녀 노동자의 쟁의는 위와 같은 탄압에도 불구하고 일 년에 30건 이상이나 발생하고, 참가인원도 매년 2~4천 명을 넘었다.

그렇지만 노동자의 자각이라는 점에 있어서 최초의 신호라고 할 수 있는 여공의 그 후의 발생은 늦었다. 청·일 전쟁 후 자본주의의 발전에 따라, 쟁의에서도 방적이나 제사 등이 아니라 다른 산업의 남녀노동자의 쟁의는 해마다 발전했지만, 여공은 약했다. 왜일까. 주요한 이유는 다음과 같다.

(1) 여공은 공장노동자라고 해도, 즉 사회인으로서 독립되어져 있지

않고, 절반은 농촌에 있는 가족에 연결되어져 있다. 따라서 낡은 개인적 관념도 남아 있다.

(2) 여공의 근속년수는 매우 짧기 때문에 노동자로서의 공동체 의식을 충분히 발휘할 수 없다.

(3) 방적·제사·성냥 제조 등에서는 같은 공장에서 모두 동일하게 일해도 공장 작업 각 부분의 연결이 비교적 적다.

(4) 개개인의 작업 성질이 손재주가 있는 각 개인에 의존하는 것이 많기 때문에 그 책임으로 15등급의 차이를 만들거나 상여제를 만들어서 여공에게 스스로 임금을 많이 받으려고 하는 마음의 동요가 쉬워, 여공전원의 단결이 방해되었다.

이와 같은 이유로 여공의 단결과 조직은 추진되지 않았고, 그 속에서 경공업 이외에서 산업이 일어났고 그곳에서 일하는 남녀노동자에 의해 남녀 전 노동자계급의 조직이 추진되어지고 있었다.

노동조합을 만들려고 하는 노동자의 시도는 청·일 전쟁 전에도 있었지만 성공하지는 않았다. 전후 노동자 수가 증가함에 따라 그 자각도 급속하게 높아지고 앞서 말했듯이 쟁의도 활발하게 일어나기 시작했다. 드디어 1897년 카타야마센(片山潜)이나 타카노후사타로(高野房太郎) 등에 의해 최초로 근대적인 노동조합의 결성을 노리는 「노동조합기성회(労動組合期成会)」가 동경에서 만들어져, 기관지 「노동세계」를 출판했다. 계속해서 철공조합이나 일본철도노동자의 「일철교풍회(日鉄矯正会)」가 만들어졌다. 이것들은 남녀 숙련공 조합으로 여공은 들어갈 수 없었다.

또 이 해 원래 자유당 좌파였던 오오이켄타로(大井憲太郞)는 오사카에서 대일본노동자협회를 만들어 노동조합의 발달을 도모하였다. 또한, 여러 가지 무산자 보호 사업을 시작하고, 기관지「오사카슈보(大阪週報)」를 내었다. 오사카는 방적업 중심지였기에 오오이(大井)도 특히 여공의 상태개선에 주의하면서 여공 조합도 조직하려고 했지만, 성공하지 않았던 것 같다. 이것은 노동자 조직이라기보다도 자유주의 사회개량운동으로 얼마 지나지 않아 없어졌다.

이 시기를 전후로 「노동세계」의 지도에 의해 각지의 노동자의 사교클럽이 만들어졌다. 그 중에서도 오오미야의 노동클럽은 공창폐지운동을 비롯해, 1900년에는 전국적으로 활발해진 이 운동의 최초의 불씨가 되었다. 또 카타야마(片山), 오오이(大井)에 의한 노동자를 주력으로 한 보통선거운동도 활발하게 시작되었다.[159] 청·일 전쟁 후에는 전쟁경기의 반동에서 불경기가 심하여 일하는 것은 괴로웠다. 지방에서도 1897년 9월, 니이가타현의 이즈모자키(出雲崎)마을에서는 가난한 마을 사람 여성 수백 명이 마을장이 있는 곳에 몰려들어, 생활 안정을 요구하고 같은 해 연말에는 코후(甲府)의 소작인 수천 명이 지주의 대지에 몰려든 일이 있었다.[160]

정부는 여기에 놀라 1900년 집회 정사법(政社法)을 바꾸어 치안경찰법을 만들었다. 앞의 법률은 오로지 정치상의 집회 및 결사를 탄압하는 것이었지만, 이때에는 이것만으로 불충분하게 되어, 정치뿐 만아니라 넓게「공사에 관한」집회와 결사 및 일반의「多衆운동」을 단속하고 노동운동 외에 일하는 사람의 투쟁을 탄압하려고 하는데 까지 이르게 되었다. 이 법률이 여성의 정치연설회를 듣는 것조차도 금지하는 것은

---

159) 단 여성선거권은 아직 문제로 삼고 있지 않다.
160) 메이지편년사.

앞의 것과 변함이 없었다.

그러나 노동자계급은 기가 꺾이지 않았다. 다음 해 1901년 5월, 카타야마(片山), 코도쿠슈스이(幸德秋水), 아베이쿠오(安部磯雄) 들은 일본에서 처음으로 노동자계급의 정당, 사회민주당을 만들고 선언을 발표했다. 사회민주당은 군비의 전폐, 계급제도의 전폐, 토지 및 자본·교통기관의 공유, 전 국민의 평등적인참정권, 국가에 의한 국민의 무료교육을 「이상」으로 하고, 당장 실현해야할 강령28조를 내걸었다. 그 중에는 도덕 및 건강에 해가 되는 사업에 여성을 사용하는 것을 금지한다, 소년 및 부녀자의 야업을 폐지한다, 8시간 노동, 노동자의 단결의 자유, 소작인 보호법을 만들 것 등 직접적으로 일하는 여성의 이익을 지키는 것을 요구하고, 치안경찰법의 폐지, 귀족원의 폐지, 보통선거 등, 철저한 민주주의 정치를 요구했다. 선언에는 특히 여성문제에 관해 논한 곳은 없지만, 여성문제의 해결안은 그 「이상」이나 「강령」 속에 포함되어져 있는 것은 자명한 것이었다.

사회민주당은 그 선언을 발표하는 것과 동시에 그 결사는 금지 당했다. 카타야마는 즉시 사회주의협회를 만들고, 서서히 민주주의를 철저히 하고, 일하는 것의 해방을 위해 분투했다. 그러한 가운데 러·일 전쟁이 닥쳐왔다. 전쟁의 희생이 되는 것은 언제나 일하는 국민이다. 카타야마, 코도쿠, 사카이토시히코 등 사회주의협회원들은 일제히 닥쳐오는 전쟁에 반대하고 그 위험을 국민에게 경고했다. 우치무라칸죠(內村鑑三) 등 진실 된 기독교도도 또한 전쟁에 반대했다.

이들은 처음으로 유력한 신문 「만조보(万朝報)」에 의지했지만, 1903년 가을 전쟁이 드디어 닥쳐오자, 사회의 방침은 주전론으로 바뀌었기 때문에 코도쿠·사카이는 퇴사하고 새로운 평민사를 일으키고 평민신문을 비롯해, 그에 따라 점차 열심히 반전운동을 계속했다. 드디어 전쟁이 시작되자, 헤이민샤(平民社)는 러시아 사회민주당에게 보내는 글을 발표하고 러·일 양국의 「형제자매」 남녀국민이 함께 지배계급의 전쟁에 반대를 맹세했다.

그들은 이즈음에 점차 열심히 중산계급 여성에게도 호소하게 되었다. 1904년 2월부터 한 달에 한 번의 여성강연회를 열고, 그 요지를 평민신문에 실었다. 그 모임에서 예를 들어 사카이 토시히코(堺利彦)는 「가정에 있어서 계급제도」를 논하고 사회의 계급제가 가정의 계급제[161]의 근본원인인 것을 설명하고 결혼에 대해서도 부모의 승낙은 없어도 「양심의 승낙」인 자유연애에 의한 결혼이야말로 진실 된 결혼이라는 것을 확실히 했다. 이와 같이 확실한 자유연애 결혼이 정당한 것을 주장한 것은 그것처럼 남녀동권론은 없었다. 대체적인 것은 본인끼리의 합의 없이 부모가 마음대로 딸·아들의 결혼을 정하는 것에 반대하는 것 뿐 이었다.

니시카와코타로(西川光太郎)는 「여성문제의 중심」을 논하고 있다. 여성의 독립에는 우선, 그 경제적 독립이 없어서는 안 되지만, 현 사회에서 여자가 집 밖에 일하러 나가는 것은 점차 여자를 괴롭게 하는 것이고 또, 남자와 직업을 서로 빼앗는 것이 되기 때문에 그 점에서도 곤란한 사회문제가 있다. 결국 여성문제도 근본적으로 해결하는 데에는 사회주의에 의한 착취를 없애고 일하는 것을 완전하게 보호하지 않으면 안 된다는 것이 西川의 의견의 요지이다. 또 코도쿠슈스이(幸德秋水)는 전쟁은 여성에게 얼마나 많은 불행과 괴로움을 초래하는 것인가를 설명하고 여성이야말로 평화의 수호자가 되라고 호소했다.

---

161) 남자에 의한 여자의 지배.

가게야마히데코(景山英子)가 확실히 사회주의로 나아간 것도 이 시기의 일이다. 그녀는 코도쿠·사카이와 교류하고 사카이 타메코(堺ため子), 엔도키요코(遠藤清子) 외에 평민사의 여성과 함께 여성이 정치결사에 가입하고 정담연설회를 열고 또 그것을 듣는 것 여성의 정치적 활동의 자유를 근거로 해서 치안경찰법의 수정운동에 참가했다. 처음 집회정사법의 수정과 싸운 矯風会 사람들은 이 시기는 이미 이와 같은 운동에서 손을 떼고 사회사업에 몰두했다.

히데코(英子)는 그 해 그때까지의 반생의 자전 「나의 반생애(妾の半生涯」를 저술했다. 그것은 일본의 여성으로 최초의 자서전이다. 자서전을 쓴다는 것은 확실한 개성의 자각을 가진 것을 나타내고 있다. 일본에서 자전이 쓰여 진 가장 최조의 것은 필시 「어떤 전국 무사의 자전」으로서 미우라요시유키(三浦周行)박사가 소개한 「身自鏡」일 것이다. 소위 전국시대는 일본에 있어서 최초로 개인의 자유를 높인 시기이고 그 때, 불충분한 것이라도 자전이 나타난 것도 우연은 아니다. 그 후 도쿠가와(德川)시대에는 아라이하쿠세키(新井白石)의 자전 오리카쿠시바노노끼(折たく柴の記)가 쓰여 졌다. 하쿠세키(白石)는 일본에 있어서 최초의 근대적인 학문의 싹을 키운 사람으로 오리카쿠시바노노키(折たく柴の記)는 그가 정계에서 쫓겨나 정신의 자유를 구할 때 쓰여졌다. 근대에 이르러 1899년 후쿠자와유키치가 병상에서 구술한 福翁자전이 있고, 후에는 1908년 카타야마센(片山潜)이 옥중에서 계속해서 쓴 「자전」등이 자서전의 걸작으로서 알려져 있지만, 그 중간에는 가게야마히데코(景山英子)의 본서가 있다. 그것은 한사람의 여성이 어떻게 해서 근대적 자유를 자각하고 싸우며, 마침내 사회주의로 나아가게 되었는가의 역사이고 일본의 근대 여성의 자각사이다.

히데코는 그 후 일본에 있어서 최초의 사회주의 여성잡지 「세계의

부인(世界の婦人)」의 주간이 되고,162) 여성의 계몽에 몰두하고 또 치
안경찰법의 수정운동을 했다. 이 후의 일은 지금 우리는 알 수 없다.
1927년 동경의 시나가와(品川)에서 가난하고 늙은 몸을 괴로워하면서
외롭게 죽었다.

히데코에 대해서는 사상적으로 근거가 될 만한 뒷받침은 없었다. 그
녀는 지나치게 유명해졌지만 사상적으로 그다지 높이 평가될 만한 것은
없으며, 그녀를 단순히 「실행가」 「거물급 여자(名物女)」라고 하는
설이 세간에 있다.

그러나 메이지시대와 같은 봉건의 색이 극히 심한 시대에 한 사람의
여성이 모든 것에 기만당하고 배반당하면서163) 여성의 자유와 독립을
위해 생애를 걸었던 것이 「사상적인 깊은 뒷받침」이 없이 단지 「실행
가」 「거물급 여자(名物女)」였던 것이다.

1947년이 되어, 1890년대에 여성의 「사상」이 깊이가 없다고 하는
것은 삼척동자도 알고 있는 기정사실이었다. 히데코는 그 당시에 제1급
의 사상가였고, 게다가 그것을 실천한 참 사상가였다. 책상위의 비평가
는 없었다. 「나의 반생애」 한권의 저서만으로도 그녀를 남녀를 통해서
제1급의 사상가라고 할 수 있다. 메이지·다이쇼·쇼와의 천황제 자본
주의 사회는 이 위대한 혁명여성을 「사상적으로 깊은 뒷받침이 없는」
단순한 「거물급 여자(名物女)」라고 하는 것으로 매장해버리려고 하고
사실 매장해 버렸다. 지금이야말로 히데코를 「거물급 여자」가 아니라
여성해방운동의 선구자로서 원래 높이 평가하지 않으면 안 되는 것이
다.

---

162) 1907년 1월~1908년 7월.
163) 英子는 민주주의자 大井憲太郎에게 조차도 연애에서 배반당했다.

히데코나 그 외 당시의 가장 선구자적인 여성들도 피할 수 없었던 나약함을 숨길 필요는 없다. 사회주의로 나아간 그녀도 여공의 조직자가될 수 없었던 점에 그 약점이 나타나 있다. 「세계여성」도 여성노동자의 것보다도 일반 시민계급부인의 것을 문제로 했다. 그것은 일본 여성의 역사적 미성장의 탄생이었다. 그것을 극복해 가는 데에는 일본 노동계급의 발전을 기다리지 않으면 안 되었다. 게다가 그것은 군벌관료정부에 의해 비참하게 짓밟혔다.

러·일 전쟁에 계속해서 반대한 헤이민샤(平民社)에 대한 박해는 하루하루 심해졌다. 코도쿠(幸德)나 니시가와(西川), 사카이(堺)는 때때로 투옥되고, 평민신문은 계속해서 발매금지가 되었다. 그리고 1904년 11월, 평민사의 배경인 사회주의 협회가 우선 해방되었다. 이 전에 평민신문은 창립1주년 기념으로 마르크스·앵글스의 「공산당선언」을 전부번역해서 실었다는 이유로 코도쿠(幸德)나 사카이(堺)가 기소되었다. 그리고 평민신문은 다음해 1월 말일에 발행을 멈출 수밖에 없었다.

헤이민샤(平民社)는 즉시 그 일에 대신해 「직언」을 발행했다. 그것도 잔혹하기 그지없는 박해로 1년 남짓 만에 폐간하고 평민사도 결국 해산하지 않으면 안 되었다.

이 시기 러·일 전쟁 후의 공포로, 노동자의 생활이 비참해졌기 때문에 그것과 싸우는 큰 쟁의가 곳곳에서 일어났다.

1906년 12월 오사카 포병 공창에서는 1만6천 명이 10일에 걸쳐 큰 파업을 일으켰다. 그 다음해 아시오(足尾) 구리(銅)광산에서는 대폭동이 일어나고 3개 중대의 군대가 나와서 3백 명 이상을 붙잡고, 점차 조용해졌다. 이것은 일시의 폭동은 아니라 2년 전부터 비밀리에 준비되고

있었다. 이 시기에는 오사카 인쇄공 등의 총 파업이 일어난다. 1907년
에는 오가와 신이치(小川信一)씨의 조사 수에서 92건의 쟁의가 있
다.164) 여공이 많은 공장에서도 동경의 담배(煙草)공장, 코후(甲府)의
제사(製糸)여공(3백여 명), 타네가부치(鐘ケ淵)방적 미이케(三池)지
점의 여공(천여 명)의 파업이 있고 여공의 강력한 단결도 점차 증가되
었다.

이에 따라 카타야마(片山), 사카이(堺), 니시카와(西川), 코도쿠(幸
德)는 다시 한 번 노동자의 정당인 일본사회당을 만들고, 새로운 운동을
진행시켰다. 그 기관지 일간 평민신문은 「남자의 학대에 우는 부인」을
노동자 농민과 함께 동지로서 호소했다.

노동자 계급의 혁명적인 발전은 자본가와 그들의 이익을 지키는 이토
히로부미(伊藤博文), 야마가타아리토모(山県有朋) 등 소위 원로라고
불리는 관료군벌의 우두머리들을 당황하게 만들었다. 西園寺내각은 물
러나고, 대신 육군대장 카츠라타로(桂太郎)내각이 등장했다. 철저한 탄
압이 노동자계급과 그 전위인 사회주의자 가해졌다. 그 때문에 기독교
계 사람들은 점차 운동을 멀리하고, 코도쿠(幸德)는 실망한 나머지 무
정부주의로 돌아섰다. 카타야마센(片山潜)만은 방향을 바꾸지 않았지
만, 대세는 사회주의 운동을 불리하게 만들었다.

이 시기에는 간노스가(菅野スガ)라는 무정부주의 여성혁명가가 나타
났다. 그녀는 1881년 교토의 중류가정에서 태어났지만 아버지가 광산
에 손을 대어 실패한 후 가난하게 되었고, 친어머니가 죽고 계모에게 길
러졌으나 순조롭지 않았다. 17세 때 상인집안에 시집갔지만, 원래 독서
만을 좋아했던 그녀는 남편과는 행복하지 못했기 때문에, 21세 때 친정

---

164) 「노동자의 상태 및 노동운동사」.

아버지가 중풍에 걸려, 아버지의 간호를 구실로 이혼했다.

스가(スガ)는 소학교 밖에 졸업하지 않았지만 독학으로 여러 가지를 배우고 「와카야마(和歌山)신문」 이나 동경의 「마이니치덴뽀(毎日電報)」 의 기자를 했다. 그 가운데 1903~1904년 무렵부터 사회주의와 친해져, 이윽고 헤이민샤(平民社)에 출입하게 되었다. 그렇게 해서 동지인 아라하타칸손(荒畑寒村)과 연애했지만 후에 헤어지고 코도쿠슈스이(幸德秋水)의 처가 되었다.

1908년(메이지 41년)6월, 사회주의자 야마구치고켄(山口孤劒)의 출옥환영 기념회가 칸다(神田)에서 개최되었을 때 그녀도 거기에 출석했다. 모임은 무사히 끝났지만 해산할 때 회중 가운데 어느 한 사람이 붉은 깃발에 흰 글자로 하나는 「무정부(無政府)」 하나는 「공산(共産)」 이라고 쓴 것을 들고 무정부주의의 노래를 부르면서 돌아가는 일이 있었다. 이 일을 구실로 50명의 경관이 일제히 검문을 시작하여 오스기사카에(大杉栄), 사카이토시히코(堺利彦), 아라하타칸손(荒畑寒村) 등 주요한 인물 15명이 검거되었다. 그 가운데 스가코(スカ子, 28세) 및 오오스가사토(大須賀サト, 28세), 오구레레이(小暮レイ, 18세), 카미가와마츠코(神川松子, 24세) 등의 네 명의 여성도 포함되어 있었다. 이 사건에서 오오스가(大須賀)와 오구레(小暮)는 중금고 1년, 벌금 10엔의 형을 받고, 간노(菅野)와 카미가와(神川)는 무죄가 되었다.165)

이 정부의 폭력과 학대는 「아카하타 지켄(赤旗事件)」 으로서 사회주의자뿐 만아니라 모든 자유주의자들로 부터 엄청난 비난을 받게 되었다. 이와 같은 카츠라내각의 실수투성이 탄압의 모습은 드디어 일부 사회주의자로 하여금 폭력에 대해 폭력으로 대처할 수밖에 없음을 결심하

---

165) 大杉는 2년 6개월, 堺는 2년 중금고.

게 했다. 그들은 그 「폭력」을 지배자 한 사람 한 사람에 대한 암살이라고 생각했다. 계급과 계급의 조직과 조직의 싸움이 아니라, 권력자 개인과 혁명가 개인의 무정부주의적인 싸움에 연결되었다. 스가코(スガ子)도 그 한 사람이 되었다.

그녀가 말하는 「사실은 무츠히코(睦仁, 메이지천황의 이름)라는 일 개인에 대해서는 매우 유감스럽지만, 아무튼 천자가 되는 것은 현재에 있어서는 경제상으로는 약탈자의 장본인이고 정치상으로는 죄악의 근본이 되고 사상 상으로는 미신의 근원이 되어있기 때문에 이 위치에 있는 것을 끌어 내릴 필요가 있다」라는 생각으로 그녀는 신슈명과(信州明科) 제재의 직공 미야시타키치(宮下吉) 등과 함께 천황암살계획의 주모자의 한 사람이 되었다.166)

혁명을 노동자의 단결과 조직에 의해 성취하지 않고 개인의 암살 등으로 이루려고 하는 것은 노동자 계급의 입장을 떠난 소시민적 개인주의적인 실수였다. 스가코(スガ子)가 말하는 대로 천황제는 일본 국민의 행복을 방해하는 것이기 때문에 대중의 인내심만으로는 대중의 신뢰를 얻을 수 없었기에 결국 개인적 테러자행을 호소하게 되었다. 게다가 그 계획이 정부에 발견되고 그 음모에는 관계없던 코도쿠슈스이(幸德秋水)를 비롯하여 26명이 체포되었다. 정부는 이 사건을 「대역사건」으로 규정하여 국민을 잡아들였고 코도쿠(幸德), 간노(菅野), 미야시타(宮下) 등, 24명에게는 사형을 선고했다. 그 가운데 반수는 특사에 의해 무기징역이 되고 실제 사형당한 것은 그 후에 12명이었다. 스가코도 그 가운데 한 사람이다. 1911년 1월 25일, 그녀는 사형대 위에 섰다. 안색은 조금도 보통 때와 변함없었고, 오히려 미소를 지으며 죽음을 맞이했다.

---

166) 渡順三「幸德사건의 전모」宮武外竹「대역사건 전말」.

이 대탄압에 의해 일본 사회주의운동의 제1기는 끝났다. 여성운동자는 이 시기에는 조직되는 일 없이 가끔 파업에 본능적인 투쟁력을 나타낼 뿐이었다. 가츠라내각은 이 후 「국민정신」을 불러일으킨다고 해서 청년단, 부녀단 등을 전국에 강제적으로 만들게 했다. 민중여성의 조직을 추진하기 전에 우선 권력자들의 반동조직이 추진되었다. 즉 이보다 앞서 1901년 애국부인회는 제1보였다. 이것은 오쿠무라유리코(奧村五百子)가 조직한 것이다. 그녀는 1900년 청나라 위화단의 진압(중국의 민족운동에 대한 일본, 영국, 프랑스 등 그 밖의 여러 나라의 공동출병)에 종군하고 상병이나 군인유족을 구할 필요를 느꼈다. 그리고 그 때 강경한 대륙 침략론자였던 근위독공작의 구조를 받고 상병, 당시에는 「폐병」이라고 불려 어떠한 구조도 받을 수 없었다. 러·일 전쟁의 준비기간 이었고, 또 부인 矯風会 등의 기독교적 시민적 부인운동을 진압하기 위한 때였기 때문에 상병 원호는 좋은 구실이었다. 그렇지만 애국 부인회는 여성의 상냥한 마음을 군국주의에 이용하고 권력의 보호를 근간으로 군국주의적으로 조직한 것이었다. 그리고 바야흐로 제3차 카츠라내각에 이르고 이 애국부인회는 점차 원조 받았다. 그 외 마을마다 소학교를 중심으로 처녀회(処女会 - 후에 여자청년단) 등이 만들어져, 「충군애국(忠君愛国)」과 「부도(夫道)」로 칭해진 「女大学」식의 설교가 강요되었다.167)

---

167) 애국부인회사, 메이지편년사.

제10장

자본주의의 발전과 여성

1. 연애의 해방, 세토샤(靑鞜社)168)

민중의 정치상 및 사회상의 해방이, 半봉건적 · 半자본가적인 전제 권력에 의해 끝임 없이 억압을 받자, 개인의 봉건적인 도덕이나 삶의 방식으로부터 해방되고, 전 사회적 근대화를 위한 투쟁 속에서 승리 하고 얻고자 한 것은 극히 곤란하였다. 그를 위해 진보된 시민 계급 의 청년 남녀도 사회문제나 정치문제를 떠나, 한 개인 만으로서도 새 로운 근대적인 삶을 정리하고자 하였다. 기타무라토코쿠(北村透谷)나 시마자키토손(島崎藤村)은 1890년 잡지 「문학계(文学界)」를 발행하 여 그와 같은 청년의 기분을 대표하였다.

그들이 인간관계의 중심점으로 찾아낸 것은 연애였다.

"연애는 인생의 묘약(秘鑰: 비밀스런 열쇠)이다. 연애가 있고 그 후에 세상이 있다. 연애 없이 사라진다면 인간세상은 무슨 맛과 색이 있을까"

---

168) 18세기 중엽 런던 사교계에서 몬타규외 부인들이 개최한 문학적 살롱인 블루스타 킹의 번역. 일원이 파란 모실로 짠 양말을 신고 있었다. 다이쇼시대 여성단체 세 토(靑鞜)샤의 기관 잡지. 1911년부터 16년까지 간행되었다. 잡지'靑鞜'에 의해 여 류문학자의 일파를 세토파라 하기도 함. 새로운 사조를 기본으로 하여 부인의 자 주독립, 여권획득, 자유연애 등, 부인의 해방을 외쳤다.

라고 기타무라토코쿠는 그 유명한 「염세시가(厭世詩家)와 여성」
에서 이렇게 말했다. 더욱이 그는 '남녀가 서로 사랑한 후에야 비로
소 사회의 진상을 안다'라 하고, 인간사회가 만들어지고 유지되는 것
도 남녀상애(相愛)의 제1단계를 넘어서야 비로소 가능하다고 주장하
였다.

연애는 그에게는 영혼의 구제였다. 이 세상 모든 것은 사랑과 진실
의 시작이었다. 그것은 정치나 사회에 절망한 지식계급인 '염세가'(토
코쿠는 자신 스스로를 이렇게 말하고 있다) 가 찾아낸 하나의 찬미
해야 할 세계였다. 더욱이 이 염세가는 옛날이라면 도련님이 된다든
가, 혹은 바쇼(芭蕉)와 같이 화조풍월(花鳥風月)의 자연미에 살아갈
길을 추구한다든가 했을 것이지만, 지금은 연애라는 가장 인간적인
관계에 구원을 찾고 있었다. 즉 근대에 와서 인간성의 성장은 억누를
수 없는 것이었으며, 천재 토코쿠에게 대표되고 있었다고 할 수 있
다.

개인의 해방, 그것이 연애를 '불의'라고 하는 봉건적인 속박에서 벗
어나, 연애의 해방과 찬미가 되고, 그것을 사상으로서 대표한 자가
토코쿠였다고 하면, 그것을 더욱 정열적으로 노래한 것이 요사노아키
코(与謝野晶子)[169]였다.

"그 아이 20세
빗에 흘러내리는 검은머리가
교만한 봄의 아름다움인가."

---

[169] 1878~1942 : 오사카생. 20세부터 노래를 짓기 시작했다. 23세 상경하여 결혼. 제1
　　가집 '미다래가미'에서는 격렬한 정열과 분방한 공상에 의한 인간의 본능을 강하게
　　긍정하고, 봉건도덕에 저항하였다. 전쟁을 비판한 시 '君死にたまふことなかれ' 등
　　이 있다.'

"산에서 불어오는 여름 상쾌한 바람에,
　기분 좋은 듯 어린 말들은 귀를 날리고 있네."

"봄이 되어 물도 따뜻하구나.
　기모노 옷깃을 걷어붙이고
　작은 개울을 건너보고 싶네."

1901년 8월, 아키코가 노래집 「미다래가미(みだれ髪: 헝클어진 머리)」를 출판했을 때, 도(道)를 설교하는 사람들은 그 자유분방한 정열에 찬 높은 외침에 놀랐다. 그들은 「미다래가미」의 노래를 모두 춘화(春画)라 하여 공격하면서 아키코를 매음부라고 매도했다. 그야말로 그들은 매음부와 교제하는 것 외에 알지 못했던 것이다. 그들은 가정의 처조차도 일생을 모두 버린 창부처럼, 집안 내의 성적 노예로 생각했다. 그런 사람들의 입장에서 보면 아키코의 노래는 춘화로도 보였을 것이다.

半봉건적 지배계급의 설교에도 불구하고 일본 중산계급 여성이 시민적 자유의 자각에 이르고 있었던 한 표현이 「미다래가미」였다.

그것은 불상조차도 '가마쿠라의 부처님이라도 석가모니는 미남'이라고 노래한 인간에 대한 찬가였으며, '사랑을 알고 미(美)를 신에게서 추구하는 그대에게, 지금 보는 하늘은 아름다운 땅의 미'라고 하여, 인간을 신보다 뛰어난 지상최고의 아름다움(至高真美)으로 보는 것이었다. 그런 까닭에 이러한 인간의 정념(情念)을 무너뜨리는 전쟁을 두고, 아키코는 여순(旅順)의 포위군 속에 있을 남동생을 그리워하고 한탄하면서 쓴 유명한 '그대에게 죽음은 내리지 말지라'를 노래할 수 있었다. 그것은 여순 공격대가 매일같이 공격함으로써 다수의 결사대(지금의 특공대)의 젊은 생명들이, 침략전쟁과 무능한 장군에게 희생당하고 있던 1904년 9월의 일이었다.

"아아, 사랑하는 동생이여, 그대를 위해 우노라.
그대에게 죽음은 내리지 말지라.
마지막으로 태어난 그대고 보면
부모의 정은 더 할게 없네.
부모는 칼을 들게 하여
사람을 죽이라고 가르칠까.
사람을 죽이고 죽어라 할까.
24살까지도 길러 왔는데."

아키코의 집은 오래된 자유 상인들의 마을 경계에 있는 과자 집이었다. 평화로운 일개 시민에게 있어 침략자들이 벌인 러·일 전쟁은 무슨 마음을 끌 매력이 있을 것인가. 사람은 천황폐하를 위해 죽어라고 하였다. 그러나 천황도 충(忠)에 대해 의심스런 마음을 기술하였다.

최고의 사랑으로 자식을 전쟁터에 병사로 빼앗긴 노모의 한숨을 노래하고 마지막에는 '주렴 그늘에 엎드려 우네, 젊은 색시가'라 하여, 이 젊은 처를 위하여 그대에게 죽음은 내리지 말라고 끝을 맺고 있다.

이 노래가 발표되었을 때, 군국주의에 광분한 사람들은 아키코를 국적(国賊)이라 떠들며 매도했지만, 그것은 그들 내심의 공포와 백성의 본능적인 전쟁반대에 대한 공포를 말해주는 것에 지나지 않았다.

이 시가 나오고 얼마 후인 다음 해 1월, 잡지 '태양'에는 역시 여류작가 오츠카쿠스오(大塚楠緒)의 '오햐쿠도마이리(お百度詣)'를 볼 수 있다.

"한 발자국 걸으면 남편이 생각나네.
두 발자국 걸으며 나라를 생각해도
세 발자국에 다시 남편이 생각나네.
이 같은 여자의 마음이 죄가 될 것인가."

이것은 아키코와는 비교도 안될 만큼 나약함은 있다.

"이렇게 조국과 내 남편 중
어느 쪽이 귀중한가 물어 온다면
다만 답하지 못하고 울기만 할 뿐이네
백 번 참배하지만 죄가 될 것 인가"

'쿠스오'는 도쿄의 공소(控訴)원장이라고 하는 천황제 권력의 가장 중요한 역할을 담당한 사람의 장녀로, 바꾸어 말하면 무사집안의 딸이었다. 이런 사람조차도 남편을 전사시키고 싶지 않다는 여심을 작정하고 노래하고 있는 것이다. 여기에 개인적 정(情)의 자립을 추구하는 12세기 초의 일본 중산계급 여성의 모습이 있다.

그러나 아키코로서도 그 인간 찬미의 지주를 일체의 사회관계로부터 떠나 어디에도 흔들림이 없이 확립할 수는 없었을 것이다. 노모를 생각하고 젊은 처를 그리워하며 전쟁에서 죽지 말라고 노래하였지만 그녀는 평민사(平民社)의 사람들(그 중에는 여성도 있다)처럼, 그 천황의 지휘로 행해지는 침략전쟁의 죄악을 도려낼 수는 없었다.

그리고 해방 된 정(情)을 지탱하는 사회적 지주를 갖지 못한 그녀의 사랑에 대한 기쁨은 「미다래가미」를 통해 발휘되었으며, 3년 후 歌集 「小扇(작은 부채)」에서 공허한 봄날에 깨어지는 꿈의 아픔을, 더욱 우아하면서도 쓸쓸한 감정으로 노래하고 있다.

여기에서 해방된 것 것처럼 보이는 연정은 일시적인 봄의 즐거운 꿈과 같은 것이었다. 그런 까닭에 아키코가 천재성을 가지고 있어도, 그 노래는 31개 문자로 된 전통적인 단가(短歌) 형식에 머물고 말아, 내용도 점차 약해지면서 더욱 큰 서정시를 낸다는 것은 불가능하였다. 토코쿠는 역시 염세가였으므로, 연애의 자유를 실현하기 위해 명쾌히 노래하며 싸울 수는 없었다. 그는 27세의 젊음으로 우울증 끝에 죽어갔다. 이것은 아키코나 토코쿠의 개인만의 좌절이 아니었다. 그것은 참으로 해방될 수 없었던 사랑, 또 예를 들면 천만의 고난 속에서도 동지와 함께 해방을 실현할 투쟁의 길을 찾지 못했던 메이지 일본의 시민계급 전체의 비극이었다.

본디 이 일은 토코쿠나 아키코가 내건 '정'의 해방을 위한 외침이 무의미하였다는 것은 아니다. 그것은 말하자면 역사의 제약을 뛰어넘어 나아가고자 한 선구자의 불꽃과 같은 것이었다. 그리고 그 불꽃이었던 자신은 꺼지면서도 다른 큰 불을 한층 더 타오르게 하였던 것이다. 「미다래가미」가 세상에 나오고 마침 10년 후인 1911년 9월, 히라츠카아키코(平塚明子), 나카노하츠코(中野初子),기우치테코(木内錠子),야스모치요시코(保持研子), 모즈메카즈코(物集和子) 등의 5명은 '세토샤(靑鞜社)'를 만들어, 잡지 「세토(靑鞜)」를 출간하고 여기서 처음으로 여성들 자신에 의한 조직적인 시민적 여성해방운동을 시작했다.

그것은 러·일 전쟁 후, 일본 자본주의가 눈부신 약진을 거듭하면서 그와 더불어 중산계급의 부도 증대하여, 고등여학교가 겨우 전국에 보급되기 시작했을 때이다. 이로부터 이전인 1900년을 전후하여 요시오카야요이(吉岡弥生)의 여자학교나, 츠다우메코(津田梅子)의 여자영어학원, 일본여자대학이 설립되면서 여성의 고등교육에도 작은 서광이 비추어졌으며, 그러한 곳에 취학을 희망하는 자도 급증하고 있었다.

한편에서는 카츠라(桂)내각의 반국가주의 정책에 의해, 지식계급은 정치로의 길을 주창하면서, 사상적으로는 전통 파괴의 열정을 불태우고 있었다. 입센의 『인형의 집』, 그 외 여성해방을 주제로 다룬 작품이 왕성하게 읽혀진, 바야흐로 사랑만으로 사는 것이 아닌 정(情)과 지(智)를 살리고자 하는 시기였다. 이런 상황 속에서 세토샤는 발족하였다.

「세토」제1호에 히라츠카아키코는 이렇게 선언했다.

"원시시대, 여성은 실로 태양이었다. 진정한 인간이었다. 지금 여성은 달이다. 타의에 의해 살며, 타의의 빛에 의해 빛을 발하는 병자와 같이 창백한 얼굴을 가진 달이다. 우리들은 숨겨져 버린 우리의 태양을 지금 되돌려 놓지 않으면 안 된다."

"'숨어있는 우리의 태양과 잠재해 있는 천재를 발견해라.'는 우리의 내부를 향한 부단한 절규, 억누를 길 없는 끊임없는 갈망, 일체 잡다한 부분적 본능이 통일되어진 최종 인격의 유일 본능이다."

원시여성은 태양이었다. 여기에 여성의 가치 주장은 더 없이 강력하게 아름다운 표현을 얻었다. 세토샤의 운동은 본래 '여류문학의 발달을 도모하고, 각자 천부적 특성을 발휘하여 일본 여류계의 천재를 생산 한다'는 것을 목적으로 한 문학운동이었지만, 거기에만 머물러 있을 수 없었던 것이다. 여성의 천재성을 방해하는 봉건적 여성관과 싸울 여성해방 운동으로 나아가지 않을 수 없었다. 아키코는 이렇게도 말하고 있다.

"새 시대의 여성은 남자의 이기심을 위해 무지한 자가 되고 노예가 되어, 육체적 쾌락의 대상자가 된 여성의 생활에 만족하지 않는다. 새로운 여성은 남자의 편의를 위해 만들어진 오랜 도덕과 법률을 파괴하고자 원하고 있다."

세토샤의 사람들은 연애에서도 결혼에서도 대담한 실천으로 오랜 구습과 도덕에 맞서 싸웠다. 이것은 봉건적 세상의 세찬 비난을 받았다. '마침내는 세상의 풍습과 질서를 어지럽힐 위험한 사상을 전달하는 자'라는 관헌의 위압조차 가해지게 되었다. 그러나 그렇게 함으로써 '새 여성'은 도리어 한층 더 세상에 알려지고 그 영향력을 떨쳤다. 잡지 '세토'에 실린 유럽 여성사상가나 작가의 소개가 지식계급여성에게 끼친 영향도 컸다. 야마다와카(山田わか), 이토노에(伊藤野枝)들도 동인이 되었다. 많은 여류문학자, 사상가가 이 운동의 영향 속에서 커 갔다.

그러나 그녀들에게도 나약함이 있었다. '세토' 제1호의 선언에는 다음과 같은 말이 기록되고 있다.

"다만 외계의 압박이나 구속에서 벗어나 소위 고등교육을 받고, 널리 일반직종에 근무하며, 참정권을 받고 가정이라는 작은 세계에서 부모와 남편이라는 보호자의 손에서 벗어나는, 말하자면 독립생활을 한다고 하여 그것이 무슨 자유해방일 것인가. 과연 그것도 진실 된 자유해방의 영역에 이르게 하는 좋은 경우와 기회를 부여하는 것인지도 모른다. 그러나 어차피 방편일 뿐이다. 수단이다. 목적이 아니다. 이상이 아니다."

확실히 여성의 사회적·경제적·정치적 독립은 '천재의 발견'그것이 아닐지도 모른다. 그렇지만 그녀들이 '천재의 발견'에 대한 수단일지라도 그와 같은 독립을 실현시키고자 하는 확실한 인식을 갖지 못했다는 점이다. 천재의 발견을 방해하는 '주된 것은 역시 우리 그 자체, 천재의 소유자로 천재가 깃들 수 있는 궁은 우리들 자신이다.' 따라서 그녀들은,

"우리를 유리(遊離)할 때 잠재된 천재는 나타나고 보여 진다. 우리들은 우리의 잠재된 천재를 위해 우리를 희생하지 않으면 안 된다. 소위 무아(無我)가 되지 않으면 안 된다."

라 하였다. '우리를 희생 한다' 이것을 그녀들은 '정신집주(精神集注)'라 명명하였다. 그렇지만 고래로 얼마나 많은 여성들이 과연 그 '정신집주(精神集注)''무아(無我)'를 실행했을 것인가. 게다가 그것은 '천재의 발견', 여성이 스스로 빛을 발하는 태양이 되기에는 무기력한 노력이었다. 그를 위해서는 나 자신을 억누르고 나에게 틀어박힐 것이 아니라, 봉건적 세계에 대하여 나를 드러내어 주장해야만 했다. 그렇게 함으로서만이 그녀들도 '정신집주(精神集注)'를 위해 여승이 되지 않고서도 사회적 활동을 하며 세상의 비난과 싸울 수 있었다.

여성 스스로 사회적 조직을 가지고 사회적으로 활동을 하며, 도덕

과 법과 남자의 편의에 따라 만들어진 자로서, 그에 정면으로 도전했다는 점에서 그녀들이 일본의 여성사에 남긴 공적은 높게 평가받아 마땅한 것이다.

그럼에도 불구하고, 그녀들이 '오랜 법률과 도덕의 파괴'로 봉건적 사회적 정치적 압박의 폐지에 주력하지 못하고 개인적 천재주의에 머물러 버림으로써, 결국 그녀들은 태양으로 나타날 수 없었다. 그리고 세토샤는 심한 박해의 고비를 넘기지 못하고 1916년 해산되었다.

세토샤가 '자아'에 틀어박혀 버리고자 한 것에 대해서는, 오랜 도덕과 법률이 너무 강하였고, 여성의 정치적 행동자유가 완전히 빼앗긴 상태에 있었기 때문에, 자각하여 눈을 뜬 여성이 그 방향으로 나아가고자 해도 나아갈 수 없었다. 그만큼 한 층 더 강렬하게 내부를 향할 수밖에 없었던 것이다. 이상과 같은 사정도 있었지만, 또한 동시에 그녀들의 중산 계급적 인텔리즘의 개인주의적 환상 때문이기도 했다. 아키코의 '정의 해방'도, 세토샤의 천재해방이라고 하는 것도, 그것을 지탱할 진실 된 지주는 그녀들이 믿었던 개개인 속에는 없었던 것이다. 아키코(晶子)나 아키코(明子)의 주장은, 또 스가코(スガ子)의 개인적 테러에 의한 혁명이라는 생각과 함께 공통되는 것이 있었다. 이와 같은 소시민적 유약함과 실수가 있었다고는 하나, 스가코, 아키코 등이 한결같이 벌인 열렬한 여성운동은, 세상에 쇼크를 주고 잠자고 있던 사람들의 마음을 흔들어 놓았음에 틀림없었다.

2. 노동자 농민여성의 성장

'대죽 창은 꺾여도 또 원래의 창이 된다' 봉건시대 백성 봉기에도 이미 이러한 강함은 있었지만, 근대 민중운동은 그로부터 더욱 크게 성장해 갔다.

가츠라(桂)내각의 대 탄압으로 해방운동자들은 잠시 분산하여 시기를 기다릴 수밖에 없었지만, 그 동안에도 남녀 노동자 계급의 진보 발전은 하루도 멈추지 않았다. 그런 압재 하에서도, 1912년 정월 도쿄는 전차(電車)의 일체 스트라이크로 날이 밝았다. 같은 해 말, 기독교 입장에서 사회개량운동을 따르던 스즈키분치(鈴木文治)등은 '우애회(友愛会)'라는 노동자 조직을 만들었다. 그것은 노동협조주의 입장에서, 대자본가였던 시부자와에이치(渋沢栄一) 등으로부터 도움을 받고 있었다. 그렇지만 노동자는 그 외에는 조직이 없었으므로 속속 '우애회'에 가입하였다. 일본 노동자조합이 처음으로 실제적이고 전국적 조직을 갖게 된 것이었다.

1914년 제1차 세계대전이 시작되자 일본정부는 일·영동맹의 의무를 따른다는 구실로 내외의 반대론을 꺾고 참전하여, 바로 독일이 중국에 대해 가지고 있던 조차지(租借地) 칭따오(青島)를 점령하고, 또 해군은 남양(南洋)의 독일령 제도(諸島)를 점령하였다. 더욱이 일본정부는 구미제국이 대전(大戰) 때문에 동양을 되돌아 볼 수 없는 빈틈을 타, 때마침 새 정부가 들어서, 아직 강력한 통일의 힘을 발휘하지 못하고 있던 중화민국에게 21개조의 요구를 들이대었다.

그 요구는 만주와 몽고를 사실상 일본의 영토로 하며, 산동성(山東省)의 旧독일의 이권을 이어 받고, 또 중국의 군대와 경찰과 재정을 일본의 지배하에 두고자 하는 것이었다. 중국민족은 거의 중국병합과도 같은 일본의 요구에 맹렬히 반대하였으므로, 일본도 군대·경찰·재정권에 대해서는 포기하였으나, 그 외의 요구는 밀어 붙였다.

서구 제국이 전쟁에 전력을 기울이고 있을 때, 일본은 참전은 하지 않았지만 작은 전투를 잠시 거치면서 막대한 이권을 차지하였고, 또 거의 무한의 세계시장을 향해 산업은 마치 회오리처럼 발전해 나갔다. 기계·기구·조선업이 특히 눈부신 발전을 이루었다. 공장 수 및 공장노동자 수를 전쟁 전인 1913년과 전쟁 후인 1919년을 비교해보면 다음과 같다.

(제7표) 제1차 세계대전 전후의 공장 수 및 공장 노동자 수

년차	공장 수	남자 공원	여자 공원	남녀 합계
1913	15,811	375,596	540,656	916,252
1914 (戰前)	17,021	318,667	535,297	853,964
1918	22,391	646,115	763,081	1,409,196
1919 (戰後)	44,087	865,439	911,732	1,777,171

즉 이 전쟁 중에 공장노동자 수는 2배 가까이 늘어났다. 남자공원의 증원 수는, 실수에서도 비율에서도 여공원보다 많았다. 이러한 점에서 중공업이 발전 했다는 것을 알 수 있다. 남자공원 정도는 아니지만, 여공원도 또 현저하게 증가하였다. 그 내용을 분석해 보면 변함없이 방적제사 쪽의 여공원이 압도적으로 많아 80% 이상을 차지하고 있지만, 화학·금속·기계·기구 등, 고도의 자본주의적인 산업(특히 화학공업)에도 여공의 두드러진 진출이 보이기 시작한다. 화학공업에서는 전쟁 후에는 9만 명 가까운 여공이 일하고 있었다.

이처럼 노동자 수가 늘었고, 더구나 노동자 계급 중심이라고 하는 중공업의 노동자층이 갑자기 늘면서, 또 공장의 규모도 확대되자 노동운동은 발전하였다. '우애회'는 전국 주요공업지역에 지부를 가지게 되었고, 1918년에는 지부의 총수가 120개로 회원 수는 3만 명에 이르렀다.

전쟁 중에는 고경기가 계속되어 임금도 어느 정도 올랐지만, 물가 상승은 그 보다 훨씬 올라있었다. 전쟁이 시작 된 1914년의 오사카 시의 물가와 임금을 각각 100으로 보면, 그 상승률은 다음 표와 같다.

(제8표) 제1차 세계대전 중의 물가지수 및 임금지수

년차	물가 지수	임금 지수
1914	100	100
1915	111	97
1916	137	107
1917	195	122
1918	245	156
1919	285	194

또 남자공원과 비교하여 여공의 임금은 변함없이 낮았다.

(제9표) 남녀공원 임금 비교표

| 년차 | 직공 1인 1일 평균 임금 | | | |
| | 14세 이상 | | 13세 미만 | |
	남	여	남	여
1906년	43세	20세	17세	12세
1914년	54세	26세	19세	14세
1918년	92세	48세	46세	30세

증대하는 생활난을 타파하기 위해 다시 조직을 갖기 시작한 노동자 쟁의도 매년 증가했다.

(제10표) 노동쟁의 건수 및 참가인원 수

	1914년	1915년	1916년	1917년	1918년	1918년
건수	50	64	108	398	415	497
인원 (명)	7,904	7,852	8,413	57,309	66,457	63,037

이 들 쟁의에는 여공의 참가도 점차 많아졌다. 쟁의 참가자 중의 여공의 비율을 명확히 한 통계는 찾아 볼 수 없지만, 여공이 많은 방직제사 산업의 쟁의는 1917년에는 57건, 참가자 수는 6천5백 명, 1919년에는 78건, 참가자 수는 7천3백 명, 1920년에는 7천9백 명으로 매년 확연하게 증가해 가고 있었다.

부인 노동조합원도 조금씩 나타났다. 1916년 '우애회'에 여성부가 마련되어 18년에는 '우애회' 방직노동조합도 만들어졌다. 1921년에는 부인노동조합원 수는 약 6천 명이 되며, 이 후 매년 6, 7백 명 정도 씩 증가하였다.(일본노동연감)

이와 같은 투쟁에 의해 여공의 상태도 1900년대와 비교해 보면 얼 마간은 좋아지고 있다. 그렇다고는 하나, 기숙사에서 도망하는 자가 조금씩 줄었고, 근속연수의 경우 본래는 여공의 7할이 1년을 차지하 지 않았는데, 지금은 1년 정도는 근무하므로 '새장속의 새나, 죄수가 생활하는 감옥보다, 기숙사 생활이 더욱 괴롭다'는 상황은 마찬가지 였다.

제1차 대전 중, 농촌경기는 이전에 비하여 좋아졌다. 그러나 그 동 안에도 농민의 몰락은 확실히 진행되었다. 1町 전후의 경지 소유자 는 매년 2, 3만 씩 줄고, 5反미만의 소유자가 되면서 그들이 잃어버 린 몫은 10町이상, 특히 50町이상을 가진 대지주의 손에 집중되었 다. 1910년에는 농가의 33.4%가 자작이었지만, 제1차 대전 후 1919 년에는 그것은 31.6%로 줄어들었다. 공업제품의 가격도 농산물 가격 과의 차는 점점 벌어졌다. 빈농은 유지가 어려웠으므로 반은 노동자 가 되었다.

이 같은 시기 1917년, 러시아에서는 공산당(러시아사회민주당 볼 셰비키)의 지도 아래, 인류사상 최초로 노동자 농민의 대변혁이 일어 났다. 3월에는 반봉건적 러시아 천황제를 쓰러뜨리고, 그 후 정부를 장악했던 자본가 계급이 11월에 무너졌으며, 노동자 계급이 농민과 동맹하여 소비에트사회주의공화국 동맹을 세웠다. 그들이 내세운 취 지는 남녀차별 없이 일하는 자가 권력을 잡고, 일하는 자가 인류사

수천 년의 착취와 압제에서 해방된 나라를 세운다는 것이었다.

이 사건은 전 세계의 민중, 특히 노동자 계급에 뿌리 깊은 영향을 끼쳤다. 유럽 각 국에 큰 혁명이 일어나고 극동에서는 조선민족이 1919년 3월1일 독립만세를 외치며, 일본 제국주의로 부터의 독립을 위한 무장봉기가 일어났다.

러시아혁명은 일본의 노동계급에도 또한 커다란 희망과 용기와 자신감을 부여했다. '우애회' 기관지 '노동 및 산업'을 통해, 러시아혁명에 대한 감상문을 모았을 때, 센다이(仙台)의 한 노동자는 이렇게 말했다.

"나는 아이들에게 입버릇처럼, 지금의 세상은 가난한 사람이 어려운 환경을 벗어나기란 불가능하게 되어 있으므로 어쩔 수 없다. 싫더라도 포기하고 일생의 생계가 끊어지지 않도록 기술을 닦아 직공으로서 살아가라고 들려주었다. 그런데 러시아혁명이 일어나 순식간에 천하가 노동자의 손안에 들어갔다. 나는 뛸 듯이 기뻤다. 그리고 집으로 돌아와 아이들을 끌어안고 이렇게 외쳤다. '애들아, 걱정마라 너희들도 천하를 장악할 수 있다.'고. 소위 러시아혁명은 우리에게 살 희망을 주었던 것이다"

이 글은 2등에 입선하였다. 노자협조주의(勞資協調主義)인 '우애회'가 이런 현상모집(懸賞募集)을 하여 2등에 위와 같은 글을 뽑은 것에서도 알 수 있듯이 당시 노동자들의 러시아혁명에 대한 감격이 어떠했던가를 알 수 있게 한다.(「노동운동 실전기」)

일본에서도 민중의 혁명적인 에너지가 왕성하게 타 오르기 시작했다. 1918년이 되자 전쟁으로 인한 경기(景気)는 정상을 넘어 내달리는 한편, 쌀 가격은 무서울 정도로 오르기 시작했다. 이 해 봄에는 50전에서 55전까지 가격이 치솟아 세론은 격분하였다. 외국 쌀의 수입관세 폐지와 그 외 쌀 가격의 인하를 주장했다.

당시 국내 쌀도 1,700만 석이나 있었고, 혹시 정부가 본심으로 쌀 가격을 내리고자 하였다면 어려운 것은 아니었다. 그러나 당시 내각은 육군대장 데라우치마사히코(寺内正彦)를 수상으로 하는 군벌관료로, 그들은 지주 및 매점상인의 이익을 도모하기 위해 세론의 요구를 물리치고 외국 쌀에 대한 관세도 폐지하지 않았다.

드디어 민중의 분노는 폭발하였다. 더욱이 그 선두에 선 것은 너무나도 무력하게 보이던 여성대중이었다. 7월 22일 밤, 도야마켄(富山県)의 니가와(新川)군 어민의 주부들이 모여 생활난에 대해 이야기하고, 다음날 마을 항구에 집합하였다. 쌀을 배에 쌓고 대도시로 비싸게 팔기 위해 출항하려는 것을 가로 막았다. 이 지역은 남자의 대부분이 홋카이도 어장으로 출범하여 여자들만 집을 지키는 경우가 많았다. 남편으로부터의 송금도 어획이 부진하면 끊어지기 일쑤였으므로 가족의 생계는 언제나 곤란하였다. 이 곳 주부들의 이 같은 분노는 같은 괴로움을 겪는 타 지방의 모든 여성들을 격려함에 부족함이 없었다. 그녀들은 쌀을 싸게 팔 것을 요구하고 관청과 부자들에게 생활보장을 요구하였다. 8월 3일부터 5일에 걸쳐 수십 개 마을의 가난한 여성들이 의논한 듯이 일제히 관청으로 몰려가 경찰대의 탄압을 받았다. 이것은 순식간에 전국으로 퍼져나갔다. 타 지역의 여성 봉기에 져서는 안 된다는 이유로, 오사카·교토·고베·나고야·도쿄 등의 대도시를 비롯하여 전국 방방곡곡에서 남녀 수십만의 시민대회가 개최되었다. 혹은 교토시 등에서는 시민남녀의 쌀 가격 인하를 바라는 운동이 이어졌다. 비로소 남녀시민은 평화적 질서를 지키면서 데모나 집회에서 정부의 선처를 요구했다. 그렇지만 경찰과 군대는 이에 폭력을 앞세워 탄압하였다. 그 때문에 여기저기서 폭동이 일어 났다. 이것은 결국 군대에 의해 계속 탄압을 받았다.

이 운동은 일본인구의 약 4분의 1을 끌어들이며 그 중 7천8백 명 이 여러 죄명으로 기소되었다. 이 운동은 일본의 가장 위대한 시민남 녀의 혁명적 운동이었다. 이 운동을 전국적으로 지도하는 조직은 없 었다. 이 때문에 운동은 해일처럼 높아졌다가도 또 해일처럼 사라져 갔다. 그러나 예를 들면 도쿄에서는 혁명적 노동운동가 야마모토켄죠 (山本懸藏)가 시민대회를 지도한다든지, 고베에서는 가와사키(川崎) 조선소의 노동자가 적극적으로 역할을 다 해, 부분적으로는 진보된 지도도 있었다. 그리고 여성들은 이 혁명의 에너지로 아주 뛰어난 힘 을 발휘하였다.

이와 같이 전 국민이 일제히 봉기하였다는 것은 이전에는 도저히 불가능한 일이었다. 이러한 일이 일어나게 된 것은 시민의 노동생산 과 투쟁이 자본주의를 발달시키면서, 국내교통이나 통신과 신문을 발 달시키고, 전 국민을 하나로 연결하는 보이지 않는 끈을 만들어 내었 기 때문이다. 시민의 역사는 착취당하고 압박받는 괴로운 역사에서 시작되었다. 그러한 점에서 보면 역사의 진보는 없는 것처럼 보이지 만, 그 속에서도 시민은 스스로 해방될 조건을 만들어 내고 있었던 것이다.

확실한 지도력이 없는 까닭에 곧 그만두었다고는 해도, 이 시민 봉 기의 위력은 상상할 수 없는 위력이 있었다. 그것은 자본가, 지주정 당이 아무래도 무너뜨릴 수 없었던 군벌관료인 내각을 쓰러뜨리고 정우회 내각을 만들어 내었기 때문이다. 지금까지 수상은 화려한 족벌이 아니면 안 되었지만 여기서 비로소 다수당의 수상이 정권을 잡는 길이 열렸던 것이다.

 그뿐만이 아니다. 쌀 소동은 전 국민의 마음을 뒤흔들어 놓았다. 노동자 농민의 해방운동은 이를 경계로 급속히 발전 해 갔다. 전술한 쟁의 표를 보면, 러시아혁명이 있기 전 해인 1916년에는 108건에 8천4백 명의 쟁의가 있었고, 러시아혁명이 있은 해에는 그 건수가 4배에 가까웠으며, 참가인원도 6배를 넘는 398건으로 5만7천 명에 이르렀고, 쌀 소동이 있은 해는 470건, 6만6천 명에 이르렀다. 그 다음 해는 건수는 늘었지만 참가인원은 6만3천여 명에 이르렀다.

 다음 해 1920년에는 전쟁 중의 물거품 경제가 사라지고 대공황을 맞이했다. 가는 곳마다 해임, 임금하락이 이어졌다. 그래도 일본노동연감 통계에서는 스트라이크 건수와 참가인원 수는 전년의 6할 정도로 줄어있었다. 러시아혁명과 쌀 소동이 얼마나 강한 영향을 주었는가를 알 수 있다. 그러나 쌀 소동 후에는 고베의 가와사키조선소, 도쿄의 포병공창(砲兵工廠) 그 외 전군(全軍)의 공장, 제철소, 광산 등에는 각각 2만 명 전후의 큰 스트라이크가 일어났다. 8시간 노동제는 이 큰 스트라이크의 여파로 가와사키조선소가 우선 투쟁하였고, 점차 다른 산업으로 영향을 미쳤다. 다만 방적제사업 등의 8시간 노동제는 여전히 불가능했다.

 1920년 3월 동양방적 오지(王子)공장에 3천 명 규모의 스트라이크가 일어났고, 계속해서 12월에 또 4천5백 명 규모의 스트라이크가 일어났다. 그 해 7월 후지(富士)방적공장에서는 조합의 부인간부 십수 명을 해고시킨데 반대한 2천여 명의 조합원 여공들이 스트라이크

에 돌입하여 경찰과 폭력단의 대 폭압과 맞서 싸웠다. 1922년에는 7
월 오사카의 덴만(天滿)방적이나 오사카모직에 스트라이크가 일어났
고, 이어서 기시와다(岸和田)의 데라다(寺田)방적의 남녀 공원들이
스트라이크에 돌입하여 그것이 곧 이즈미(和泉)방적, 기시와다(岸和
田)방적의 아오키(青木)공장, 노무라(野村)공장 등에까지 영향을 미
쳤다. 섬유산업에 종사하는 여공들도 겨우 단결이 강화되기 시작한
것이다. 전 산업노동자 쟁의 중에서, 방적제사 및 염직물 산업의 쟁
의는 1922년 이래 언제나 105건 이상을 점하였고 25년에는 36%에
달하였다.

 노동자 여성의 계급운동은 여공뿐만이 아니라, 남자노동자의 부인
들도 가세하였다. 그녀들은 공장에서 일하지 않아도 집에서는 봉투를
바르고, 제본을 위한 종이접기 등 그 외 천차만별의 갖가지 가내부업
을 하고 있었다. 그러한 부업의 대부분은 가장 야만적인 도매상들의
착취 아래 놓여 있었다. 그리고 남편이 스트라이크를 할 때는 종종
부인단을 결성하여 쟁의자금의 획득이나 회사간부의 가정방문 등에
나섰다.

 1920년대의 쟁의로 노동자의 불굴의 힘을 보여준 것으로 유명한,
교토의 오쿠무라(奥村)전기회사의 두 번째 쟁의가 발생했을 때도 남
자종업원 부인들의 활동이 있었지만, 이러한 예는 본보기가 되는 예
가 될 것이다.

 한편 노동조합은, '우애회' 외에도 지방적인 직업별 조합이 계속적
으로 만들어졌다. 노동자들의 혁명적 자각의 각성이 높아지면서 '우
애회'의 노자협조주의를 마구 흔들어 놓았다. '우애회'는 회장 스즈키
분치(鈴木文治)의 독무대였다. 대회는 시부자와코사쿠(渋沢子爵)저택

에서 연회를 열고, 시부자와 외에 내무성의 고관이 출석하여, 개회에
앞서 기미가요(君が代 : 일본国歌)를 합창하는 풍경이 이루어졌다.
그것이 1919년 8월의 쌀 소동을 체험 한 후 개최된 대회에서는 기
미가요가 아닌 노동가를 불렀다. 시부자와를 대신하여 사회주의자 사
카이토시히코(境利彦) 등이 초대석에 있었다. 그 사카이가 회원깃발
(会旗)의 끝에 창을 꽂고, '이 날카로운 창이 제군의 적을 찔러 쓰러
뜨릴 것을 생각하니 실로 기쁘다.'라고 했을 때, 우레와 같은 박수
소리가 터져 나왔다. 그리고 이 대회에서 '우애회'는 '대 일본 노동
총동맹 우애회'라 개명하고 지금까지의 지부조직을 직업별 조직으로
개조하고, 여성부를 독립시키고 더욱 확장시켰다. 이 대회에서 새로
20개 항의 주장 안을 결정하고, 어린이의 노동금지와 1일 8시간 노
동, 1주 48시간제, 동질노동에 대한 남녀평등 임금제, 여성노동 감독
관의 설치 등, 노동에 있어 남녀 평등적 대우를 요구하였다. 나아가
보통선거, 치안경찰법 개정 등, 국민의 정치적 권리향상을 주장하였
다.

뒤이어 1921년에는 '우애회'라는 글자도 없애고, '일본 노동 총연
맹'이라고 하여 조직도 중앙집권적으로 개정하였다. 또 야마모토켄조
(山本県蔵) 등이 혁명적 노동자로서 점점 유력해져 갔다. 일찍부터
'우애회'에 참가하고 있었던 케이오(慶応)대학 출신의 노자카산잔(野
坂参三) 등의 혁명적 지식인들도 유력해졌다. 이 전 해에 일본에서는
처음으로 메이데이 행사를 치루고, 총동맹을 중심으로 전 노동자 단
체가 공동으로 행동하였다. 도쿄에서는 만여 명의 인파가 행진에 참
가하였다.

이 시기까지도 여전히 일본 인구의 반수 이상을 차지하고 있던 농
민운동도, 도시노동자의 영향을 받아 점차 그 기운이 높아져 갔다.
전쟁 후에는 소작(小作)쟁의가 많아지면서 소작인 조합이 강하게 발

전하기 시작했다.

24년 이후 쟁의 건수는 2천 건 전후였지만, 소작조합은 1924년에 3,337개, 27년에는 4,275개로 정리되어 갔다. 바야흐로 농민들도 옛날처럼 봉기에 머물지 않고, 평소에 조직을 갖추어 봉건적인 착취와 싸우기 시작했다. 소작쟁의 요구는 처음에는 작황이 적을 때에는 소작료를 줄이거나, 정액연공 외에 받는 쌀을 포기하라는 정도였다. 그러나 후에는 소작을 일시적으로 줄이는 것이 아니라 영구히 그 율을 삭감하도록 요구하기 시작했다. 1923년 소작쟁의에서는 영구적인 인하를 요구하였다. 이에 '출입금지'등을 통한 국가권력에 도움을 받은 지주의 대항책이 맞서면서, 소작쟁의는 원하든 원하지 않던 간에 권력과의 투쟁이라는 일면을 갖기 시작했다.

또 소작료를 인하할 뿐만 아니라 소작권을 확실히 지키기 위한 요구(이것이 발전하면 '토지를 경작농민에게 불하하라'는 토지혁명 요구에 이르게 된다)도 많아졌다.

농민의 자각은 각지 각촌의 조합을 만드는 일에서, 그 전국적인 통일단결로 진행되어 1922년 4월 일본농민조합이 결성되었다. '일농(日農)'은 농촌부인의 지위향상을 그 강령의 하나로 내걸었다. 일본농민조합이 지도한 유명한 농민운동의 하나로, 1922년 11월에 있은 오카야마켄의 후지다(藤田)농장의 3천 정보(町步)에 대한 쟁의를 들 수 있다.

이 때 쟁의농민의 여성단체는 후지다 본사에 탄원서를 보낸다든지 하여 시위운동도 공동작업도 그야말로 눈부신 활동을 보여주었다. 농경은 더욱이 가족의 공동노동에 의한 것이었기 때문에, 농민운동에는 반드시 어떤 형태로 처나 딸이 그 역할을 담당했다. 이 후지다 농장의 소작인 부인의 활동이 동기가 되어 '일농'에는 여성부가 설치되었다.

(제11표) 소작조합 소작쟁의 증가표(「일본농민운동사」)

년차	소작 조합 수	소작쟁의 건수
1918	178	256
1919	288	326
1920	382	408
1921	679	1,680
1922	902	1,578
1923	1530	1,917

노동자를 선두로 일하는 백성은 더욱 치안경찰법의 수정이나 보통선거권을 위한 정치투쟁에 나섰다. 쌀 소동이 있은 다음 해 2월, 노동자의 '보선기성노동자대회(普選期成労動者大会)'가 교토, 오사카, 고베 등에서 개최되었다. 이것이 그 후 넓게 국민각층의 보선운동의 출발점이 되었다. 보선과 동시에 치안경찰법 제17조(노동운동을 사실상 불가능하게 하는 조문)의 폐지운동도 시작되었다. 그 해 여름, 우애회가 총동맹이 되었을 때, 보선과 치경법 개정이라는 2개 조건을 내걸었고, 3년 후에 생긴 일본농민조합도 같은 요구를 내걸게 되었다. 1920년 도쿄에서는 5만 명의 노동자와 근로시민의 보선요구 데모가 3회나 일어났다. 오자키유키오(尾崎行雄)나 이마이요시유키(今井喜幸)등의 지식계급에 의한 보선운동이나 민본주의는, 이러한 노동자농민의 시민운동을 배경으로 시작되어 싸울 수 있었던 것이다. 요시노(吉野)는 다이쇼(大正)기의 민주운동이 메이지시대로부터 노

동자 투쟁의 영향에 의한 것임을 강조하고 있다(「민본주의 고취(鼓吹)시대의 회고」)

이와 같은 민주주의의 성장은 1922년 7월, 일하는 자의 최고조직으로서 '일본공산당'을 탄생시키기도 하였다. 공산당은 법률로는 인정받지 못하였지만 비합법적 상태로 많은 박해와 싸워가며 모든 남녀 민중의 해방운동을 직접 간접으로 조직, 지도하였다. 이 무렵 부인참정권운동이 일어나지만 그것도 이와 같은 무명의 민중들에 의한 민주주의 운동의 영향이었다.

3. 여성참정과 해방운동

일하는 남녀시민을 중심으로, 보선이나 치안경찰법 수정에 대한 요구가 높아지면서 그것이 세상의 세론이 되자, 그에 자극받아 처음으로 중산여성의 정치적 남녀동권을 요구하는 운동도 일어났다.

노동자가 보선운동에 불을 지피고 난 뒤, 잠시 지난 1919년 말, 본래 세토샤(靑鞜社)의 멤버였던 히라즈카아키코(平塚明子) 등은 '신부인협회'를 만들고, 치안경찰법 제5조의 일부(여성의 정치결사가입, 정담연설회 주최 및 참가금지)항에 대하여 폐지운동을 벌이기 시작했다. 이것은 치안경찰법의 전신인 집회정사(集会政社)에 관한 법이 나왔을 때부터 진보적 여성들이 끊임없이 노력해 왔던 것이지만, 1920년대에 이르러 노동시민계급 남녀의 성장으로, 마침내 소수의 선각자 여성들의 외침에 머물지 않고 널리 세론을 움직이는 힘을 갖추게 되었다. 그리고 1922년 의회에서 노동자가 특히 요구한 제17조는 폐지됨과 동시에 이 제5조는 수정되고 여성의 정치결사가입은 변함없이 폐지되었지만, 정치연설회의 주최 및 참가는 자유롭게 되었다.

'신부인협회'는 성공한 순간 한층 더 운동을 진행시키지도 못한 채 의외로 해산하고 말았다. 여성의 공장노동자조차도 단결하기 어려운 그 무렵, 특히 개인주의적 중산계급 부인 명사들의 단결은 매우 어려웠고, 협회는 내부의 시끄러운 분쟁으로 더 지속 될 수 없었기 때문이었다. 그렇지만 중산계급 부인의 정치적 권리를 위한 운동은 민중해방운동의 발전에 자극을 받아 그 무렵 여러 부인단체가 결성되기에 이르렀다. '일본부인참정권협회'가 만들어지고 본래 '신부인협회'의 일부는 '부인연맹'이 되었으며, 관서지방에는 '전관서부인연합회'가 생겨나고, 혹은 '부인시정연구회', '혁신클럽 부인부' 등이 속속 만들어졌다. 그 중 2, 3개는 1923년 2월에 참정동맹을 만들어, 제46회 의회에서 일본에서는 처음으로 부인참정권을 건의안으로 제출하였지만, 의회는 그것을 거의 문제시 하지 않았다.

그 해 9월 관동대지진은 일본사회의 각 방면에 커다란 영향을 끼쳤다. 이 때 무정부주의자 이토노에(伊藤野枝)는 남편인 오스기사카에(大杉栄)와 함께 헌병에 의해 학살되었다. 혁명적 노동자 7명도 함께 살해되었으며, 수천 명의 조선인도 경시청 비밀지령으로 살해당했다. 이러한 사건은 오늘 날에도 일본의 수치가 되고 있다.

이토노에는 1895년 후쿠시마현에서 태어나, 15세 때 상경하여 다음해 '우에노 여자고등학교'에 입학하여 17세 여름, 고향의 아버지에 의해 강제로 결혼할 수밖에 없었다. 그렇지만 학교를 계속 다니면서 졸업과 동시에 그 결혼생활을 접어버렸다. 1913년 세토샤회원에 가입하여, '세토'의 말기는 그녀의 주간으로 발간되었다. 남편 오스기와의 사이에는 5명의 자녀가 태어났다. 지진이 났을 때, 그녀와 오스기가 폭동이나 그 외 어떤 음모를 계획한 것은 무엇 하나 없었지만, 헌병은 이유도 말하지 않고 갑자기 살해하였다.

지진재해 후 도쿄의 여성단체가 연합하여 '도쿄연합부인회'를 만들고, 그 중에 정치연구회를 두었다. 이와 전술한 '부인참정권협회'가 1924년 11월 다른 여성단체를 초청하여 간담회를 열고, 그 결과 연말에 '부인참정권 획득기성동맹회(후에 婦選獲得同盟이라 개정)'가 결성되었다. 그 때는 민중의 보선운동이 일반적으로 왕성한 시기였으므로 거기에 편승하여 비로소 시민적 입장에서의 보선운동의 통일된 주체가 생겨났다고 할 수 있다.

중산계급의 여성운동은 따로 1921년 야마가와기쿠에(山川菊枝), 히사츠미히사코(久津見久子), 사카이마가라(境真柄), 나카소네사다요(中曾根貞代) 등은 '세키란카이(赤瀾会)'를 만들어 열심히 사회주의 선전을 시작하였다. 여성의 해방은 일하는 국민의 해방에 의해 비로소 가능하다는 주장 아래 활동하면서, 그 해 메이데이에는 도쿄에서 시위행진에 참가하여 '여성에게 보내는 격문'이라는 전단을 뿌렸다. 10여 명이 구속되고 세상을 놀라게 하였다. 그러나 '세키란카이'는 공공연히 회합하는 것조차도 곤란하게 되어 곧 해산하였다. 다음 해 3월 '국제여성데이'를 기념하여 '욧카카이(八日会)'란 이름으로 부활하여, 사회주의운동 희생자를 구원하는 일을 하였다. 또 소위 직업여성을 위한 조직운동을 비롯하여 다음 해 일본에서는 최초로 공식적으로 '국제여성데이'의 강연회도 개최하였다.

1925년에는 결국 남자만의 보통선거법이 통과되면서 3년 후부터 실행하게 되었다. 그와 동시에 치안유치법이 만들어졌는데 이것은 바로 시행되었다. 치안유치법은 단체를 변혁시키는 ─천황제 전제정치를 반대하고, 사유재산제도를 부정한다. 자본가 지주가 노동자 농민을 착취하는 것을 부정한다─ 운동을 감독한다고 하여, 얼핏 보면 공산당만을 감독·관리하는 법률 같지만, 사실은 후에 누구라도 알 수

있듯이 그것은 일체의 민주주의 운동을 감독하는 것이었다. 이 치안
유치법에도 불구하고 보선법에 대해 싸워 쟁취한 것은, 일하는 시민
들의 정치운동이 매우 진척되었음을 알 수 있다.

그 해 무산정당을 준비하기 위한 정치연구회가 만들어졌다. 그 중
여성부가 생겨나, 일하는 국민해방의 일부로 여성의 참정권을 요구하
는 운동이 진행되었다. 한편 그 해 노동총동맹은, 점점 노동자적 경
향으로 추진하고자 하는 와타나베마사유키(渡辺政之) 등을, 자본가와
거래하는 간부 ―스즈키분치 니시오마츠히로 등도 오사카의 연합회를
장악하고 있었다― 가 밀어내고자 한 계획이 발전하여, 결국 조합을
분열하게 만들었고 와타나베 등은 제명을 당하였다. 와타나베 등은
'일본노동조합평의회'를 설치하였다. 여기에도 여성부가 만들어져 적
지 않은 혁명적 여성노동자가 참가하였는데, 노자카류우(野坂竜) 등
이 그것을 지도하였다.

'평의회'의 지도아래 1926년 하마마츠(浜松)약품 등에서는 수십
일에서 100일을 넘기는 큰 스트라이크가 일어났다. 이 쟁의에서 여
공은 최후까지 잘 싸웠다. 그렇지만 자본가와 밀접한 연락을 취하고
있었던 정부경찰의 철저한 탄압으로, 이토록 교묘하고 잘 계획된 용
감한 투쟁도 노동자의 패배로 돌아가고, 평의회의 부인회는 상당히
깊은 상처를 입었다.

정치연구회는 자연스럽게 없어지는 듯 한 형태로, 그 해부터 다음
해 1927년에 걸쳐서 무산정당으로서는 공산당의 지도아래에 있는
'노동농민당', 최 우익에 '사회민중당', 중간파에 '일본노동당'등이 생
겨 여성의 정치적 사회적 해방 문제는 이들 정당과 함께 우선 '노동
농민당'에 의해 거론되어졌다. 여성은 치안경찰법에 묶여서 공식적으

로 정당에 들어갈 수 없었다. 그 때문에 각 당을 지지하는 여성단체
가 당 외부에서 만들어졌다. 노동농민당계의 '관동부인동맹' 일노계의
'전국부인동맹' 사민계의 '사회민중부인동맹'이 그것이다. '사민부인동
맹'은 사민당의 간부명사 부인들을 중심으로 조직 된 것으로 사회사
업단체에 가까운 것이었다. '관동부인동맹'은 '일본노동조합평의회'
그 외 전투적인 여성조합원 및 일본농민조합의 여성부원과 진보적
지식계급여성들이 가담한 것으로 가장 유력하였다. '전국부인동맹'은
'일본노동조합동맹'(평의회가 총동맹에서 분열한 뒤 다시 총동맹에서
나온 조합)의 여성부원을 중심으로 하여, 그 밖에 간호부, 여교원 등
이 소수 참가하고 있었다. 이상 2개의 여성단체는 다소 차이는 있어
도 대게 18세 이상의 남녀참정권, 일체의 남녀불평등 법률의 폐지,
동일노동에 대한 동일임금, 일하는 여성의 완전한 보호 등의 요구를
내걸었다.

　이들 노동여성의 운동과, 중산계급여성의 참정권운동과는 그 계급
적 입장이 상당히 달랐는데, 유산여성들은 '노동자'라고 경멸을 받았
으므로 이 두 가지 전선의 통일은 도저히 불가능하였다. 같은 무산계
급의 입장에 선 여성단체조차도 통일되지 못하고, '부선획득동맹(婦
選獲得同盟)'도 끊임없이 잡음 속에 있었기 때문에, 더욱 양측 세력
의 공동전선은 어려운 지경에 있었다. 노동계급의 입장에 선 통일된
여성단체를 만들고자 한 노력은 1927년 초에도 열심히 계속되었지
만, 혁명적인 방향을 취하고자 하는 것과, 개량주의로 나가고자 하는
생각과 의견이 일치되지 못하고, 결국 전술한 3개 단체로 정리되고
말았다. 뒤이어 1928년 3월 15일 공산당은 좋은 시점에서 활약하기
시작하였다. 그 후 1929년 1월 개량주의인 무산여성단체가 합동하여
'무산부인동맹'을 만들었다. 이 해 연말에 도쿄시의회 선거에서 이
'무산부인동맹', '부선획득동맹', '부인소비조합협회'등 모든 여성단체

가 공동전선을 펼쳤다. 또 가스문제와 관련하여 이들 각 단체가 이치가와후사에(市川房枝)를 위원장으로 하는 가스 불매운동을 전개하기도 하였다.

이와 같이 일시적인 공동전선은 가능했으므로, 각 회가 여러 가지 경험을 쌓아가면서 근본적인 계급적 입장은 달라도, 정치상·사회상의 남녀동권이라는 점에서 공통의 시민적 민주주의를 위한 통일운동도 혹 가능했을지 모르겠지만, 그 보다 앞서 일본지배계급은 마지막 침략전쟁으로 내몰리면서, 1937년 중국에의 전면적인 침략전쟁을 시작함과 동시에, 일체의 민주적·자유주의적 운동조차 불가능하게 되었고, 이들 무산 계급적 여성운동은 물론이고, 중산 계급적 여성운동도 모두 군국주의 물결에 떠밀려 가버리고 말았다. 특히 '부선획득동맹' 등은 그 외 소시민적 여성단체와 함께 '부인단체연맹'을 만들어, 군벌 팟쇼이즘의 국민정신총동원 운동에 적극적으로 아첨하면서 백미(白米)폐지나 저축 장려 등에 나서기조차 하였다.

제11장

맺음말

1. 여성 해방은 어디까지 이루어져 왔는가.

국민 남녀의 끊임없는 노력으로 근대적 생산력을 발전시켜, 선각자가 여성해방에 여러 가지 고난을 넘기면서, 일본이 근대화의 길을 걷기 시작한 메이지 초기부터 반세기 이상을 거친 쇼와(昭和) 초기에, 일본의 모든 여성은 어떤 생활을 하고 있었을까?

1930년 국세조사에 의하면, 일본 내 6천440만 정도의 인구 중에서 여자는 3천250만 정도로 남자보다 약 34만 명이 적다. 그 여자들 중, 약 1,509만 명이 무엇인가 사회적 노동에 종사하고, 무직자 즉 사회적 노동에 종사하지 않는 자는 1,760만 명 정도로, 직업이 있는 여자보다 7할 정도가 많다. 남자는 직업인 1,000명에 대하여 무직자는 170명 정도로 노인과 어린이를 뺀 대부분의 남성은 직업인이지만, 인구 총수에서는 남자보다 34만 명이 적은 여성은, 남성에 비해 무직자는 650만 명 정도로 많았다. 이 수는 노인이나 어린이가 아닌 일할 수 있는 연령의 사람들이다. 이것은 중산 및 상류계급의 여성은 결혼하면 남편의 그늘 아래에서 가사노동에 종사하기 때문에 무직자로 취급한 까닭이다. 그러나 이 650만 명의 여성 대부분이, 사회적으로는 무직자라 하더라도 실제로는 가정에서 헌신적으로 가사 노동에 종사하는 자들이었다.

여성 유직자의 업종별 비율을 제1회 국세조사가 있었던 1920년과
제2회째인 1930년과 비교해 보면, 다음 표와 같다.

직업여성의 업종별 비율(1,000명 기준)

종류 연차	농업	수산업	광업	공업	상업	교통 운수업	공무 자유업	가사 사용인	그 외
1920	620.8	4.0	9.3	154.2	100.2	6.0	30.0	56.9	18.5
1930	604.8	4.0	4.0	135.0	138.0	7.0	33.0	66.0	8.0

여기서 보면 6할 이상이 농업으로, 즉 자작 소작의 중소농민 여성
이 대부분이다. 다음으로 공업과 상업이 많다. 공업이라는 것은, 공
장여공이나 소위 내직으로서의 가내공업을 포함하는 것이다. 1920년
과 1930년에서는 상업이 비율에서 37.8%로 증가하고(실수로는 43
만 명이 늘어났다), 농업 비율이 16%, 공업 비율이 19%로 적어지고
있다. 농업의 실수(實数)는 거의 같지만, 공업의 실수는 158만여 명
에서 143만 명으로 15만 명 정도가 줄어들었다. 그렇지만 이것은 여
성 공장노동자가 줄어 든 것이 아니라, 이 조사를 할 무렵 가내 공업
이 급격하게 몰락하였으므로 그러한 공업 인구가 줄고, 그 일부는 공
장여공이 된다든지 상업이나 가정부가 된다든지 하여, 총수에서도 유
직자 여성의 비율에 있어서도 공업에 종사하는 자의 수가 적어진 것
이다.

상업은 작은 가게는 어린이 상대의 과자 점포나 채소가게나 마을
잡화점 등을 경영하는 업주와 그와 같은 가업을 도와주는 자가 과반

수다.

 '공무 자유업(公務自由業)'은 실수로 30만7천 명에서 35만2천 명
으로 증가하여, 비율도 높아지고 있다. 소위 직업 주부의 대부분은
이 공무 자유업에 속한다. 그 중 1930년에는 간호부와 산파가 11만7
천 명, 여교사가 약 9만4천 명, 그 외 서기나 타이피스트가 2만6천
명이다. 직업을 가진 부인이 눈에 띄는 것은 제1차 세계대전 후지만,
1930년에는 전화 교환수(약 3만6천 명), 매장 점원(백화점 등 대형
매점 약 2만2천 명), 미용사(약 9만8천 명) 등을 공무 자유업으로
고려하면 약 56만 명 정도가 된다.

 여성 직업으로서 이상을 검토해 보면, 상당히 많은 부분을 차지하
는 것은 가사와 관련된 종사자들이다. 즉 여관요리점 종업원이나 가
정의 가정부 등으로, 그 실수는 58만 명을 넘는다. 그리고 예능 7만
6천 명과 창기(娼妓) 4만8천 명은 여성의 노예적 상태의 전형이다.

 사회적으로 일하는 여성의 수입은 어떠했을까?

 농업은 완전히 남편이나 아버지 등 가장 아래에서 하는 일이었다.
농민 여성은 남성에 못지않은 격한 농업 노동을 하는 외에도 가사에
서 육아 등, 일체의 가사노동과 함께 가족 누구보다도 계속 일하지
만, 그것은 그녀 자신에게는 거의 아무런 수입도 가져다주지 않는 것
이었다. 도쿠가와 시대에 대해 자세히 언급한 것처럼 거의 그대로 맞
아떨어진다고 할 것이다.

 수산업·공업·광업에 있어서도 여성 임금은 언제나 남성 노동자
의 6할 정도였을 뿐이고, 그것이 얼마나 악조건 하에 이루어졌는지

에 대해서는 자세히 서술한 바 있다.

쇼와(昭和)에 들어와 큰 공장에서의 여공의 상태는 어느 정도 개선되었다. 소위 직업여성은 어떨까? 이것도 그 대부분은 가계를 돕기 위한 일이었다. 여교사의 초임은 전국 어디에서도 남자 교사의 7할 정도였으며, 더욱이 여교사는 남자교사만큼 승급도 안 되었다. 1930년경 사범대를 졸업한 남자교사의 초임이 40엔에서 45엔 정도로, 여교사는 그 보다 10엔 정도 낮았다. 동일 노동에 대한 부당하게 싼 임금은 여교사의 경우만큼 확실히 보여주는 것은 없다. 그나마 산파나 미용사로서 자신이 직접 개업을 하고 있는 사람은 조금은 안정된 수입을 얻었다. 1931년 도쿄시청에서 1만4천5백14명의 직업을 가진 여성에 대하여 조사를 실시했을 때, 그 취직 목적을 '자활을 위해'라고 답한 사람은 약 10%며, 약 77%가 '가계보조를 위해'라고 답하고 있다. 이것은 일하는 여성에게 본래 독립하고자 하는 의지가 없었던 것이 아니라, 도저히 독립할 수 없는 저임금이 그녀들의 자활 희망을 꺾고 있었던 것이다. 또 이것은 중산계급이 딸들을 결혼할 때까지라도 집에서 놀게 할 수 없었음을 말해준다.

일하는 여성일지라도 경제상 독립을 하기란 거의 불가능하였지만, 그러나 노동을 통하여 생활하는 여성에게 어느 정도의 독립성을 가져다 준 것만은 확실하다. 또 그녀들의 사회적 해방을 위한 자각이 점점 강하게 된 것은, 여성이 진출할 직업분야가 넓어지면서 여성의 사회적 성장이 있었기 때문이기도 하다.

여성교육도 60년 동안에 상당히 진전되었다. 1920년(大正 9년)에 비로소 정부도 고등여학교를 장려하고, 남자 중등학교에 상당하는 여자 교육의 길을 연 것과 동시에, 제1차 대전 중 일본의 중산계급의 부가 축적됨으로써, 이 후 고등여학교는 그 이전과 비교하여 수적으로 많아졌다. 1910년에는 고등여학교 수는 192교, 같은 해의 본과졸업생이 1만 명이던 것이, 1918년에는 257교, 1만8천4백여 명, 1924년에는 그 2배에 해당하는 576개교 1만2천4백 명 정도가 된다. 그리고 1920년부터 수년간은 고등여학교 및 그 생도 수가, 중학교 및 그 생도 수보다 많아지기까지 했다. 다만 남자 중등학교에서는 농업학교, 공업학교, 상업학교가 급증하였으므로 중등교육 전체에서 보면 여자 중등교육은 도저히 남자와 비교할 정도가 되지 못한다. 여자의 전문교육에 있어서도 학생 수를 남자와 비교하여 그 1할에 미치지 못하였으며, 그것은 그렇다 하더라도 여자만을 역사적으로 두고 볼 때, 1917년에는 의학 346명(남자는 5,404명), 음악 546명(이것만 남자가 적어서 212명), 가정학(이라고는 해도 신부수업이지만) 452명, 문학 366명, 그 외 합계 1,761명의 전문학교 생도가 있었고, 1924년에는 5,826명으로 증가하고 있다.

10년 후인 1934년에는 관·공·사립여고 788개교, 실업계여고 83개교, 계 971개교로 졸업생이 81,000명 정도에 이르고 있다. 전문학교 졸업자는 관·공립·사립을 합쳐 6,652명으로 10년 전보다 2할 정도 증가하고 있다. 여자의 대학교육이란 것은 완전히 없었다. 교과 내용에 있어서는 같은 전문교육이라도 남자보다는 한 단계 뒤떨어졌고, 또한 그것은 의학·약학·음악·미술 외는 영어·국어 등 문학관계, 또는 '가정'에서 법률·경제는 거의 없으며, 공학이나 농학도 없었다.

고등여학교에 진학한 여자는 1934년에도 소학교를 졸업한 여자 1,015,000여 명 중의 8%에 지나지 않는다.

남자와 비교하여, 또는 소학교 졸업의 여자 수와 비교하여 고등여
학교 교육보급의 정도에 지나지 않지만, 메이지 초년은 물론이고 말
년에 세토샤(靑鞜社)가 생겨난 무렵과 비교한다고 해도, 꽤 진전은
하였다. 다만, 그 보급은 정부나 부현(府県)의 노력에 의한 것이 아
니라, 민간인의 노력에 의한 것이었다. 특히 여자 전문교육에서는
관·공립학교 생도는 사립학교 생도의 4분의 1정도밖에 되지 않았
다. 이들 여자교육이 사립학교에서 조차도 극히 소수인 예외를 뺀 현
모양처주의, 즉 사실은 남자에 예속되도록 '가정교육'을 한다는 것은
메이지 이후 일관된 것이었지만, 그와 같은 저급 유해한 교육방침에
도 불구하고, 이것이 여성의 심신 발달에(특히 사립여학교에서는) 어
느 정도 역할을 한 것은 사실일 것이다. 문부성령(令)으로 이것저것
사소하게 규정 된 교과 내용은 손해도 이익도 되지 않았다. 다만 여
기서 소녀시대를 즐겁게 보내면서 다소는 주위에 대하여 인식하게
될 기회를 가졌던 것이 매우 좋았을 것이다. 여학교를 나오면 교양이
있다고 착각하게 만든 것은 가장 큰 피해 중의 하나다.

메이지 초년과 비교하면 가정생활에 있어 처의 상태도, 중산계급에
있어서도(노동자나 농민의 가정에서는 물론이고) 어느 정도 좋아졌
다고 생각된다. 그것은 숫자적으로는 이혼의 감소로 나타나고 있다.
일본에서 결혼에 관한 통계가 처음 나온 1883년, 인구 천 명당 결혼
은 9.01%, 이혼은 사실 그 3분의 1을 넘는 3.39%, 다음 해 결혼은
7.60%, 이혼은 2.90%으로 이 후는 년도에 따라 다소의 변화는 있으
나, 결혼 율은 1,000명 당 8명 전후로, 이혼율은 조금씩 감소하고 있
다. 1898년까지 그 다음 해 이후에는 조사 방법이 바뀌었으므로(전
자는 본적지별로, 후자는 현주소지 별로), 1898년의 결혼 비율은 결
혼율의 5분의 1이하로 줄어들어, 1910년경부터 7분의1 이하가 되었
고, 소와에 와서는 결혼 율이 8.3% 내지 7.2%인 것에 비하여, 이혼

율은 그 반 이하가 되고 있다. 이혼율의 감소는 남편 혹은 시부모가
처를 간단히 내쫓는 것이 적어졌기 때문으로 추정 된다. 또 결혼 할
때에도 부모가 마음대로 정하는 것이 아니고 본인들의 의지가 상당
히 존중되는 경향으로 바뀌었기 때문일 것이다.

다만 이것을 국제적으로 비교하여 보면 일본은 아직 극히 높은 이
혼율을 보이고 있다. 1936년 일본의 이혼율은 0.7%로 지극히 낮지
만, 같은 해 영국은 0.1%, 프랑스는 0.5%이다. 이혼이 많은 것은 미
국으로 1.6% 내지는 1.7%로 세계 중에서도 특히 높다. 그렇지만 미
국의 이혼과 일본의 이혼과는 완전히 성질이 다르다. 미국은 완전히
본인들 간의 자유로운 결혼이며, 처 쪽에서 하는 이혼이 극히 많지
만, 일본에서는 남편의 집으로부터 쫓아내는 것이었기 때문에 일본과
미국을 똑 같이 논할 수는 없다.

이상에서 본 바와 같이 어느 점에 있어서도 일본여성 생활의 근대
화는 그야말로 늦은 감이 있었다. 본질적인 점에서는 조금의 혁명도
없었던 것이다. 게다가 6년간의 다난함 속에서도 전대와 비교하면
상당한 진보는 있었다. 어쨌든 일하는 민중여성은 남자노동자를 선두
로 내세워 크게 성장하였고, 봉건농민이나 수공업자와는 질적으로도
다른 근대적·혁명적 계급으로서, 일본사회 및 국가의 근대화·민주
화, 또한 남녀 간의 불평등을 근본에서 없애기 위한 위대한 힘을 발
휘하여 왔다. 또한 쌀 소동과 같은 전국을 강타한 혁명적인 회오리를
불러 일으켰다. 모든 잔혹한 박해 중에서도 단결과 조직을 진척시켜
왔다.

1920년대 말부터 남녀민중의 해방투쟁은 더욱 발전하였다. 투쟁의
건수나 참가인원, 투쟁의 성질이 심각해 진 것 등에 대해서는, 무라

야마시게타다(村山重忠)의 「증정일본노동투쟁사(增訂日本労動闘争史)」 등에도 통계표라 하여 간단한 설명이 실려 있으며, 그 밖에도 유사한 서적이 많으므로 생략하겠다. 1920년 전후에 비하여 30년 전후에는 건수나 참가인원에는 큰 차가 없지만, 그 중에서도 스트라이크 참가인원은 1920년을 전후해서 4, 5만 명이었던 것이, 6, 7만 명으로 증가하여 1930년대에는 8만1천 명에 이르고 있다.

여공의 쟁의참가도 점점 많아지고, 1930년에는 기시와다(岸和田)방직, 후지(富士)방직, 도요(東洋)방직 등의 큰 공장에 큰 규모의 스트라이크가 계속 일어났다. 가츠메테루(勝目テル)씨의 『부인의 해방』이란 저서에 의하면, 1930년 12월 오사카의 한 메리야스 공장에서 일어난 스트라이크에서, 80여 명의 남녀 노동자가 관헌에 불법으로 체포되었을 때도, 여공들은 기세가 꺾인 남자 공인들을 격려하면서 마지막까지 싸웠다. 또 같은 해 기시와다방직에서는 200여 명의 여성노동자가 데모 도중 100명에 가까운 경찰들에게 습격당하여 15, 6명의 희생자를 내었지만, 목적을 이룰 때까지라고 하여 여성만으로 된 자위단을 결성하여 단결을 굳건히 하였다. 여공들에게 숨어있던 혁명적 힘이 드러났던 것이다. 이러한 예는 가츠메씨의 책에는 자주 거론되고 있다. 또 同書에는 '관동소비조합연맹' 및 '일본무산자소비조합연맹'의 여성부 활동에 대해서도 기록하고 있다. 같은 해 3월 8일에 있은 국제 여성의 날 행사에서는 변함없는 관헌의 탄압에 저항하면서 거행되어 여성해방을 위한 전 세계 여성들의 단결을 맹서하였다.

여성노동조합원 수는 합법적 조합의 경우 외에는 모른지만, 1927년에 1만3천여 명, 그 후 다소 변동하여 1930년에는 2만1천 명에 달하였다. 그 반 수 이상은 방직, 제사(製糸)에서 일하는 여공이었다.

그 외에도 기계기구, 금속, 화학, 교통 등에서 여공이 많이 조직되었다. 이 무렵에는 예를 들어 총동맹과 같은 '노자(勞資)협조주의' 조합에 가입하는 것만으로도 상당한 탄압을 각오해야 했으므로 그 조직률이 극히 낮았던 것은 어쩔 수 없다.

농민의 투쟁도 이 무렵 심각함을 더해 갔다. 지주의 토지착취나 출입금지 등에 대항하여, 소작인의 처나 딸들도 남편이나 형제와 함께 투쟁하였다. 1930년 5월 이바라기켄(茨城県)의 나카노무라(中野村)의 예라든지, 31년 4월 야마나시켄(山梨県)의 류오무라(龍王村)의 예 등이, 가츠메씨가 전술한 책에는 나오고 있다. 농민투쟁은 규모가 작고 지방에서 거행된 것이 많아 상업신문에는 그러한 기사를 게재하지 않았으므로, 직접투쟁에 참가한 자가 아니면 실례를 알기 힘들다는 점에서 자료가 충분하지 못한 것은 유감이다.

일하는 사람들의 모임에 대해서는 자본가·지주 그리고 그들의 정부 또한 필사적으로 탄압을 가했던 것이다.

2. 태평양전쟁 때의 여성

　1927년 일본 자본주의는 최후의 파국으로 치달았다. 일본자본주의
는 전쟁을 전제로, 전쟁에 의한 내부모순을 일시적으로 억압하면서
성장해 왔으나, 봉건적 지반 위에 반쪽 성장을 계속한 일본 자본주의
의 모순을 더 이상 속일 수도 없게 되었다. 제1차 세계대전 중에 터
져 나온 반사회적 기미는 그 전후에 곧 닥쳐왔으나, 더욱이 그러한
사실을 속여가면서 겨우 명목을 이어갔다. 1927년에는 결국 유지할
수 없게 되자 고베의 스즈키 재벌이 쓰러지고, 그를 계기로 많은 은
행과 회사가 무너졌다. 그러한 흐름이 수습도 되기 전인 1929년, 세
계자본주의 대공황이 발생하여 일본자본주의도 그 속으로 휘말려 들
었다. 이 공황으로 중·소 회사공장들은 줄줄이 쓰러지고 실업자는
100만 명을 넘었다. 본래 일본자본주의는 미츠이·미츠비시·스미토
모·야츠다 등 소수의 대재벌에 의한 지배가 강하였지만, 러·일 전
쟁 후 그 지배는 더욱 확고해지면서, 제1차 세계대전 후에는 중요한
은행과 공업, 광산은 완전히 대재벌의 지배하에 들어가게 되었고, 그
들은 또 정치적으로도 강대한 힘을 갖게 되었다. 당시 '정우회'나 '헌
정회(1929년 이후 민정당이 됨)'는 이 대재벌과 지주의 일부를 대표
로 내세우고 있었다. 그리고 그들이 차례로 정권을 장악했다. 1927

년 이후 산업합리화로 점점 더 대재벌의 손에 산업이 집중되면서, 노동자퇴출·임금삭감·노동 강화 등을 통하여 자신들의 수입을 줄이려 하지 않았다.

　여성과 관계 깊은 방직업에서는, 1930년에 가네부치(鐘淵), 다이닛뽄(大日本), 도요(東洋), 닛신(日淸) 및 오사카합동의 겨우 몇 개의 대방직 회사가 전 방직회사(74) 자본의 41%, 전 방추(紡錘) 수의 40%정도, 연사기(撚糸機)의 78%를 점하고 있었다. 1929년 처음 심야근무가 폐지되었다(1923년 공장법에서 일본도 세계 공업계의 압력에 의해 여성과 소년에 대한 심야근무를 폐지했지만, 방직이나 제사에서는 심야작업이 그대로 이루어졌다). 자본가는 그것을 메우기 위해 노동을 강화시켰다. 방추 1만에 배당되는 여공 수는, 1925년에 299명에서 1930년에 189명으로 줄고, 여공 1인당 1개월 면사 생산액은 1.47곤(梱)에서 1.89곤으로 증가했다. 직포로 말하면 1인 1개월 생산고는 2,150야드에서 4,060야드로 증가했다. 이러한 기계의 개선은 여공들을 더욱 긴장하게 만들어 지금보다 몇 배나 더 힘들게 하였다. 그리고 이러한 기계는 중소업자로서는 손을 될 수 없었기 때문에, 산업합리화는 중소업자를 몰락하게 만들고, 노동자를 희생으로 한 대자본가들만 살찌우게 하였다.

　한편, 대자본가·대지주·천황제의 지배와 착취를 지키는 가장 중요한 방법으로, 그들은 중국을 침략하고자 하였다. 이 때 중국은 민주적 통일적 제2차 국민혁명이 진행되고 있었다. 육군대장 다나카요시카즈(田中義一)가 이끄는 '정우회(政友会)' 내각은 중국의 민주적·국민적 통일을 방해하고, 그것이 채 완성되지도 못한 사이에 만주를 일본의 지배하에 두기 위해, 만주를 지배하고 있던 군벌(軍閥) 장작림(長作霖)을 일본의 로봇으로 삼고자 했다. 또 다나카내각은,

산동성(山東省)의 거류민 보호라는 명분 아래 출병하여 침략준비에
박차를 가하였다.

 침략전쟁의 위험을 민중 측에 서서 전쟁 반대운동을 조직하고 자
본가본위의 탈피를 반대하면서 노동자농민의 지위를 올리는 것만이,
일본의 번영도 평화도 얻게 된다는 사실을 강하게 민중에게 설파한
것은 공산당이었다. 공산당은 또 정치상·사회상의 일체의 남녀불평
등 폐지를 위해서도 투쟁하였다. 1928년 2월 처음으로 남자만의 보
통선거가 행해졌다. 이 때 공산당의 직접 영향 하에 있었던 노동농민
당이, 다른 무산당을 단연코 앞지르면서 18만9,750표를 획득하였다.
더욱이 그것은 연설회라는 연설회는 경찰에게 짓밟히고, 변사(弁士)
는 줄지어 구속되는 탄압에도 불구하고 얻은 표였다. 사회 민중당은
노동농민당에 대하여 11만7천여 표를 얻었지만, 그들의 선거 자금은
니시오스에히로(西尾末広)씨가 1948년 6월 1일 국회의 '부당재산거
래위원회'에서 고백하였듯이, 대자본가에게서 나왔던 것이다. 노동농
민당에 이상과 같은 득표가 있었던 것은 당시 일본국민이 얼마나 절
실히 평화와 번영을 지키고자 하여 공산당에 대하여 기대하고 있었
던가를 보여주는 것이다.

 정부는 이것을 보고 놀랐다. 그리고 동년 3월 15일, 전국에 걸쳐
공산당원 및 그 지지자를 일제히 검거하고 '노동농민당' '노동조합평
의회'및 '무산청년동맹'을 해산시켰다. 그렇지만 무너진 조직은 바로
다시 결성되었다. 평의회는 '일본노동조합전국협의회(전협)'으로 다시
재건되어, 일본에서는 처음으로 산업별 노동조합 조직으로 나아갔다.
드디어 1년 후 1929년 4월 16일에 또다시 일제 검거가 있었다. 이
2년간에 걸친 대검거로 3천여 명이 붙잡히고 그 중 825명이 기소되
었다. 그 중에는 18명의 여성도 있었다.

이 후 혁명적 해방운동은 계속되었다. 공산당도 전협도, 하나는 정당으로 하나는 노동조합으로 평화와 번영을 위해 전쟁에 대한 반대를 계속하였다. 그 강령에는 여성해방을 위한 여러 요구도 다시 거론되고 있었다. 무산정당은 그 소시민적 성질로 하여, 종종 분열되고 합동하면서 더욱 개량주의적 운동을 계속하였다.

마침내 만주침략이 시작되었다. 정치에서도 군벌이 전권을 휘두르기 시작했다. '민정당'이나 '정우회', 혹은 재벌은 군부로부터 공격을 받았으므로, 아무래도 군부와 대립하고 있는 듯 했으나 사실은 그렇지 않았다. 본래 만주침략은 '정우회' 내각시대를 향해 제1보를 내딛는 것이었으며, 다음 '민정당' 내각도 전쟁을 위한 산업동원 연습을 한다든지, 군부가 3월사건(1931년 3월 군부가 정권을 장악하고자 한 음모)을 일으켰을 때도 민정당 내각은 진심으로 이를 진압할 노력을 하지 않았고, 국민에게는 이를 종전(終戰)후까지 비밀로 하고 있었다.

이 해 9월 만주침략이 시작되었다. 이어서 다음해 혈맹단 사건과 5.15사건이 발생하였고, 재벌 지도자나 정우회 내각의 이누카이(犬養)수상이 군인 및 민간 군국주의자에게 살해되었다. 그 때도 정부는 국민에게 진상을 알리고 이러한 전쟁미치광이를 엄하게 벌하지 않았으며, 도리어 그들의 뜻만이 훌륭하다고 칭찬 하였다. 한편에서는 사상 국난 타개라 하여, 사회주의는 물론이고 자유주의 · 민주주의에 대한 탄압을 시작했다. 즉 정당이나 문관 · 군부나 재벌이 여러 면에서 다투었던 것은 '누가 권력을 쥘 것인가' '누가 가장 돈을 벌 것인가'를 두고 다투었으므로, 그들은 모두 국민이 희망하는 평화와 번영과 또한 여성의 행복을 계속 방해하였던 것이다.

만주침략전쟁이 시작되자 가타야마테츠(片山哲), 니시오스에히로
(西尾末広) 등이 지도하는 사회민주당은, 제일 앞장서서 군부를 옹호
하며 권익을 지키려 하였다. 마침내 1936년 2월에 2.26사건이 발생
하고 그 후 우치다(内田)내각이 발족했다. 이때는 벌써 군부의 완전
한 지도권 아래, 관료도 재벌도 거국일치하여 중국전토에 대한 침략
계획을 세우고 있었다. 우치다 내각은 '광의국방(広義国防)'을 주창하
여 일본의 모든 산업과 전 국민을 전쟁을 위한 준비에 끌고 들어갔
다. 방직, 제사 등의 경공업은 군수공업으로 바뀌기 시작했다. 그리
고 모든 군수산업(軍需産業)은 미츠비시·미츠이·스미토모·야츠다
등의 오랜 재벌과, 나카시마·모리 등 그 외 신흥재벌이 지배하면서
그들만이 꿈과 같은 천금을 모았다. 반면 중소기업은 계속 도산하였
다.

인플레가 진행되고 노동임금은 실질적으로 상당히 낮아졌다. 그에
대항하여 국민생활을 지키고 평화를 지키기 위하여 그 해 1936년 후
반부터 1937년 전반에 걸쳐, 일본에서 그 때까지는 없었던(1919년
은 물론이고 1930년에도 없었다.)스트라이크의 파문이 전국을 휩쓸
었다. 격한 탄압 속에서도 12만3천여 명이 스트라이크에 참가하였고,
스트라이크 정도는 아닌 투쟁까지를 합하면, 노동투쟁은 2,126건, 참
가자는 약 21만3천여 명에 달했다.

히로다 내각은 1937년 1월로 끝이 나고, 대신 육군대장 하야시(林
銑十郎)내각이 발족했다. 이 때 총선거가 거행되고, 합법무산정당(合
法無産政党)으로서 남아있던 '사회대중당'과 '일본무산당' 간에 총 1
백 만 표가 투표에 참가하여 37명의 대의원을 선출하였다. 이처럼
노동쟁의를 통하여 일본국민의 평화에의 열의가, 숫자를 통하여 확실
히 정치적으로 보여 졌던 것이다.

하야시내각은 이 때문에 겨우 2개월도 되지 않아 무너지고 말았다. 그리고 그 후 지카에(近衛)내각이 발족하면서 그 해 7월 노구교(蘆溝橋)사건이 발생하였고, 중국전토에 대한 침략전쟁도 시작되었다. 그러자 사회대중당 간부170)는, 바로 민중을 배신하고 전쟁을 찬미하기 시작했다. 마츠오카, 니시오의 노동동맹은 대회를 열고, 스트라이크를 일체 절멸시키겠다고 선언하고 전쟁에 전력을 다해 협력할 것을 맹세하였다. 너무나 비참한 이 같은 배신은 헌병대와 경찰로부터 찬양되었고, 실제 그들은 일치하여 스트라이크 절멸을 위해 싸웠다. 37년 후반기부터 쟁의는 확연히 진정되어, 다음해 스트라이크 참가자는 겨우 1만8천 명에 지나지 않았다. 그 다음 해 1939년에는 또 7만2천 명으로 조금 증가하였다. 그야말로 노동자 계급은 불사신이었다. 그렇지만 그들 조합은 정부와 그 앞잡이였던 마츠오카·니시오 등에 의해 붕괴되었고, 그 대신 '산업보국회(産業報国会)'가 결성되어 노동자는 강제 가입되었다.

반사회적 성향은 잠시 승리했다. 중국침략 전쟁은 무한히 확대되고 마침내는 전 세계를 상대로 하는 태평양전쟁으로 치달았다.

---

170) 지금의 사회당 우파 및 반공좌파 사람들.

3. 철화(鉄火)의 시련을 넘어서

전쟁은 여성생활도 일변시켰다. 만주침략이 시작되기 전년 1930년
에는, 문부성에 의해 '대일본연합부인회'가 결성되어, 주로 농촌주부
를 가입시키고 동시에 그 때까지 각 지방마다의 처녀단(処女団)은
'대일본연합여자청년단'으로 통일되면서, 미혼여성도 강제적으로 가입
시켰다. 1932년에는 육군성은 '대일본국방부인회'를 만들었다. 이리
하여 예전부터 있었던 '애국부인회'와 나란히, 세 개의 관료·군벌·
자본가 부인단체가 서로 군국주의를 경쟁하였다. 후에 태평양전쟁에
휘말리면서 이 세 단체는 연합하여 '대일본여성회'가 되고, 모든 여성
이 강제적으로 거기에 가입되었다.

"군인은 생명을 걸고, 우리들은 다스키(たすき: 멜빵)를 걸고"

라는 너무도 한가로운 부인적 사고(思考)의 슬로건 아래, 모든 여
성이 앞치마를 두르고 출병병사의 전송이나 위문대에 강제적으로 내
몰렸다.

여성공장노동자도, 방직제사직물 여공의 수는 1937년 중국침략이

시작 된 해에 실제 수는 83만 명 정도로, 1929년부터 2만 명 정도로 증가하고 있으나, 전 여성 노동자 중에서 차지하는 비율은 83.9%에서 67.5%로 급격하게 떨어졌다. 게다가 태평양전쟁이 시작 된 1942년에는, 실제 수도 74만5천여 명으로 줄어들었고 비율도 46.8% 내려, 전쟁말기인 1944년에는 57만3천 명으로 20.4%까지 떨어졌다. 여기에 비해 기계·기구공업으로 여성들의 대량진출이 보인다.

실제 수로 말하자면, 1944년에는 금속과 기계기구공업에서 90만8천 명 이상이 증가하였고, 방적·제사·직물·염색 등의 산업에서 모든 여성노동자가 가장 많았을 때보다 훨씬 많은 숫자를 보인다(제30표 참조).

이상 공장노동자 외에 광산(주로 탄광)에 1929년에는 5만2천 명의 여성이 가담 하였고, 1944년에는 12만3천 명이 있었다. 그런데 그녀들은 1937년 이래 갱내에서 조차 노동을 해야만 했다. 교통업에서는 1929년 3만9천 명이, 1944년에는 26만5천 명으로 약 일곱 배 증가하였다.

이들 여성노동력의 63.3%는 24세까지의 자들로, 19세~24세가 가장 많았으며 전체 43.4%를 차지한다. 교통업에서는 19세 이하가 1930년에 44.6%, 1940년에는 51.9%로 특히 연령이 젊다.

(제30표) 1929년~1944년
여성공장노동자의 산업별 구성 비율171)

(단위:%)

년도 산업별	1929년	1937년	1942년	1944년
금속	0.7	1.8	4.3	5.15
기계기구	1.1	4.4	13.2	34.0
화학	4.8	9.6	9.6	8.3
가스, 전기수도	0.1	0.3	0.1	7.7
방직	83.9	67.5	46.8	20.4
식료품	2.1	3.8	8.8	5.2
그 외 합계	100.0 (969,835명)	100.0 (1,209,480)	100.0 (1,597,579)	100.0 (2,251,305)

이 급격히 증대한 여성노동자군의 노동조건에 대해서, 단노(丹野) 세츠씨는 '여성노동에 관한보고'를 통하여 1937~1939년까지의 상태를 자세히 보여주고 있다. '전쟁에 있어서 여성노동의 상태'에도 그것은 이용되고 있다. 임금, 노동시간, 복지시설 등을 상세히 나열하지 않아도, 여성노동자와 여성학동의 평균체중 및 신장을 비교하면 잘 알 수 있다(제14표)

또 기계·기구에 종사하는 여성노동자의 출신지에 대해서는, 1939년 단노씨의 조사에서는 도쿄(東京)33%, 가나카와켄(神奈川県)12%, 아이치켄(愛知県)9%, 오사카(大阪)와 효고(兵庫)가 각각 11%, 그외 24%이며, 부형(父兄)의 직업도 마찬가지로 단노(丹野)씨가 5,670명을 대상으로 한 조사에서, 직업인이 20%, 공업노동자가

---

171) 도쿄도 지방 노동위원회 조사부, '전쟁 아래서의 부인노동자 실태'에 의함.

12%, 상업이 40%, 농업은 18%밖에 없다. 즉 어디로 보아도 중공업 부분에 우선 진출한 것은 도시 근로자의 자녀다.

그렇지만 태평양전쟁이 시작되면서부터 강제노동으로 징용된 자가 상당히 많았으므로, 도시인이 그 만큼 많지는 않다. 그밖에도 종전 (終戰) 당시의 여자정신대 수는 47만2천 명을 넘고 있다.

(제14표) 여성노동자와 여자학동의 평균체중신장비교[172]

연령	체 중		신 장	
	여성노동자	학동	여성노동자	학동
12세	34.0kg	34.0kg	138.3cm	139.7cm
13	36.8	37.8	141.0	144.7
14	39.9	43.2	134.5	148.9
15	42.6	45.8	145.4	150.6
16	44.5	47.3	146.5	151.6
17	45.9	48.9	147.2	151.9
18	46.4	49.7	147.4	152.2
19	46.7	50.1	147.4	152.7
20	46.7	—	147.3	—

전쟁이 농촌에서의 남자 일손을 빼앗은 것은 말할 것도 없다. 지금 그 정확한 역사적 변화를 볼 수 있는 숫자는 없지만, 전쟁 전인 1930년, 직업인구 중 농업에서는 여성의 비율이 5.2%나 된다. 요시 오카카네이치(吉岡金市)씨의 '일본농업과 노동'에 의하면, 전쟁 전의 농업노동력 중의 남녀비율은 남자 67%, 여자 33%라고 한다. 이것이 종전(終戰)된 다음 해 4월(국내 징병 및 징용에서 복원(復員)은 끝

---

172) 여성노동자는 1932년 내무성 사회국조사, 학동은 1936년 문부성조사, '전시 하에 서의 부인노동자의 상태'에서 인용.

났지만, 외지로부터의 복원은 그렇게 진척되지 못했다.) 에 있어 조차도, 농업전업자의 7%는 여성이며 남성은 43%, 겸업자 그 외를 포함한 총 농업자라 하더라도 52%가 여성이었다. 그러므로 전쟁 중에는 여성이 60% 혹은 그 이상이 되었을 것이다. 여성은 남자가 없는 동안, 비료도 거의 없이 소나 말을 군에 빼앗긴 모든 악조건 아래에서 경작을 할 만한 면적도 거의 없는 가운데(6만6천町步, 비행기나 운동장으로 빼앗긴 면적이 훨씬 많은 8만7천町步) 악전고투하였다.

일반시민여성들에게 전쟁이 가져다 준 고통은 여기서 새삼 말할 필요도 없다. 오랜 기간 가게매상은 떨어졌고, 전업을 강제 당했다. 남편과 아들은 대부분 징용 혹은 군병으로 징병되었다. 게다가 식량사정은 1939년부터 눈에 띄게 악화되어, 식당에 냄비라도 걸면 수백명이 줄지어 행렬을 이루었다. 그 후 그러한 식당마저 없어지고 말았다. 1941년 태평양전쟁이 시작되었을 때는, 이미 일을 하는 모든 국민은 기아와 영양결핍으로 고생하고 있었다. 그러나 군인과 관리 자본가 등은 밤 연회에 취하여 세월 가는 줄 몰랐다. 요리점이나 대합실은 폐업시켰을 터인데, 군인과 관리와 자본가는 기숙사를 만들고, 또 별장에서는 요리사도 연예인도 그대로 고용하고 있었다.

공습이 시작되었다. 소개(疏開: 적의 공습이나 화재로 인한 손해를 줄이기 위해 도시의 주민을 지방으로 옮김)의 혼란스러움, 그리고 소개에 따른 오랜 가족제도와 현실 생활과의 모순으로 모든 소개자(疏開者)는 번민에 빠져들었다. '연고소개(緣故疏開)'라는 것은 일본전국이 거의 같은 농업사회였기 때문에 어느 정도 가능했었는지도 모른다. 그러나 이미 농촌과 도시에서는 생활의 양식도 사물에 대한 사고방식도 달라있었다. 그리고 소개자를 받아들인 농촌도 괴로울뿐더러, 도대체 생활의 여유란 찾아보기 어려웠다. 더구나 소개로 이동 해 간도시 여성들에게 농촌의 노동은 불가능했다. 즉 생활의 패턴이 달랐던 것이다. 또한 좁은 집 안에서 연고자 친척이라는 이유 하나로, 억지로 한 곳에서 함께 살아가야만 했다. 잘 진행될 이유가 없었던 것이다.

모든 여성은 전쟁의 괴로움을 영원히 잊지 못할 것이다. 그것은 일부 군인만의 야심을 위해 일어난 것도 아니다. 일부 관료만의 야심과 무능 때문도 아니다. 일본의 군부, 일본의 정부, 일본의 자본가, 일본의 지주, 이들 모두의 부와 동시에 권력을 쥔 자 모두의 것, 그리고 그들의 모든 것을 한 몸에 갖춘 천황, 즉 천황제 일본이 모든 여성을 이 같은 지경에 빠뜨렸다는 것을, 일본 여성은 영원히 잊지 않을 것이다. 만일 그것을 잊는다면 또 일본여성은 전보다 한층 더한 괴로움을 받게 될 것이다. 아마도 그때는 일본민족은 남자도 여자와 함께 멸하여 버리고 말 것이다.

어떻게 표현할 수 없는 그 처참한 전쟁의 괴로움 속에서 여성들은 실로 많은 것을 배웠다. 가족주의의 환영은 깨어지고 말았다. 여성은 자력으로 살아갈 확신을 얻었다. 공장에서 일한 자도, 농촌을 지킨 자도, 일하는 자의 힘을 알게 되었다. 가정이란 틀에서 넓은 세계로 일제히 뛰쳐나왔다. 그것은 강제에 따른 고통(苦役)은 있었지만 그조차도 새로운 사회적 해방으로 여성을 눈뜨게 했다. 그렇게 하여 비로소, 보라! 전후 노동자 중에서, 농촌에서, 시민 중에서, 여성도 어떻게 얼마나 늠름하게 단결해 가고 있는지를!

마침내 1945년 8월15일 패전 항복의 날이 왔다. 그리고 그 후 소위 민주화 정책 아래 봉건적 남녀차별은 법제상으로는 폐지되었다. 여자의 참정권은 획득되었고, 남녀의 법률상 평등도 얻게 되었다. 교육의 문호에서도 남녀평등은 이루어졌다. 그러나 오랜 일본의 지배자

들은 아직도 죽지 않았다. 오랜 일본은 아직 혁명을 달성하지 못했
다. 천황제도 남아 있다. 봉건적 지주제도 남아 있다. 재벌도 남아있
다. 오랜 일본의 지배자들은 전쟁으로 돈을 모으고, 패전으로도 돈을
모으며, 그 위에 인플레라는 일체의 부담을 민중에게 지우면서 자신
들만은 점점 더 그 이득을 챙기고자 하고 있다. 그들은 그들의 지배
와 이익을 지키기 위해서는 여성의 예속과 봉건적 가족제도가 필요
하다는 것을 잘 알고 있다. 그들이 더욱 힘을 얻으면 여성의 법률상
해방은 한 순간에 본래대로 돌아갈 것이다. 여성은 여전히 경제적 해
방을 얻지 못하고 있다. 분할상속, 하지만 일본국민의 95%는 분할할
재산이 없다. 남녀공학이라고 하지만 고등전문학교나 대학으로 일본
국민 여성의 1%라도 갈 수 있는 것이 아니다. 또 경제상 해방이라고
하지만 여성이든 남성이든 모든 일본인이 외국의 점령 하에 있으며,
일본은 날마다 미국의 힘 앞에 식민지적 군사기지로 전락하고 있다.
민족의 독립을 빼앗기고 있는 것이다. 이와 같은 사정에서 어떻게 여
성의 진정한 자유나 민주주의가 있을 수 있겠는가. 일본민족이 외국
의 압제에서 해방되고 천황제와 지주제와 독점자본과의 지배에서 해
방되지 못하고 독립·민주·평화의 일본국이 세워지지 않는다면, 여
성의 남성으로부터의 해방도 실현될 수 없다.

　여성사는 확실히 보여주고 있다. 남녀불평등은 사회상으로 착취자
와 지배자, 착취당하고 지배당하는 자와의 불평등이 발생할 때, 비로
소 생겨나는 것이라는 것을 여성사는 확실히 보여주고 있다. 어느 시
대라 하더라도 생산근로자의 실생활 세계에서는 예를 들어, 지배자에
게 강제당한 남녀불평등 법이나 제도 사상 아래에서도 그렇게 남녀
불평등은 심하지 않았다는 것을 알 수 있다. 여성을 최악의 지옥으로
던져버린 봉건무사계급조차도 그들이 아직 농촌에서 농업 경영자였
을 때에는 여성을 그렇게 심하게 다루지는 않았다.

여성사는 또 사람을 착취하고 지배하는 어떠한 계급도 반드시 여성의 압박을 필요로 한다는 것을 확실히 보여주고 있다. 여성사가 확실히 보여주는 그대로라면, 여성의 해방을 이루기 위해서는 원래 남녀의 불평등이란 것을 모르는 근로계급으로, 더욱이 착취나 계급지배를 없애기 위한 힘 있는 어떤 것, 그와 같은 것이 없으면 안 된다는 것을 스스로 명확히 하고 있다.

그러면 그와 같은 것은 무엇인가? 여성 스스로가 그 반수를 차지하고 있는 근대 노동계급이 바로 그것이다. 근대 노동자계급에 이르러 비로소 전국적 국민적 단결과 조직을 가질 수 있게 되었고, 또 이미 그것으로 날마다 성장하고 있다. 중세 농민의 투쟁도 위대했다. 그러나 그것은 겨우 어느 한 지방의 단결로 끝나버릴 수밖에 없었다. 그런 까닭에 그들은 옛날 지배자를 쓰러뜨리고는 또 새로운 지배자에게 지배를 당해야 했다. 근대에 와서 노동민중을 발달시킨 생산력은 전국을 하나로 묶어 버렸다. 동시에 어딘가의 지방에서 백성 봉기가 일어나도 다른 지방에서는 아무런 영향도 받지 않았다. 지금, 혹시 중앙우체국, 중앙전화국의 여종업원이 스트라이크를 일으키면 어떻게 될 것인가? 전기산업노동자가 일시 일을 중단한다면 전 일본은 어떻게 되겠는가? 근대 자본주의는 이제는 최고로 발달하여 대자본가의 손아귀에 나라의 부와 생산을 집중시켰다. 그 반대쪽에 생산력 중심, 생산력 그 자체인 노동자 계급을 단결시켰다. 그리고 노동자 계급이 그 생산력을 착취하는 사람이나 외국 점령자를 위한 것이 아닌, 일하는 사람 모두를 위해, 조국의 독립을 위해 쓰고자 눈을 떴을 때, 하늘 아래 어떤 힘이 그것을 막을 수 있겠는가? 여성을 진실로 해방시키는 것은, 이 노동자 계급을 중심으로 한 농민시민과 모든 민중이 단결하는 것이다. 단결하여 일본민족의 해방을 얻고 굳게 평화를 지켜나가는 것이다. 민족이 노예화되어 있고, 군국주의가 지배하고 있는 한, 여성의 해방도 행복도 있을 수 없는 것이다.

부 록

부 록

『七十一番職人歌合173)』는 직인(職人)들의 모습을 노래와 함께 기록한 일본 중세의 서책이다. 본고에서는 각주는 생략하였으며, 표시한 숫자는 해당하는 번수다. 원서에는 좌방과 우방의 순차를 좌우에 아울러 병행하고 있는데, 본서에서는 따로 좌방과 우방을 떼어서 보도록 한다.

당시의 여성 상인들의 모습을 통하여 여성들이 종사한 일이나 직종에 대해서 이해를 돕고자 여성 직종만을 선별, 그 일부만을 참고로 하기 바란다.

---

173) 『七十一番職人歌合』 현존하는 유품은 모두 사본이다. 본고에서는 『新日本古典文学大系61-七十一番職人歌合』 (1993) 所収의 그림을 참고로 하여, 여성들이 상업에 종사하는 모습을 몇 가지 화면에 옮겼다.

그림1)

6번 右

그림2)

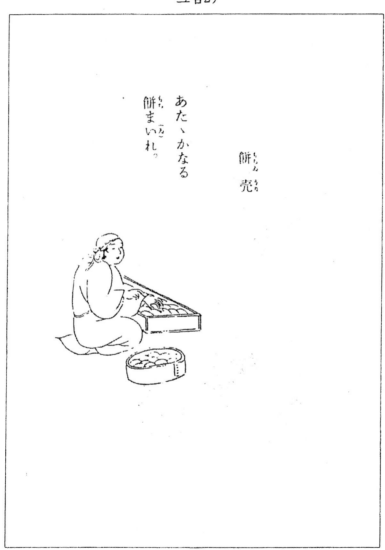

7번 右

그림3)

9번 右

그림4)

扇売（あふぎ うり）

扇は候。（あふぎ）
みな
一ぽん扇にて候。

13번 右

그림5)

帯
売

此帯
（このおび）

たちてのち
見候はむ。
いそがしや。

14번 左

그림6)

百けも、
なからけも
いくらも召せ。
いかほどよき
御しろいが候ぞ。

白物売

14번 右

그림7)

魚_{いを}は候。
あたらしく候。
召_めせかし。

魚_{いを}
売_{うり}

15번 左

그림8)

17번 左

그림9)

饅頭
売
（まむぢり）
（うり）

けさは、
いまだ商ひなき、
うたてさよ。

18번 左

그림10)

立君^{（たちぎみ）}

すは
御らんぜよ。
けしからずや。
よく見申さむ。
清水^{（きよ）}まで
いらせ給へ。

30번 左

그림11)

30번 右

그림12)

紅粉解
（べにとき）

御べに
（おん）

とかせ給へ。

堅べにも候は。
（かた）

33번 左

그림13)

米(こめうり)売

けさの市には
あひ候べく候。
なを米(ほしこめ)は候。

35번 左

그림14)

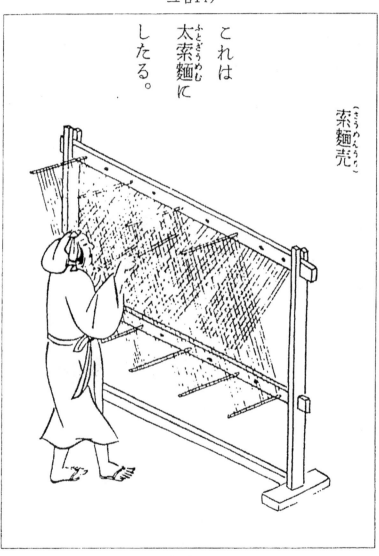

これは
太索麺に
したる。

索麺売

37번 右

그림15)

所くに
引く水は、
山田の井戸の
苗代。

白拍子
（しらびゃうし）

48번 左

그림16)

随分
此香（この）ども、
選り整へたれば、
この夕暮のしめりに
おもしろき。

薫物売（たきものうり）

60번 左

그림17)

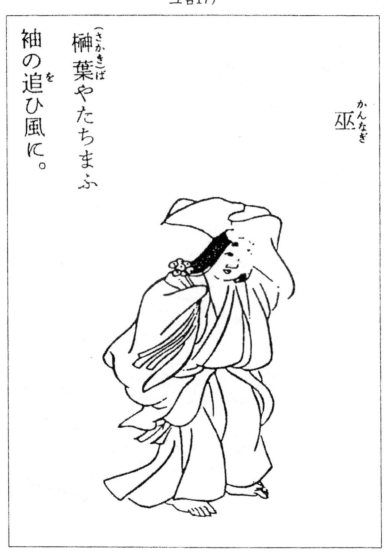

巫（かんなぎ）

榊（さかき）葉やたちまふ
袖の追ひ風に。

62번 右

그림18)

比丘尼

仏弟子は、大かた皆さこそ候へども、
御尼衆も譏嫌戒といふ事は
候めるは。我らは
つとめ行法は
おなじ事にて候。
坐禅工夫は、
同じ御ことにてはよも候はじな。
四
それはよも教外別伝にては候はじ。

◎ 지은이: 이노우에키요시(井上淸)

　동경 제국대를 졸업하고 1929년에 동경대 인문과학연구소 조교수를 거쳐, 1936년에 교수가 되었다. 쇼와(昭和)후기에서 헤이세이(平成)를 대표하는 일본의 사학자로 역사학연구회의 지도적 멤버로 활동하며 부락(部落)문제연구소 평의원을 지냈다.

주요저서로는『일본의군국주의』·『천황제역사』·『일본여성사』 등이 있다.
특히 본 번역서인 『일본여성사』로 1947년, 매일출판문화상을 받았다.

◎ 옮긴이: 성해준(成海俊)

　일본 국립 시즈오카대학 인문학과를 졸업하고, 도호쿠대학 대학원(일본 사상사학 전공)석사 및 박사과정을 수료하고 문학박사 학위를 받았다. 일본 센다이 지방재판소 법정통역원, 경북대학교 퇴계연구소 연구원 등을 거쳐 현재 동명정보대학교 사회과학대학 조교수로 재직 중이다.

주요저서로는『日本思想史－その普遍と特殊』(日本ぺりかん社),『近世中日思想交流論』(中國知識出版社),『새로운 일본의 이해』『동아시아 유교문화의 새로운 지향』(韓國) 등이 있다.

주요논문으로는『明心宝鑑』が日本文学に与えた影響(『日本文学』 45号),『明心宝鑑』と『太上感応篇』の比較(『文芸研究』 144号), 일본주자학의 전래와 수용(『남명학연구』 15집),『명심보감』 스페인어판 연구(『퇴계학과 한국문화』 31호) 등이 있다.

◎ 옮긴이: 감영희(甘栄熙)

　일본 구루메대학에서 문학박사 학위를 받았다. NHK 야먀구치 크리에이티브 센타 한국어 강사, 덕명여자상업고등학교 교사, 부산여자대학 겸임교수를 거쳐, 현재 동명정보대학교 사회과학대학 전임강사로 재직 중이다.

주요논문으로는 『狂言의 서민여성과 이혼관(『일본어문학』 19집)』,
『白拍子と平家物語 －祇王 仏御前 静を中心(『일본어문학』 22집)』,
『平家物語의 서민여성과 불교(『한국일본근대학회』 3집)』,
『平家物語의 人妻들(『동아시아일본학회』 7집)』 등이 있다.

일본여성사

2004년   7월 1일 초판 발행
2004년 11월 22일 2판 1쇄 발행(개정판)
지은이 : 이노우에키요시(井上淸)
엮은이 : 성해준, 감영희
펴낸이 : 박영희
펴낸곳 : 도서출판 語文学社
표지디자인 : 이광진
편집디자인 : 조선경
등록일자 : 2004년 4월 6일
등록번호 : 제 7-276호
주소 : 서울 도봉구 쌍문동 525-13
      TEL. (02) 998-0094 FAX. (02) 998-2268
      URL http://www.amhbook.com
      E-mail am@amhbook.com

ISBN 89-91222-14-5 94080